劳动法一本通

法规应用研究中心　编

一本通
YIBENTONG

中国法治出版社
CHINA LEGAL PUBLISHING HOUSE

编辑说明

“法律一本通”系列丛书自2005年出版以来，以其科学的体系、实用的内容，深受广大读者的喜爱。2007年、2011年、2014年、2016年、2018年、2019年、2021年、2023年我们对其进行了改版，丰富了其内容，增强了其实用性，博得了广大读者的赞誉。

我们秉承“以法释法”的宗旨，在保持原有的体例之上，今年再次对“法律一本通”系列丛书进行改版，以达到“应办案所需，适学习所用”的目标。新版丛书具有以下特点：

1. 丛书以主体法的条文为序，逐条穿插关联的现行有效的法律、行政法规、部门规章、司法解释、请示答复和部分地方规范性文件，以方便读者理解和适用。

2. 丛书紧扣实践和学习两个主题，在目录上标注了重点法条，并在某些重点法条的相关规定之前，对收录的相关文件进行分类，再按分类归纳核心要点，以便读者最便捷地查找使用。

3. 丛书紧扣法律条文，在主法条的相关规定之后附上案例指引，收录最高人民法院、最高人民检察院指导性案例、公报案例以及相关机构公布的典型案例的裁判摘要、案例要旨或案情摘要等。通过相关案例，可以进一步领会和把握法律条文的适用，从而作为解决实际问题的参考。并对案例指引制作索引目录，方便读者查找。

4. 丛书以脚注的形式，对各类法律文件之间或者同一法律文件不同条文之间的适用关系、重点法条疑难之处进行说明，以便读者系统地理解我国现行各个法律部门的规则体系，从而更好地为教学科研和司法实践服务。

目　录

中华人民共和国劳动法

第一章　总则

第二章　促进就业

第三章　劳动合同和集体合同

第四章　工作时间和休息休假

第八章　职业培训

第九章　社会保险和福利

第十章　劳动争议

第十一章　监督检查

第十二章　法律责任

案例索引目录

中华人民共和国劳动法

（1994 年 7 月 5 日第八届全国人民代表大会常务委员会第八次会议通过　根据 2009 年 8 月 27 日第十一届全国人民代表大会常务委员会第十次会议《关于修改部分法律的决定》第一次修正　根据 2018 年 12 月 29 日第十三届全国人民代表大会常务委员会第七次会议《关于修改〈中华人民共和国劳动法〉等七部法律的决定》第二次修正）

目　　录

第一章　总　则

第一条　立法宗旨[1]

为了保护劳动者的合法权益，调整劳动关系，建立和维护适应社会主义市场经济的劳动制度，促进经济发展和社会进步，根据宪法，制定本法。

● 宪　法

《宪法》（2018 年 3 月 11 日）[2]

第 6 条　中华人民共和国的社会主义经济制度的基础是生产资料的社会主义公有制，即全民所有制和劳动群众集体所有制。社会主义公有制消灭人剥削人的制度，实行各尽所能、按劳分配的原则。

国家在社会主义初级阶段，坚持公有制为主体、多种所有制经济共同发展的基本经济制度，坚持按劳分配为主体、多种分配方式并存的分配制度。

第 42 条　中华人民共和国公民有劳动的权利和义务。

国家通过各种途径，创造劳动就业条件，加强劳动保护，改善劳动条件，并在发展生产的基础上，提高劳动报酬和福利待遇。

劳动是一切有劳动能力的公民的光荣职责。国有企业和城乡集体经济组织的劳动者都应当以国家主人翁的态度对待自己的劳动。国家提倡社会主义劳动竞赛，奖励劳动模范和先进工作者。国家提倡公民从事义务劳动。

国家对就业前的公民进行必要的劳动就业训练。

---

① 条文主旨为编者所加，下同。

② 本书法律文件使用简称。本书所标规范性文件的日期为该文件的通过、发布、修订后公布、实施日期之一。以下不再标注。

第二条 适用范围

在中华人民共和国境内的企业、个体经济组织（以下统称用人单位）和与之形成劳动关系的劳动者，适用本法。

国家机关、事业组织、社会团体和与之建立劳动合同关系的劳动者，依照本法执行。

● 法 律

1. **《劳动合同法》**（2012 年 12 月 28 日）

第 2 条 中华人民共和国境内的企业、个体经济组织、民办非企业单位等组织（以下称用人单位）与劳动者建立劳动关系，订立、履行、变更、解除或者终止劳动合同，适用本法。

国家机关、事业单位、社会团体和与其建立劳动关系的劳动者，订立、履行、变更、解除或者终止劳动合同，依照本法执行。

第 96 条 事业单位与实行聘用制的工作人员订立、履行、变更、解除或者终止劳动合同，法律、行政法规或者国务院另有规定的，依照其规定；未作规定的，依照本法有关规定执行。

● 行政法规及文件

2. **《劳动合同法实施条例》**（2008 年 9 月 18 日）

第 3 条 依法成立的会计师事务所、律师事务所等合伙组织和基金会，属于劳动合同法规定的用人单位。

第 4 条 劳动合同法规定的用人单位设立的分支机构，依法取得营业执照或者登记证书的，可以作为用人单位与劳动者订立劳动合同；未依法取得营业执照或者登记证书的，受用人单位委托可以与劳动者订立劳动合同。

● 司法解释及文件

3. **《最高人民法院关于审理劳动争议案件适用法律问题的解释（二）》**（2025 年 7 月 31 日 法释〔2025〕12 号）

第 2 条 不具备合法经营资格的组织或者个人挂靠具备合

法经营资格的单位对外经营，该组织或者个人招用的劳动者请求确认被挂靠单位为承担用工主体责任单位，承担支付劳动报酬、认定工伤后的工伤保险待遇等责任的，人民法院依法予以支持。

第3条 劳动者被多个存在关联关系的单位交替或者同时用工，其请求确认劳动关系的，人民法院按照下列情形分别处理：

（一）已订立书面劳动合同，劳动者请求按照劳动合同确认劳动关系的，人民法院依法予以支持；

（二）未订立书面劳动合同的，根据用工管理行为，综合考虑工作时间、工作内容、劳动报酬支付、社会保险费缴纳等因素确认劳动关系。

劳动者请求符合前款第二项规定情形的关联单位共同承担支付劳动报酬、福利待遇等责任的，人民法院依法予以支持，但关联单位之间依法对劳动者的劳动报酬、福利待遇等作出约定且经劳动者同意的除外。

4.《最高人民法院关于审理劳动争议案件适用法律问题的解释（一）》（2020年12月29日　法释〔2020〕26号）

第1条 劳动者与用人单位之间发生的下列纠纷，属于劳动争议，当事人不服劳动争议仲裁机构作出的裁决，依法提起诉讼的，人民法院应予受理：

（一）劳动者与用人单位在履行劳动合同过程中发生的纠纷；

（二）劳动者与用人单位之间没有订立书面劳动合同，但已形成劳动关系后发生的纠纷；

（三）劳动者与用人单位因劳动关系是否已经解除或者终止，以及应否支付解除或者终止劳动关系经济补偿金发生的纠纷；

（四）劳动者与用人单位解除或者终止劳动关系后，请求用人单位返还其收取的劳动合同定金、保证金、抵押金、抵押物发生的纠纷，或者办理劳动者的人事档案、社会保险关系等移转手续发生的纠纷；

（五）劳动者以用人单位未为其办理社会保险手续，且社会保险经办机构不能补办导致其无法享受社会保险待遇为由，要求用人单位赔偿损失发生的纠纷；

（六）劳动者退休后，与尚未参加社会保险统筹的原用人单位因追索养老金、医疗费、工伤保险待遇和其他社会保险待遇而发生的纠纷；

（七）劳动者因为工伤、职业病，请求用人单位依法给予工伤保险待遇发生的纠纷；

（八）劳动者依据劳动合同法第八十五条规定，要求用人单位支付加付赔偿金发生的纠纷；

（九）因企业自主进行改制发生的纠纷。

第 2 条 下列纠纷不属于劳动争议：

（一）劳动者请求社会保险经办机构发放社会保险金的纠纷；

（二）劳动者与用人单位因住房制度改革产生的公有住房转让纠纷；

（三）劳动者对劳动能力鉴定委员会的伤残等级鉴定结论或者对职业病诊断鉴定委员会的职业病诊断鉴定结论的异议纠纷；

（四）家庭或者个人与家政服务人员之间的纠纷；

（五）个体工匠与帮工、学徒之间的纠纷；

（六）农村承包经营户与受雇人之间的纠纷。

5.《最高人民法院关于人民法院审理事业单位人事争议案件若干问题的规定》（2003 年 8 月 27 日　法释〔2003〕13 号）

第 1 条 事业单位与其工作人员之间因辞职、辞退及履行聘用合同所发生的争议，适用《中华人民共和国劳动法》的规定处理。

第 3 条 本规定所称人事争议是指事业单位与其工作人员之间因辞职、辞退及履行聘用合同所发生的争议。

案例指引

1. 刘某泉等11人与电业局劳动争议案（最高人民法院公布保障民生第二批典型案例之七）①

裁判摘要：我国社会主义市场经济发展过程中，国务院制定的重要改革措施需要严格执行。离岗退养协议中就有贯彻执行国有企业改革政策性质的内容，这些方面的问题确实需要由有关部门按照企业改制的政策统筹解决；但协议中也有用人单位和劳动者之间通过协议确定工资待遇的内容，如离岗退养职工享受普调性工资待遇的约定。工资是劳动合同的重要组成部分，确定工资标准的内容具有劳动合同的性质，当事人对于是否按照劳动合同约定支付了工资发生争议，经过法定程序起诉之后，人民法院应当受理。

2. 许某诉某高速公路服务区确认劳动关系案［（2018）皖07民终119号］②

裁判摘要：劳动者与用人单位是否存在劳动关系应考虑以下因素：（1）双方当事人作为劳动者或用人单位是否适格；（2）劳动者提供的劳动是否是用人单位业务的组成部分；（3）劳动者是否实际接受用人单位的管理、指挥和监督；（4）用人单位是否向劳动者提供基本的劳动条件以及向劳动者支付报酬。

3. 何某诉商务公司、商务公司广州分公司确认劳动关系纠纷案（人民法院案例库2023-11-2-490-001）

裁判摘要：劳动者人格及经济从属性是认定劳动关系最核心的标准。判断互联网平台用工是否构成劳动关系，应以事实为基础，审查双方是否符合劳动关系核心特征；对于适格主体之间，平台企业的指挥、管理与监督权具有决定作用，从业者无实质自主决定权，从业者获得的报酬为其主要经济来源且具有持续稳定特点，其提供的劳动是平台企业的业务组成部分的，应认定双方存在劳动关系。从业者应平台企业要求注册个体工商户、自备部分生产资料、薪酬

---

① 载最高人民法院网站，http://gongbao.court.gov.cn/Details/9a4a13c56c02c8d4522ed4ba761761.html，2024年11月20日访问。

② 载中国裁判文书网，2024年11月20日访问。

由其他主体代发、双方事先对身份关系性质进行约定等均不影响劳动关系的认定。

4. 陈某诉船务公司船员劳动争议案（人民法院案例库 2023-10-2-490-001）

裁判摘要：挂靠行为违法不能成为船员与被挂靠公司劳动合同关系成立的依据。在船员与被挂靠公司不存在劳动合同的情况下，需判断双方是否成立事实劳动关系。事实劳动关系的成立，可以通过事实劳动关系存在的相关凭证、用人单位与劳动者之间的从属关系、劳动者从事劳动的性质以及劳动报酬领取等多个层面进行认定。一是证明事实劳动关系存在的相关凭证包括招工登记表、报名表、工资单、社保记录、考勤表、工作证、服务证等。在挂靠经营中，若劳动者的上述凭证由被挂靠公司发放，可认定其与被挂靠公司具有事实劳动关系。案涉船员服务簿上加盖的被挂靠公司名下船章和船员服务部签证章系船舶实际经营人私自刻制加盖的，不能成为可以证明事实劳动关系的文件材料。二是判断用人单位与劳动者之间是否存在管理上的从属关系。船员与船舶实际经营人双方商定从事劳务工作的岗位及报酬、在船期间船员根据船舶实际经营人的安排提供相关劳务、船员所得的劳务报酬由船舶实际经营人支付、劳务报酬的调整亦由船舶实际经营人作出，且船舶实际经营人并非被挂靠公司的员工的，应当认定船员并非被挂靠公司的员工，与被挂靠公司不存在管理上的从属关系。三是确定劳动者从事劳动的性质，是否为用人单位安排并属于用人单位业务组成部分，以及劳动者劳动报酬领取情况，是否根据用人单位的工资分配原则领取劳动报酬。船员从事的劳务并非被挂靠公司业务的直接组成部分，获取报酬与被挂靠公司无关的，不宜认定两者之间成立事实劳动关系。

第三条 劳动者的权利和义务

劳动者享有平等就业和选择职业的权利、取得劳动报酬的权利、休息休假的权利、获得劳动安全卫生保护的权利、接受职业技能培训的权利、享受社会保险和福利的权利、提请劳动争议处理的权利以及法律规定的其他劳动权利。

劳动者应当完成劳动任务，提高职业技能，执行劳动安全卫生规程，遵守劳动纪律和职业道德。

● 宪　法

《宪法》（2018 年 3 月 11 日）

第 42 条　中华人民共和国公民有劳动的权利和义务。

国家通过各种途径，创造劳动就业条件，加强劳动保护，改善劳动条件，并在发展生产的基础上，提高劳动报酬和福利待遇。

劳动是一切有劳动能力的公民的光荣职责。国有企业和城乡集体经济组织的劳动者都应当以国家主人翁的态度对待自己的劳动。国家提倡社会主义劳动竞赛，奖励劳动模范和先进工作者。国家提倡公民从事义务劳动。

国家对就业前的公民进行必要的劳动就业训练。

第 43 条　中华人民共和国劳动者有休息的权利。

国家发展劳动者休息和休养的设施，规定职工的工作时间和休假制度。

第 44 条　国家依照法律规定实行企业事业组织的职工和国家机关工作人员的退休制度。退休人员的生活受到国家和社会的保障。

● 案例指引

1. **刘某诉工程公司、罗某敏工伤赔偿案**（《最高人民法院公报》1999 年第 5 期）

案例要旨：根据《宪法》第 42 条第 2 款，《劳动法》规定，用人单位未采取相应的安全保障措施致使劳动者受伤的，侵害了劳动者的生命健康权，应当依法承担相应的民事责任。

2. 孙某宽等 78 人与农业公司追索劳动报酬纠纷支持起诉案（最高人民检察院检例第 124 号）

案例要旨：劳动报酬是进城务工人员维持生计的基本保障，用人单位未按照国家规定和劳动合同约定及时足额支付劳动报酬的，检察机关应当因案制宜，通过督促人力资源社会保障等单位履职尽责、支持起诉、移送拒不支付劳动报酬罪线索等方式保障进城务工人员获得劳动报酬。

3. 蒋某与房地产开发公司劳动合同纠纷案（南通市中级人民法院发布 2019 年度南通法院劳动争议典型案例之六）①

裁判摘要：根据《劳动法》规定，劳动者应当遵守劳动纪律和职业道德。基于劳动关系的人身性、隶属性以及诚实信用原则，劳动者应当对用人单位恪尽忠诚义务，应当维护、增进而不损害用人单位的利益。劳动者违背职业道德，违反忠诚义务，损害用人单位利益，不宜在原岗位工作的，用人单位有权单方调整其工作岗位。

4. 孙某某与某酒店劳动争议纠纷案（南通市中级人民法院发布 2017 年度南通法院劳动争议审判典型案例之七）②

裁判摘要：根据《劳动法》规定，职业道德是劳动者职业活动的行为规范，是其基本道德要求。用人单位即便在规章制度和劳动合同中未有明确规定，劳动者应当诚信原则，勤勉尽职，不得违反职业道德。否则，用人单位可以依照《劳动法》相关规定行使劳动合同解除权。

---

① 载微信公众号“南通市中级人民法院”，https：//mp. weixin. qq. com/s/oSqESEV9VRTU0tAqiVLz9A，2024 年 11 月 20 日访问，以下不再标注。

② 载微信公众号“南通市中级人民法院”，https：//mp. weixin. qq. com/s/9Y4bp-IhHT4g9DBxpfXcxw，2024 年 11 月 20 日访问，以下不再标注。

第四条 用人单位规章制度

用人单位应当依法建立和完善规章制度，保障劳动者享有劳动权利和履行劳动义务。

● 法 律

1.《劳动合同法》（2012 年 12 月 28 日）

第 4 条 用人单位应当依法建立和完善劳动规章制度，保障劳动者享有劳动权利、履行劳动义务。

用人单位在制定、修改或者决定有关劳动报酬、工作时间、休息休假、劳动安全卫生、保险福利、职工培训、劳动纪律以及劳动定额管理等直接涉及劳动者切身利益的规章制度或者重大事项时，应当经职工代表大会或者全体职工讨论，提出方案和意见，与工会或者职工代表平等协商确定。

在规章制度和重大事项决定实施过程中，工会或者职工认为不适当的，有权向用人单位提出，通过协商予以修改完善。

用人单位应当将直接涉及劳动者切身利益的规章制度和重大事项决定公示，或者告知劳动者。

● 司法解释及文件

2.《最高人民法院关于审理劳动争议案件适用法律问题的解释（一）》（2020 年 12 月 29 日 法释〔2020〕26 号）

第 50 条 用人单位根据劳动合同法第四条规定，通过民主程序制定的规章制度，不违反国家法律、行政法规及政策规定，并已向劳动者公示的，可以作为确定双方权利义务的依据。

用人单位制定的内部规章制度与集体合同或者劳动合同约定的内容不一致，劳动者请求优先适用合同约定的，人民法院应予支持。

案例指引

1. **彭某翔诉开发集团追索劳动报酬纠纷案**（最高人民法院指导案例182号）

案例要旨：用人单位规定劳动者在完成一定绩效后可以获得奖金，其无正当理由拒绝履行审批义务，符合奖励条件的劳动者主张获奖条件成就，用人单位应当按照规定发放奖金的，人民法院应予支持。

2. **张某与快递公司劳动合同纠纷案**（人力资源社会保障部、最高人民法院联合发布10起第二批劳动人事争议典型案例之一）①

裁判摘要：根据《劳动法》规定，法律在支持用人单位依法行使管理职权的同时，也明确其必须履行保障劳动者权利的义务。用人单位的规章制度以及相应工作安排必须符合法律、行政法规的规定，否则既要承担违法后果，也不利于构建和谐稳定的劳动关系、促进自身健康发展。

3. **吴某与物流公司劳动争议案**（2017~2019年海口两级法院劳动争议十大典型案例之七）②

裁判摘要：劳动者对外以用人单位的名义从事运输业务，接受用人单位管理，完成用人单位的工作任务，工资虽由公司的承包人发放，但仍应认定劳动者与用人单位存在事实劳动关系。

4. **陈某与水电公司劳动争议案**（四川省成都市中级人民法院发布2021年劳动争议十大典型案例之六）③

裁判摘要：额外薪酬订立的目的是鼓励劳动者长期为用人单位

---

① 载人力资源和社会保障部网站，https：//www. mohrss. gov. cn/SYrlzyhshbzb/laodongguanxi_ /zcwj/202108/t20210825_ 421600. html，2024年11月20日访问，以下不再标注。

② 载微信公众号“海口市中级人民法院”，https：//mp. weixin. qq. com/s/Igo8EfV4CBFioxL5uv0fng，2024年11月20日访问，以下不再标注。

③ 载微信公众号“成都市中级人民法院”，https：//mp. weixin. qq. com/s/InFEK5-gzCar101XLXDBtg，2024年11月20日访问，以下不再标注。

服务。人才是企业发展的核心竞争力。用人单位往往会向劳动者承诺优厚的薪酬待遇并提出附加条件如工作期限等来留住人才。在此种情况下，若是因用人单位的原因导致未达到服务期年限的，劳动者不负有返还义务。

第五条 国家发展劳动事业

国家采取各种措施，促进劳动就业，发展职业教育，制定劳动标准，调节社会收入，完善社会保险，协调劳动关系，逐步提高劳动者的生活水平。

● 宪 法

《宪法》（2018 年 3 月 11 日）

第 42 条第 2 款 国家通过各种途径，创造劳动就业条件，加强劳动保护，改善劳动条件，并在发展生产的基础上，提高劳动报酬和福利待遇。

第六条 国家的倡导、鼓励和奖励政策

国家提倡劳动者参加社会义务劳动，开展劳动竞赛和合理化建议活动，鼓励和保护劳动者进行科学研究、技术革新和发明创造，表彰和奖励劳动模范和先进工作者。

● 宪 法

《宪法》（2018 年 3 月 11 日）

第 42 条第 3 款 劳动是一切有劳动能力的公民的光荣职责。国有企业和城乡集体经济组织的劳动者都应当以国家主人翁的态度对待自己的劳动。国家提倡社会主义劳动竞赛，奖励劳动模范和先进工作者。国家提倡公民从事义务劳动。

第七条 工会的组织和权利

劳动者有权依法参加和组织工会。

工会代表和维护劳动者的合法权益，依法独立自主地开展活动。

● 法 律

1.《工会法》（2021 年 12 月 24 日）

第 2 条 工会是中国共产党领导的职工自愿结合的工人阶级群众组织，是中国共产党联系职工群众的桥梁和纽带。

中华全国总工会及其各工会组织代表职工的利益，依法维护职工的合法权益。

第 6 条 维护职工合法权益、竭诚服务职工群众是工会的基本职责。工会在维护全国人民总体利益的同时，代表和维护职工的合法权益。

工会通过平等协商和集体合同制度等，推动健全劳动关系协调机制，维护职工劳动权益，构建和谐劳动关系。

工会依照法律规定通过职工代表大会或者其他形式，组织职工参与本单位的民主选举、民主协商、民主决策、民主管理和民主监督。

工会建立联系广泛、服务职工的工会工作体系，密切联系职工，听取和反映职工的意见和要求，关心职工的生活，帮助职工解决困难，全心全意为职工服务。

2.《劳动合同法》（2012 年 12 月 28 日）

第 6 条 工会应当帮助、指导劳动者与用人单位依法订立和履行劳动合同，并与用人单位建立集体协商机制，维护劳动者的合法权益。

第 78 条 工会依法维护劳动者的合法权益，对用人单位履行劳动合同、集体合同的情况进行监督。用人单位违反劳动法律、法规和劳动合同、集体合同的，工会有权提出意见或者要求纠正；劳动者申请仲裁、提起诉讼的，工会依法给予支持和帮助。

● 司法解释及文件

3.《最高人民法院关于在民事审判工作中适用〈中华人民共和国工会法〉若干问题的解释》（2020 年 12 月 29 日　法释〔2020〕17 号）

第 1 条　人民法院审理涉及工会组织的有关案件时，应当认定依照工会法建立的工会组织的社团法人资格。具有法人资格的工会组织依法独立享有民事权利，承担民事义务。建立工会的企业、事业单位、机关与所建工会以及工会投资兴办的企业，根据法律和司法解释的规定，应当分别承担各自的民事责任。

第 2 条　根据工会法第十八条规定，人民法院审理劳动争议案件，涉及确定基层工会专职主席、副主席或者委员延长的劳动合同期限的，应当自上述人员工会职务任职期限届满之日起计算，延长的期限等于其工会职务任职的期间。

工会法第十八条规定的“个人严重过失”，是指具有《中华人民共和国劳动法》第二十五条第（二）项、第（三）项或者第（四）项规定的情形。

第 3 条　基层工会或者上级工会依照工会法第四十三条规定向人民法院申请支付令的，由被申请人所在地的基层人民法院管辖。

第 4 条　人民法院根据工会法第四十三条的规定受理工会提出的拨缴工会经费的支付令申请后，应当先行征询被申请人的意见。被申请人仅对应拨缴经费数额有异议的，人民法院应当就无异议部分的工会经费数额发出支付令。

人民法院在审理涉及工会经费的案件中，需要按照工会法第四十二条第一款第（二）项规定的“全部职工”、“工资总额”确定拨缴数额的，“全部职工”、“工资总额”的计算，应当按照国家有关部门规定的标准执行。

第5条 根据工会法第四十三条和民事诉讼法的有关规定，上级工会向人民法院申请支付令或者提起诉讼，要求企业、事业单位拨缴工会经费的，人民法院应当受理。基层工会要求参加诉讼的，人民法院可以准许其作为共同申请人或者共同原告参加诉讼。

第6条 根据工会法第五十二条规定，人民法院审理涉及职工和工会工作人员因参加工会活动或者履行工会法规定的职责而被解除劳动合同的劳动争议案件，可以根据当事人的请求裁判用人单位恢复其工作，并补发被解除劳动合同期间应得的报酬；或者根据当事人的请求裁判用人单位给予本人年收入二倍的赔偿，并根据劳动合同法第四十六条、第四十七条规定给予解除劳动合同时的经济补偿。

第7条 对于企业、事业单位无正当理由拖延或者拒不拨缴工会经费的，工会组织向人民法院请求保护其权利的诉讼时效期间，适用民法典第一百八十八条的规定。

第8条 工会组织就工会经费的拨缴向人民法院申请支付令的，应当按照《诉讼费用交纳办法》第十四条的规定交纳申请费；督促程序终结后，工会组织另行起诉的，按照《诉讼费用交纳办法》第十三条规定的财产案件受理费标准交纳诉讼费用。

第八条 劳动者参与民主管理和平等协商

劳动者依照法律规定，通过职工大会、职工代表大会或者其他形式，参与民主管理或者就保护劳动者合法权益与用人单位进行平等协商。

第九条 劳动行政部门设置

国务院劳动行政部门主管全国劳动工作。

县级以上地方人民政府劳动行政部门主管本行政区域内的劳动工作。

● 法 律

1. 《劳动合同法》（2012 年 12 月 28 日）

第 73 条 国务院劳动行政部门负责全国劳动合同制度实施的监督管理。

县级以上地方人民政府劳动行政部门负责本行政区域内劳动合同制度实施的监督管理。

县级以上各级人民政府劳动行政部门在劳动合同制度实施的监督管理工作中，应当听取工会、企业方面代表以及有关行业主管部门的意见。

2. 《就业促进法》（2015 年 4 月 24 日）

第 6 条 国务院建立全国促进就业工作协调机制，研究就业工作中的重大问题，协调推动全国的促进就业工作。国务院劳动行政部门具体负责全国的促进就业工作。

省、自治区、直辖市人民政府根据促进就业工作的需要，建立促进就业工作协调机制，协调解决本行政区域就业工作中的重大问题。

县级以上人民政府有关部门按照各自的职责分工，共同做好促进就业工作。

● 行政法规及文件

3. 《劳动保障监察条例》（2004 年 11 月 1 日）

第 3 条 国务院劳动保障行政部门主管全国的劳动保障监察工作。县级以上地方各级人民政府劳动保障行政部门主管本行政区域内的劳动保障监察工作。

县级以上各级人民政府有关部门根据各自职责，支持、协助劳动保障行政部门的劳动保障监察工作。

● 案例指引

许某枝等5人诉县人力资源和社会保障局工伤认定纠纷案（广东高院发布2019年度广东法院行政诉讼十大典型案例之八）①

裁判摘要：社会保险行政部门在工伤认定程序中具有确认职工与用人单位是否存在劳动关系的职权。对劳动关系进行劳动仲裁、诉讼，不是社会保险行政部门作出工伤认定的前置程序。

第二章 促进就业

第十条 国家促进就业政策

国家通过促进经济和社会发展，创造就业条件，扩大就业机会。

国家鼓励企业、事业组织、社会团体在法律、行政法规规定的范围内兴办产业或者拓展经营，增加就业。

国家支持劳动者自愿组织起来就业和从事个体经营实现就业。

● 法 律

1.《就业促进法》（2015年4月24日）

第2条 国家把扩大就业放在经济社会发展的突出位置，实施积极的就业政策，坚持劳动者自主择业、市场调节就业、政府促进就业的方针，多渠道扩大就业。

---

① 载广东法院网，https：//www.gdcourts.gov.cn/gsxx/quanweifabu/anlihuicui/content/post_1046578.html，2024年11月20日访问。

第 3 条　劳动者依法享有平等就业和自主择业的权利。

劳动者就业，不因民族、种族、性别、宗教信仰等不同而受歧视。

● 行政法规及文件

2.《国务院关于做好当前和今后一个时期促进就业工作的若干意见》（2018 年 11 月 16 日）

各省、自治区、直辖市人民政府，国务院各部委、各直属机构：

就业是最大的民生，也是经济发展的重中之重。当前，我国就业局势保持总体稳定，但经济运行稳中有变，经济下行压力有所加大，对就业的影响应高度重视。必须把稳就业放在更加突出位置，深入贯彻习近平新时代中国特色社会主义思想和党的十九大精神，全面落实党中央、国务院关于稳就业工作的决策部署，坚持实施就业优先战略和更加积极的就业政策，支持企业稳定岗位，促进就业创业，强化培训服务，确保当前和今后一个时期就业目标任务完成和就业局势持续稳定。为此，提出以下意见：

一、支持企业稳定发展

……

（二）发挥政府性融资担保机构作用支持小微企业。充分发挥国家融资担保基金作用，引导更多金融资源支持创业就业。各地政府性融资担保基金应优先为符合条件的小微企业提供低费率的担保支持，提高小微企业贷款可获得性。（财政部、工业和信息化部、人民银行、银保监会负责）

二、鼓励支持就业创业

（三）加大创业担保贷款贴息及奖补政策支持力度。符合创业担保贷款申请条件的人员自主创业的，可申请最高不超过 15 万元的创业担保贷款。小微企业当年新招用符合创业担保贷款申请条件的人员数量达到企业现有在职职工人数 25%（超过 100 人的企业达到15%）并与其签订1年以上劳动合同的，可申请最高不超过300万元的创业担保贷款。各地可因地制宜适当放宽创业担保贷款申请条件，由此产生的贴息资金由地方财政承担。推动奖补政策落到实处，按各地当年新发放创业担保贷款总额的一定比例，奖励创业担保贷款基金运营管理机构等单位，引导其进一步提高服务创业就业的积极性。（财政部、人力资源社会保障部、人民银行、银保监会负责）

（四）支持创业载体建设。鼓励各地加快建设重点群体创业孵化载体，为创业者提供低成本场地支持、指导服务和政策扶持，根据入驻实体数量、孵化效果和带动就业成效，对创业孵化基地给予一定奖补。支持稳定就业压力较大地区为失业人员自主创业免费提供经营场地。（人力资源社会保障部、科技部、财政部、住房城乡建设部、市场监管总局，各省级人民政府按职责分工负责）

（五）扩大就业见习补贴范围。从2019年1月1日起，实施三年百万青年见习计划；将就业见习补贴范围由离校未就业高校毕业生扩展至16—24岁失业青年；组织失业青年参加3—12个月的就业见习，按规定给予就业见习补贴，并适当提高补贴标准。（人力资源社会保障部等有关部门和单位负责）

……

四、及时开展下岗失业人员帮扶

（九）实行失业登记常住地服务。失业人员可在常住地公共就业服务机构办理失业登记，申请享受当地就业创业服务、就业扶持政策、重点群体创业就业税收优惠政策。其中，大龄、残疾、低保家庭等劳动者可在常住地申请认定为就业困难人员，享受就业援助。（人力资源社会保障部、财政部、税务总局，各省级人民政府按职责分工负责）

（十）落实失业保险待遇。对符合条件的失业人员，由失业

保险基金发放失业保险金，其个人应缴纳的基本医疗保险费从失业保险基金中列支。(人力资源社会保障部、医保局负责)

(十一）保障困难群众基本生活。对符合条件的生活困难下岗失业人员，给予临时生活补助，补助标准根据家庭困难程度、地区消费水平等综合确定。对符合最低生活保障条件的家庭，及时纳入最低生活保障范围。对符合临时救助条件的，给予临时救助。通过综合施策，帮助困难群众解困脱困。(财政部、人力资源社会保障部、民政部等有关部门和单位按职责分工负责)

五、落实各方责任

(十二）落实地方政府主体责任。地方各级人民政府要切实承担本地区促进就业工作的主体责任，建立由政府负责人牵头、相关部门共同参与的工作机制，因地制宜，多措并举，统筹做好本地区促进就业工作，分级预警、分层响应、分类施策。各省、自治区、直辖市人民政府要在本意见印发之日起 30 日内，制定出台具体实施办法，组织有关部门结合本地实际和财力水平合理确定享受政策的困难企业范围，突出重点帮扶对象，合理确定补贴等标准，确保各项政策尽快落地。(各省级人民政府负责)

(十三）明确部门组织协调责任。人力资源社会保障部要统筹协调促进就业政策制定、督促落实、统计监测等工作。财政部要加大资金支持力度，保障促进就业政策落实。其他有关部门和单位要立足职能职责，积极出台促进就业创业的政策措施，开展更多有利于促进就业的专项活动，共同做好促进就业工作。(各有关部门和单位按职责分工负责)

(十四）切实抓好政策服务。各地各有关部门要积极开展政策宣传，向社会公布政策清单、申办流程、补贴标准、服务机构及联系方式、监督投诉电话，深入企业宣讲政策、了解困难、做好帮扶。对申请享受就业创业扶持政策和就业创业服务的困难企业、下岗失业人员，要建立实名制管理服务信息系统。要优化流程，精简证明，加强监管，确保各项政策资金规范便捷地惠及享受对象。（各有关部门和单位，各省级人民政府按职责分工负责）

（十五）指导企业等各方履行社会责任。要引导困难企业更加注重运用市场机制、经济手段，通过转型转产、培训转岗、支持“双创”等，多渠道分流安置职工，依法处理劳动关系。引导职工关心企业生存与发展，困难企业与职工协商一致的，可采取协商薪酬、调整工时、轮岗轮休、在岗培训等措施，保留就业岗位，稳定劳动关系。引导劳动者树立正确就业观，主动提升就业能力，通过自身努力实现就业创业。广泛调动社会各界积极性，形成稳定、扩大就业的合力。（各有关部门和单位，各省级人民政府按职责分工负责）

从工业企业结构调整专项奖补资金中安排部分资金并适时下达，由地方统筹纳入就业补助资金，专项用于当前稳就业工作。各地要对现有补贴项目进行梳理，在保持政策连续性、稳定性的基础上，对补贴项目、补贴方式进行归并简化，提高资金使用效益。各地贯彻落实本意见的有关情况及发现的重要问题，要及时报送人力资源社会保障部。

● 部门规章及文件

3.《外国人在中国就业管理规定》（2017年3月13日 人力资源和社会保障部令第32号）

第二章 就业许可

第5条 用人单位聘用外国人须为该外国人申请就业许可，经获准并取得《中华人民共和国外国人就业许可证书》（以下简称许可证书）后方可聘用。

第6条 用人单位聘用外国人从事的岗位应是有特殊需要，国内暂缺适当人选，且不违反国家有关规定的岗位。

用人单位不得聘用外国人从事营业性文艺演出，但符合本规定第九条第三项规定的人员除外。

第7条　外国人在中国就业须具备下列条件：

（一）年满18周岁，身体健康；

（二）具有从事其工作所必须的专业技能和相应的工作经历；

（三）无犯罪记录；

（四）有确定的聘用单位；

（五）持有有效护照或能代替护照的其他国际旅行证件（以下简称代替护照的证件）。

第8条　在中国就业的外国人应持Z字签证入境（有互免签证协议的，按协议办理），入境后取得《外国人就业证》（以下简称就业证）和外国人居留证件，方可在中国境内就业。

未取得居留证件的外国人（即持F、L、C、G字签证者）、在中国留学、实习的外国人及持Z字签证外国人的随行家属不得在中国就业。特殊情况，应由用人单位按本规定规定的审批程序申领许可证书，被聘用的外国人凭许可证书到公安机关改变身份，办理就业证、居留证后方可就业。

外国驻中国使、领馆和联合国系统、其他国际组织驻中国代表机构人员的配偶在中国就业，应按《中华人民共和国外交部关于外国驻中国使领馆和联合国系统组织驻中国代表机构人员的配偶在中国任职的规定》执行，并按本条第二款规定的审批程序办理有关手续。

许可证书和就业证由劳动部统一制作。

第9条　凡符合下列条件之一的外国人可免办就业许可和就业证：

（一）由我政府直接出资聘请的外籍专业技术和管理人员，或由国家机关和事业单位出资聘请，具有本国或国际权威技术管理部门或行业协会确认的高级技术职称或特殊技能资格证书的外籍专业技术和管理人员，并持有外国专家局签发的《外国专家证》的外国人；

（二）持有《外国人在中华人民共和国从事海上石油作业工作准证》从事海上石油作业、不需登陆、有特殊技能的外籍劳务人员；

（三）经文化部批准持《临时营业演出许可证》进行营业性文艺演出的外国人。

第10条　凡符合下列条件之一的外国人可免办许可证书，入境后凭Z字签证及有关证明直接办理就业证：

（一）按照我国与外国政府间、国际组织间协议、协定，执行中外合作交流项目受聘来中国工作的外国人；

（二）外国企业常驻中国代表机构中的首席代表、代表。

4.《人力资源社会保障部、教育部、公安部、财政部、中国人民银行关于做好当前形势下高校毕业生就业创业工作的通知》

（2019年7月3日　人社部发〔2019〕72号）

各省、自治区、直辖市及新疆生产建设兵团人力资源社会保障厅（局）、教育厅（委、局）、公安厅（局）、财政厅（局），中国人民银行上海总部、各分行、营业管理部、各省会（首府）城市中心支行、各副省级城市中心支行，部属各高等学校、部省合建各高等学校：

促进高校毕业生就业创业，关系经济持续健康发展、民生改善和社会大局稳定。今年高校毕业生人数再创新高，促进就业任务更加繁重，必须高度重视。各地要以习近平新时代中国特色社会主义思想为指导，全面贯彻党中央、国务院关于稳就业的决策部署，落实就业优先政策，把高校毕业生就业作为重中之重，深入实施高校毕业生就业创业促进计划和基层成长计划，拓渠道、优服务、强保障，确保就业水平总体稳定、就业局势基本平稳。现就有关工作通知如下：

一、积极拓宽就业领域

（一）支持多渠道就业。鼓励高校毕业生到基层就业，对艰苦边远地区县以下基层单位服务期满并考核合格的基层服务项目人员，可通过直接考察的方式择优聘用到服务地乡镇事业单位。对小微企业吸纳离校 2 年内未就业高校毕业生就业的，按规定给予社会保险补贴。对离校 2 年内未就业高校毕业生灵活就业的，按规定给予社会保险补贴。

（二）鼓励创业带动就业。加强创新创业教育，在符合学位论文规范要求的前提下，允许本科生用创业成果申请学位论文答辩。将创业培训向校园延伸，提升大学生创新创业能力。放宽创业担保贷款申请条件，对获得市级以上荣誉称号以及经金融机构评估认定信用良好的大学生创业者，原则上取消反担保。支持高校毕业生返乡入乡创业创新，对到贫困村创业符合条件的，优先提供贷款贴息、场地安排、资金补贴。支持建设大学生创业孵化基地，对入驻实体数量多、带动就业成效明显的，给予一定奖补。

二、大力加强就业服务

（三）提前启动信息交接。教育部门和人力资源社会保障部门要在高校毕业生离校时，同步启动有就业意愿的未就业毕业生实名信息交接工作，7 月底前全面完成，并确保高校毕业生个人基本信息完整和信息安全。完善实名信息服务系统，有条件的地方要建立部门信息共享的高校毕业生就业管理服务平台，及时记载就业状况、政策服务落实等内容，实现动态管理。人力资源社会保障部门要对离校未就业高校毕业生实施实名制服务，有针对性地提供岗位信息、职业指导、培训见习等服务措施。高校要持续为离校未就业高校毕业生提供就业信息和指导等服务，及时通知他们参加线上线下校园招聘，各院系也要主动与他们联系，推荐岗位信息。

（四）强化针对性职业指导。高校要加强学生职业生涯发展教育，对低年级学生着重进行职业生涯启蒙，对高年级学生着重提升职业素质和求职技能。将组织毕业生参观公共就业创业服务机构、企业和创业园区纳入就业指导课程实践，开展模拟求职、现场观摩、职业体验等活动，增强其职业认知和职业能力。人力资源社会保障部门会同教育部门统筹资源，建立职业指导师联系毕业班制度，每个班指定一名职业指导师，讲解就业形势政策、求职方法，加强就业观念引导，促进毕业生积极就业、理性择业。加强深度贫困地区高校毕业生职业指导工作。

（五）着力推进精准服务。教育部门和高校要及时向社会发布高校毕业生相关信息，组织分层次、分类别、分行业的校园招聘活动。人力资源社会保障部门要组织公共就业人才服务进校园，将本地政策清单、服务清单、服务机构联络清单向毕业生普遍推送。加强就业信息精准投放，运用大数据技术促进供需智能匹配。对公共就业创业服务机构和高校开展的招聘活动和创业服务，按规定给予一定补贴。将留学归国人员、港澳台青年全面纳入公共就业人才服务体系，同等提供就业创业服务。

（六）充分发挥人力资源市场作用。健全统一规范、竞争有序的人力资源市场，大力发展人力资源服务业，支持发展专业化、行业化人力资源服务机构，更好满足高校毕业生多元化服务需求。落实政府购买服务机制，支持符合条件的人力资源服务机构为高校毕业生提供专场招聘、就业创业指导等公共就业创业服务。建立健全人力资源市场供求信息发布制度，及时发布职业供求、市场工资指导价位等信息，编制本地区急需紧缺人才目录并加大宣传推介，提高人力资源市场供求匹配效率。

（七）加大职业技能培训力度。将有培训需求的高校毕业生纳入职业技能提升行动，对接就业意向和重点行业领域发展需要，提供有针对性的培训项目，提升专业技能水平和社会适应能力，按规定落实职业培训补贴政策。对其中的建档立卡贫困家庭、城乡低保家庭、零就业家庭高校毕业生，按规定给予一定生活费补贴。启动“学历证书+若干职业技能等级证书”制度试点，鼓励职业院校和应用型本科高校学生在获得学历证书的同时，积极取得多个职业技能等级证书，拓展就业创业本领。

三、强化就业权益保护

（八）简化就业手续。省会及以下城市要全面放开对高校毕业生、职业院校毕业生、留学归国人员的落户限制，精简落户凭证，简化办理手续。各高校可根据实际情况决定是否安排毕业体检，有条件的地方可建立入职定点体检和体检结果互认机制，尽力避免手续繁琐、重复体检。

（九）加强招聘领域监管。加强对用人单位和人力资源服务机构招聘行为监管，禁止招聘信息发布中含有性别、民族等歧视性内容。指导用人单位根据招聘岗位需求合理制定招聘条件，对同等学历不同培养方式的高校毕业生提供同等就业机会。健全多部门执法联动机制，严肃查处“黑中介”、虚假招聘、违规检测乙肝项目等违法行为，严厉打击以求职、就业、创业为名义的信贷陷阱和传销、诈骗等违法犯罪活动，依法保护高校毕业生就业权益。

（十）规范就业签约。高校要严格执行“四不准”规定，不准以任何方式强迫毕业生签订就业协议和劳动合同，不准将毕业证书、学位证书发放与毕业生签约挂钩，不准以户档托管为由劝说毕业生签订虚假就业协议，不准将毕业生顶岗实习、见习证明材料作为就业证明材料。人力资源服务机构不得参与签订不实就业协议。就业协议签订过程中，用人单位不得签订虚假就业协议，不得出具虚假用人证明，不得随意违约。加强高校毕业生就业统计核查，健全就业状况反馈、评估机制，真实反映就业情况。

四、全力做好兜底保障

（十一）扩大就业见习规模。全面推进三年百万青年见习计划，及时摸排锁定有见习需求的高校毕业生和失业青年，有针对性地开发见习岗位，做好见习服务对接，帮助他们获得岗位实践机会。承担援藏援疆援青任务的省市要根据受援地见习对象需求，组织一批人员到内地见习。对见习期满留用率达到50%以上的见习单位，适当提高见习补贴标准。

（十二）扎实做好困难帮扶。将求职创业补贴对象范围扩大到中等职业学校（含技工院校）符合条件的困难毕业生，补贴时限从目前的毕业年度调整为毕业学年，补贴发放工作在毕业学年10月底前完成。对民办高校毕业生符合条件的，要确保同等享受政策。人力资源社会保障、教育和财政部门要做好政策申办、凭证简化、资金安排等工作，确保补贴按时发放到位。对建档立卡贫困家庭、残疾毕业生以及就业困难少数民族毕业生、长期失业青年实施“一对一”援助，量身定制求职就业计划，在深度贫困地区开展送岗位上门活动，集中帮扶高校毕业生就业。

五、狠抓工作责任落实

（十三）强化组织领导。各地要坚持以人民为中心的发展思想，把做好高校毕业生就业创业工作作为重要政治责任，健全就业工作目标责任制，层层抓好落实。人力资源社会保障部门要加强统筹谋划，协调各有关方面推动工作落地，及时解决工作中遇到的困难和问题。教育部门和高校要认真落实就业工作“一把手”工程，保障“机构、场地、人员、经费”四到位。公安、财政、银行等部门和单位要发挥职能优势，密切协作，合力促进高校毕业生就业创业。

（十四）抓好政策落实。加强就业创业政策宣传解读，运用年轻人喜闻乐见的方式，帮助高校毕业生知晓政策、用好政策。全面精简政策凭证，凡可联网查询或承诺保证事项，一律不再要求申请人出具证明。加快政策申请、审核、发放全程信息化，确保政策及时兑现。综合运用人力资源市场供求监测、大数据分析等手段，密切跟踪经济运行变化对高校毕业生就业的影响，及时采取有针对性的政策措施。

（十五）加强宣传引导。各地要深入学习贯彻习近平总书记关于新时代青年成长成才的重要论述，教育引导高校毕业生坚定爱国主义理想信念，把职业选择与国家发展相结合，面向祖国最需要的地方和基层一线建功立业。培育弘扬奋斗精神、劳动精神、工匠精神，树立一批就业创业先进典型。加强舆情监测和舆论引导，主动回应社会关切，稳定就业预期，营造关心支持高校毕业生就业创业的良好氛围。

5.《人力资源社会保障部关于香港澳门台湾居民在内地（大陆）就业有关事项的通知》（2018年8月23日　人社部发〔2018〕53号）

各省、自治区、直辖市人力资源社会保障厅（局）：

2018年7月28日，国务院印发《关于取消一批行政许可事项的决定》（国发〔2018〕28号），取消台港澳人员在内地就业许可。8月23日，人力资源社会保障部颁布《关于废止〈台湾香港澳门居民在内地就业管理规定〉的决定》（人力资源社会保障部令第37号），废止《台湾香港澳门居民在内地就业管理规定》（劳动和社会保障部令第26号）。为进一步做好港澳台人员在内地（大陆）就业有关工作，现就有关事项通知如下：

一、在内地（大陆）求职、就业的港澳台人员，可使用港澳台居民居住证、港澳居民来往内地通行证、台湾居民来往大陆通行证等有效身份证件办理人力资源社会保障各项业务，以工商营业执照、劳动合同（聘用合同）、工资支付凭证或社会保险缴费记录等作为其在内地（大陆）就业的证明材料。

二、各地要完善相关制度，将港澳台人员纳入当地就业创业管理服务体系，参照内地（大陆）劳动者对其进行就业登记和失业登记，加强就业失业统计监测，为有在内地（大陆）就业创业意愿的人员提供政策咨询、职业介绍、开业指导、创业孵化等服务。要在2018年12月31日前完成对公共就业创业服务系统的改造升级，支持港澳台人员使用港澳台居民居住证、港澳居民来往内地通行证、台湾居民来往大陆通行证等有效身份证件注册登录，提供求职招聘服务。

三、各地要加强工作部署和政策宣传，及时帮助辖区内用人单位和港澳台人员了解掌握相关政策规定，依法维护港澳台人员在内地（大陆）就业权益，为港澳台人员在内地（大陆）就业营造良好环境。

四、2018年7月28日起，港澳台人员在内地（大陆）就业不再需要办理《台港澳人员就业证》。8月23日起，各地不再受理《台港澳人员就业证》申请；对此前已受理申请但尚未发放证件的，及时告知用人单位无需再申请办理。2018年12月31日前，处于有效期内的《台港澳人员就业证》仍可同时作为港澳台人员在内地（大陆）就业证明材料；2019年1月1日起终止使用。

各地要按照本通知精神，抓紧清理相关法规、政策，做好各项工作衔接。工作中遇到的新情况、新问题，请及时报送我部。

第十一条　地方政府促进就业措施

地方各级人民政府应当采取措施，发展多种类型的职业介绍机构，提供就业服务。

● 法　律

1.《就业促进法》（2015年4月24日）

第5条　县级以上人民政府通过发展经济和调整产业结构、规范人力资源市场、完善就业服务、加强职业教育和培训、提供就业援助等措施，创造就业条件，扩大就业。

第 24 条　地方各级人民政府和有关部门应当加强对失业人员从事个体经营的指导，提供政策咨询、就业培训和开业指导等服务。

第 33 条　县级以上人民政府鼓励社会各方面依法开展就业服务活动，加强对公共就业服务和职业中介服务的指导和监督，逐步完善覆盖城乡的就业服务体系。

第 34 条　县级以上人民政府加强人力资源市场信息网络及相关设施建设，建立健全人力资源市场信息服务体系，完善市场信息发布制度。

第 35 条　县级以上人民政府建立健全公共就业服务体系，设立公共就业服务机构，为劳动者免费提供下列服务：

（一）就业政策法规咨询；

（二）职业供求信息、市场工资指导价位信息和职业培训信息发布；

（三）职业指导和职业介绍；

（四）对就业困难人员实施就业援助；

（五）办理就业登记、失业登记等事务；

（六）其他公共就业服务。

公共就业服务机构应当不断提高服务的质量和效率，不得从事经营性活动。

公共就业服务经费纳入同级财政预算。

第 36 条　县级以上地方人民政府对职业中介机构提供公益性就业服务的，按照规定给予补贴。

国家鼓励社会各界为公益性就业服务提供捐赠、资助。

第 37 条　地方各级人民政府和有关部门不得举办或者与他人联合举办经营性的职业中介机构。

地方各级人民政府和有关部门、公共就业服务机构举办的招聘会，不得向劳动者收取费用。

第38条　县级以上人民政府和有关部门加强对职业中介机构的管理，鼓励其提高服务质量，发挥其在促进就业中的作用。

第39条　从事职业中介活动，应当遵循合法、诚实信用、公平、公开的原则。

用人单位通过职业中介机构招用人员，应当如实向职业中介机构提供岗位需求信息。

禁止任何组织或者个人利用职业中介活动侵害劳动者的合法权益。

第40条　设立职业中介机构应当具备下列条件：

（一）有明确的章程和管理制度；

（二）有开展业务必备的固定场所、办公设施和一定数额的开办资金；

（三）有一定数量具备相应职业资格的专职工作人员；

（四）法律、法规规定的其他条件。

设立职业中介机构应当在工商行政管理部门办理登记后，向劳动行政部门申请行政许可。

未经依法许可和登记的机构，不得从事职业中介活动。

国家对外商投资职业中介机构和向劳动者提供境外就业服务的职业中介机构另有规定的，依照其规定。

第41条　职业中介机构不得有下列行为：

（一）提供虚假就业信息；

（二）为无合法证照的用人单位提供职业中介服务；

（三）伪造、涂改、转让职业中介许可证；

（四）扣押劳动者的居民身份证和其他证件，或者向劳动者收取押金；

（五）其他违反法律、法规规定的行为。

● 部门规章及文件

2.《境外就业中介管理规定》（2002 年 5 月 14 日　劳动和社会保障部令第 15 号）

第 2 条　本规定适用于在中国境内从事境外就业中介活动的管理。

本规定所称境外就业，是指中国公民与境外雇主签订劳动合同，在境外提供劳动并获取劳动报酬的就业行为。

本规定所称境外就业中介，是指为中国公民境外就业或者为境外雇主在中国境内招聘中国公民到境外就业提供相关服务的活动。经批准，从事该项活动的机构为境外就业中介机构。

第 3 条　境外就业中介实行行政许可制度。未经批准及登记注册，任何单位和个人不得从事境外就业中介活动。

第 4 条　劳动保障部门负责境外就业活动的管理和监督检查。

公安机关负责境外就业中介活动出入境秩序的管理。

工商行政管理部门负责境外就业中介机构登记注册和境外就业中介活动市场经济秩序的监督管理。

第 5 条　从事境外就业中介活动应当具备以下条件：

（一）符合企业法人设立的条件；

（二）具有法律、外语、财会专业资格的专职工作人员，有健全的工作制度和工作人员守则；

（三）备用金不低于 50 万元；

（四）法律、行政法规规定的其他条件。

第 9 条　境外就业中介机构依法从事下列业务：

（一）为中国公民提供境外就业信息、咨询；

（二）接受境外雇主的委托，为其推荐所需招聘人员；

（三）为境外就业人员进行出境前培训，并协助其办理有关职业资格证书公证等手续；

（四）协助境外就业人员办理出境所需要护照、签证、公证材料、体检、防疫注射等手续和证件；

（五）为境外就业人员代办社会保险；

（六）协助境外就业人员通过调解、仲裁、诉讼等程序维护其合法权益。

第10条　境外就业中介机构应当依法履行下列义务：

（一）核查境外雇主的合法开业证明、资信证明、境外雇主所在国家或者地区移民部门或者其他有关政府主管部门批准的招聘外籍人员许可证明等有关资料；

（二）协助、指导境外就业人员同境外雇主签订劳动合同，并对劳动合同的内容进行确认。

劳动合同内容应当包括合同期限、工作地点、工作内容、工作时间、劳动条件、劳动报酬、社会保险、劳动保护、休息休假、食宿条件、变更或者解除合同的条件以及劳动争议处理、违约责任等条款。

第11条　境外就业中介机构应当依法与境外就业人员签订境外就业中介服务协议书。协议书应当对双方的权利和义务、服务项目、收费标准、违约责任、赔偿条款等内容作出明确规定。

3.《就业服务与就业管理规定》（2022年1月7日　人力资源和社会保障部令第47号）

第四章　公共就业服务

第24条　县级以上劳动保障行政部门统筹管理本行政区域内的公共就业服务工作，根据政府制定的发展计划，建立健全覆盖城乡的公共就业服务体系。

公共就业服务机构根据政府确定的就业工作目标任务，制定就业服务计划，推动落实就业扶持政策，组织实施就业服务项目，为劳动者和用人单位提供就业服务，开展人力资源市场调查分析，并受劳动保障行政部门委托经办促进就业的相关事务。

第25条　公共就业服务机构应当免费为劳动者提供以下服务：

（一）就业政策法规咨询；

（二）职业供求信息、市场工资指导价位信息和职业培训信息发布；

（三）职业指导和职业介绍；

（四）对就业困难人员实施就业援助；

（五）办理就业登记、失业登记等事务；

（六）其他公共就业服务。

第 26 条　公共就业服务机构应当积极拓展服务功能，根据用人单位需求提供以下服务：

（一）招聘用人指导服务；

（二）代理招聘服务；

（三）跨地区人员招聘服务；

（四）企业人力资源管理咨询等专业性服务；

（五）劳动保障事务代理服务；

（六）为满足用人单位需求开发的其他就业服务项目。

第 27 条　公共就业服务机构应当加强职业指导工作，配备专（兼）职职业指导工作人员，向劳动者和用人单位提供职业指导服务。

公共就业服务机构应当为职业指导工作提供相应的设施和条件，推动职业指导工作的开展，加强对职业指导工作的宣传。

第 28 条　职业指导工作包括以下内容：

（一）向劳动者和用人单位提供国家有关劳动保障的法律法规和政策、人力资源市场状况咨询；

（二）帮助劳动者了解职业状况，掌握求职方法，确定择业方向，增强择业能力；

（三）向劳动者提出培训建议，为其提供职业培训相关信息；

（四）开展对劳动者个人职业素质和特点的测试，并对其职业能力进行评价；

（五）对妇女、残疾人、少数民族人员及退出现役的军人等就业群体提供专门的职业指导服务；

（六）对大中专学校、职业院校、技工学校学生的职业指导工作提供咨询和服务；

（七）对准备从事个体劳动或开办私营企业的劳动者提供创业咨询服务；

（八）为用人单位提供选择招聘方法、确定用人条件和标准等方面的招聘用人指导；

（九）为职业培训机构确立培训方向和专业设置等提供咨询参考。

第29条　公共就业服务机构在劳动保障行政部门的指导下，组织实施劳动力资源调查和就业、失业状况统计工作。

第30条　公共就业服务机构应当针对特定就业群体的不同需求，制定并组织实施专项计划。

公共就业服务机构应当根据服务对象的特点，在一定时期内为不同类型的劳动者、就业困难对象或用人单位集中组织活动，开展专项服务。

公共就业服务机构受劳动保障行政部门委托，可以组织开展促进就业的专项工作。

第31条　县级以上公共就业服务机构建立综合性服务场所，集中为劳动者和用人单位提供一站式就业服务，并承担劳动保障行政部门安排的其他工作。

街道、乡镇、社区公共就业服务机构建立基层服务窗口，开展以就业援助为重点的公共就业服务，实施劳动力资源调查统计，并承担上级劳动保障行政部门安排的其他就业服务工作。

公共就业服务机构使用全国统一标识。

第32条　公共就业服务机构应当不断提高服务的质量和效率。

公共就业服务机构应当加强内部管理，完善服务功能，统一服务流程，按照国家制定的服务规范和标准，为劳动者和用人单位提供优质高效的就业服务。

公共就业服务机构应当加强工作人员的政策、业务和服务技能培训，组织职业指导人员、职业信息分析人员、劳动保障协理员等专业人员参加相应职业资格培训。

公共就业服务机构应当公开服务制度，主动接受社会监督。

第 33 条　县级以上劳动保障行政部门和公共就业服务机构应当按照劳动保障信息化建设的统一规划、标准和规范，建立完善人力资源市场信息网络及相关设施。

公共就业服务机构应当逐步实行信息化管理与服务，在城市内实现就业服务、失业保险、就业培训信息共享和公共就业服务全程信息化管理，并逐步实现与劳动工资信息、社会保险信息的互联互通和信息共享。

第 34 条　公共就业服务机构应当建立健全人力资源市场信息服务体系，完善职业供求信息、市场工资指导价位信息、职业培训信息、人力资源市场分析信息的发布制度，为劳动者求职择业、用人单位招用人员以及培训机构开展培训提供支持。

第 35 条　县级以上劳动保障行政部门应当按照信息化建设统一要求，逐步实现全国人力资源市场信息联网。其中，城市应当按照劳动保障数据中心建设的要求，实现网络和数据资源的集中和共享；省、自治区应当建立人力资源市场信息网省级监测中心，对辖区内人力资源市场信息进行监测；劳动保障部设立人力资源市场信息网全国监测中心，对全国人力资源市场信息进行监测和分析。

第 36 条　县级以上劳动保障行政部门应当对公共就业服务机构加强管理，定期对其完成各项任务情况进行绩效考核。

第 37 条　公共就业服务经费纳入同级财政预算。各级劳动保障行政部门和公共就业服务机构应当根据财政预算编制的规定，依法编制公共就业服务年度预算，报经同级财政部门审批后执行。

公共就业服务机构可以按照就业专项资金管理相关规定，依法申请公共就业服务专项扶持经费。

公共就业服务机构接受社会各界提供的捐赠和资助，按照国家有关法律法规管理和使用。

公共就业服务机构为用人单位提供的服务，应当规范管理，严格控制服务收费。确需收费的，具体项目由省级劳动保障行政部门会同相关部门规定。

第38条　公共就业服务机构不得从事经营性活动。

公共就业服务机构举办的招聘会，不得向劳动者收取费用。

第39条　各级残疾人联合会所属的残疾人就业服务机构是公共就业服务机构的组成部分，负责为残疾劳动者提供相关就业服务，并经劳动保障行政部门委托，承担残疾劳动者的就业登记、失业登记工作。

第五章　就业援助

第40条　公共就业服务机构应当制定专门的就业援助计划，对就业援助对象实施优先扶持和重点帮助。

本规定所称就业援助对象包括就业困难人员和零就业家庭。就业困难对象是指因身体状况、技能水平、家庭因素、失去土地等原因难以实现就业，以及连续失业一定时间仍未能实现就业的人员。零就业家庭是指法定劳动年龄内的家庭人员均处于失业状况的城市居民家庭。

对援助对象的认定办法，由省级劳动保障行政部门依据当地人民政府规定的就业援助对象范围制定。

第41条　就业困难人员和零就业家庭可以向所在地街道、社区公共就业服务机构申请就业援助。经街道、社区公共就业服务机构确认属实的，纳入就业援助范围。

第42条　公共就业服务机构应当建立就业困难人员帮扶制

度，通过落实各项就业扶持政策、提供就业岗位信息、组织技能培训等有针对性的就业服务和公益性岗位援助，对就业困难人员实施优先扶持和重点帮助。

在公益性岗位上安置的就业困难人员，按照国家规定给予岗位补贴。

第43条　公共就业服务机构应当建立零就业家庭即时岗位援助制度，通过拓宽公益性岗位范围，开发各类就业岗位等措施，及时向零就业家庭中的失业人员提供适当的就业岗位，确保零就业家庭至少有一人实现就业。

第44条　街道、社区公共就业服务机构应当对辖区内就业援助对象进行登记，建立专门台账，实行就业援助对象动态管理和援助责任制度，提供及时、有效的就业援助。

第六章　职业中介服务

第45条　县级以上劳动保障行政部门应当加强对职业中介机构的管理，鼓励其提高服务质量，发挥其在促进就业中的作用。

本规定所称职业中介机构，是指由法人、其他组织和公民个人举办，为用人单位招用人员和劳动者求职提供中介服务以及其他相关服务的经营性组织。

政府部门不得举办或者与他人联合举办经营性的职业中介机构。

第46条　从事职业中介活动，应当遵循合法、诚实信用、公平、公开的原则。

禁止任何组织或者个人利用职业中介活动侵害劳动者和用人单位的合法权益。

第47条　职业中介实行行政许可制度。设立职业中介机构或其他机构开展职业中介活动，须经劳动保障行政部门批准，并获得职业中介许可证。

未经依法许可和登记的机构，不得从事职业中介活动。

职业中介许可证由劳动保障部统一印制并免费发放。

第 48 条　设立职业中介机构应当具备下列条件：

（一）有明确的机构章程和管理制度；

（二）有开展业务必备的固定场所、办公设施和一定数额的开办资金；

（三）有一定数量具备相应职业资格的专职工作人员；

（四）法律、法规规定的其他条件。

第 49 条　设立职业中介机构，应当向当地县级以上劳动保障行政部门提出申请，提交下列文件：

（一）设立申请书；

（二）机构章程和管理制度草案；

（三）场所使用权证明；

（四）拟任负责人的基本情况、身份证明；

（五）具备相应职业资格的专职工作人员的相关证明；

（六）工商营业执照（副本）；

（七）法律、法规规定的其他文件。

第 50 条　劳动保障行政部门接到设立职业中介机构的申请后，应当自受理申请之日起 20 日内审理完毕。对符合条件的，应当予以批准；不予批准的，应当说明理由。

劳动保障行政部门对经批准设立的职业中介机构实行年度审验。

职业中介机构的具体设立条件、审批和年度审验程序，由省级劳动保障行政部门统一规定。

第 51 条　职业中介机构变更名称、住所、法定代表人等或者终止的，应当按照设立许可程序办理变更或者注销登记手续。

设立分支机构的，应当在征得原审批机关的书面同意后，由拟设立分支机构所在地县级以上劳动保障行政部门审批。

第 52 条　职业中介机构可以从事下列业务：

（一）为劳动者介绍用人单位；

（二）为用人单位和居民家庭推荐劳动者；

（三）开展职业指导、人力资源管理咨询服务；

（四）收集和发布职业供求信息；

（五）根据国家有关规定从事互联网职业信息服务；

（六）组织职业招聘洽谈会；

（七）经劳动保障行政部门核准的其他服务项目。

第 53 条　职业中介机构应当在服务场所明示营业执照、职业中介许可证、服务项目、收费标准、监督机关名称和监督电话等，并接受劳动保障行政部门及其他有关部门的监督检查。

第 54 条　职业中介机构应当建立服务台账，记录服务对象、服务过程、服务结果和收费情况等，并接受劳动保障行政部门的监督检查。

第 55 条　职业中介机构提供职业中介服务不成功的，应当退还向劳动者收取的中介服务费。

第 56 条　职业中介机构租用场地举办大规模职业招聘洽谈会，应当制定相应的组织实施办法和安全保卫工作方案，并向批准其设立的机关报告。

职业中介机构应当对入场招聘用人单位的主体资格真实性和招用人员简章真实性进行核实。

第 57 条　职业中介机构为特定对象提供公益性就业服务的，可以按照规定给予补贴。可以给予补贴的公益性就业服务的范围、对象、服务效果和补贴办法，由省级劳动保障行政部门会同有关部门制定。

第 58 条　禁止职业中介机构有下列行为：

（一）提供虚假就业信息；

（二）发布的就业信息中包含歧视性内容；

（三）伪造、涂改、转让职业中介许可证；

（四）为无合法证照的用人单位提供职业中介服务；

（五）介绍未满16周岁的未成年人就业；

（六）为无合法身份证件的劳动者提供职业中介服务；

（七）介绍劳动者从事法律、法规禁止从事的职业；

（八）扣押劳动者的居民身份证和其他证件，或者向劳动者收取押金；

（九）以暴力、胁迫、欺诈等方式进行职业中介活动；

（十）超出核准的业务范围经营；

（十一）其他违反法律、法规规定的行为。

第59条　县级以上劳动保障行政部门应当依法对经审批设立的职业中介机构开展职业中介活动进行监督指导，定期组织对其服务信用和服务质量进行评估，并将评估结果向社会公布。

县级以上劳动保障行政部门应当指导职业中介机构开展工作人员培训，提高服务质量。

县级以上劳动保障行政部门对在诚信服务、优质服务和公益性服务等方面表现突出的职业中介机构和个人，报经同级人民政府批准后，给予表彰和奖励。

第60条　设立外商投资职业中介机构以及职业中介机构从事境外就业中介服务的，按照有关规定执行。

第十二条　就业平等原则

劳动者就业，不因民族、种族、性别、宗教信仰不同而受歧视。

法　律

1.《就业促进法》（2015年4月24日）

第3条　劳动者依法享有平等就业和自主择业的权利。

劳动者就业，不因民族、种族、性别、宗教信仰等不同而受歧视。

第28条　各民族劳动者享有平等的劳动权利。

用人单位招用人员，应当依法对少数民族劳动者给予适当照顾。

● 部门规章及文件

2.《就业服务与就业管理规定》（2022年1月7日　人力资源和社会保障部令第47号）

第二章　求职与就业

第4条　劳动者依法享有平等就业的权利。劳动者就业，不因民族、种族、性别、宗教信仰等不同而受歧视。

第5条　农村劳动者进城就业享有与城镇劳动者平等的就业权利，不得对农村劳动者进城就业设置歧视性限制。

第6条　劳动者依法享有自主择业的权利。劳动者年满16周岁，有劳动能力且有就业愿望的，可凭本人身份证件，通过公共就业服务机构、职业中介机构介绍或直接联系用人单位等渠道求职。

第7条　劳动者求职时，应当如实向公共就业服务机构或职业中介机构、用人单位提供个人基本情况以及与应聘岗位直接相关的知识技能、工作经历、就业现状等情况，并出示相关证明。

第8条　劳动者应当树立正确的择业观念，提高就业能力和创业能力。

国家鼓励劳动者在就业前接受必要的职业教育或职业培训，鼓励城镇初高中毕业生在就业前参加劳动预备制培训。

国家鼓励劳动者自主创业、自谋职业。各级劳动保障行政部门应当会同有关部门，简化程序，提高效率，为劳动者自主创业、自谋职业提供便利和相应服务。

第三章　招 用 人 员

第9条　用人单位依法享有自主用人的权利。用人单位招用人员，应当向劳动者提供平等的就业机会和公平的就业条件。

第10条　用人单位可以通过下列途径自主招用人员：

（一）委托公共就业服务机构或职业中介机构；

（二）参加职业招聘洽谈会；

（三）委托报纸、广播、电视、互联网站等大众传播媒介发布招聘信息；

（四）利用本企业场所、企业网站等自有途径发布招聘信息；

（五）其他合法途径。

第11条 用人单位委托公共就业服务机构或职业中介机构招用人员，或者参加招聘洽谈会时，应当提供招用人员简章，并出示营业执照（副本）或者有关部门批准其设立的文件、经办人的身份证件和受用人单位委托的证明。

招用人员简章应当包括用人单位基本情况、招用人数、工作内容、招录条件、劳动报酬、福利待遇、社会保险等内容，以及法律、法规规定的其他内容。

第12条 用人单位招用人员时，应当依法如实告知劳动者有关工作内容、工作条件、工作地点、职业危害、安全生产状况、劳动报酬以及劳动者要求了解的其他情况。

用人单位应当根据劳动者的要求，及时向其反馈是否录用的情况。

第13条 用人单位应当对劳动者的个人资料予以保密。公开劳动者的个人资料信息和使用劳动者的技术、智力成果，须经劳动者本人书面同意。

第14条 用人单位招用人员不得有下列行为：

（一）提供虚假招聘信息，发布虚假招聘广告；

（二）扣押被录用人员的居民身份证和其他证件；

（三）以担保或者其他名义向劳动者收取财物；

（四）招用未满16周岁的未成年人以及国家法律、行政法规规定不得招用的其他人员；

（五）招用无合法身份证件的人员；

（六）以招用人员为名牟取不正当利益或进行其他违法活动。

第 15 条　用人单位不得以诋毁其他用人单位信誉、商业贿赂等不正当手段招聘人员。

第 16 条　用人单位在招用人员时，除国家规定的不适合妇女从事的工种或者岗位外，不得以性别为由拒绝录用妇女或者提高对妇女的录用标准。

用人单位录用女职工，不得在劳动合同中规定限制女职工结婚、生育的内容。

第 17 条　用人单位招用人员，应当依法对少数民族劳动者给予适当照顾。

第 18 条　用人单位招用人员，不得歧视残疾人。

第 19 条　用人单位招用人员，不得以是传染病病原携带者为由拒绝录用。但是，经医学鉴定传染病病原携带者在治愈前或者排除传染嫌疑前，不得从事法律、行政法规和国务院卫生行政部门规定禁止从事的易使传染病扩散的工作。

用人单位招用人员，除国家法律、行政法规和国务院卫生行政部门规定禁止乙肝病原携带者从事的工作外，不得强行将乙肝病毒血清学指标作为体检标准。

第 20 条　用人单位发布的招用人员简章或招聘广告，不得包含歧视性内容。

第 21 条　用人单位招用从事涉及公共安全、人身健康、生命财产安全等特殊工种的劳动者，应当依法招用持相应工种职业资格证书的人员；招用未持相应工种职业资格证书人员的，须组织其在上岗前参加专门培训，使其取得职业资格证书后方可上岗。

第 22 条　用人单位招用台港澳人员后，应当按有关规定到当地劳动保障行政部门备案，并为其办理《台港澳人员就业证》。

第 23 条　用人单位招用外国人，应当在外国人入境前，按有关规定到当地劳动保障行政部门为其申请就业许可，经批准并获得《中华人民共和国外国人就业许可证书》后方可招用。

用人单位招用外国人的岗位必须是有特殊技能要求、国内暂无适当人选的岗位，并且不违反国家有关规定。

第十三条 妇女享有与男子平等的就业权利

妇女享有与男子平等的就业权利。在录用职工时，除国家规定的不适合妇女的工种或者岗位外，不得以性别为由拒绝录用妇女或者提高对妇女的录用标准。

● 法 律

1.《民法典》（2020 年 5 月 28 日）

第 128 条 法律对未成年人、老年人、残疾人、妇女、消费者等的民事权利保护有特别规定的，依照其规定。

2.《妇女权益保障法》（2022 年 10 月 30 日）

第 41 条 国家保障妇女享有与男子平等的劳动权利和社会保障权利。

第 42 条 各级人民政府和有关部门应当完善就业保障政策措施，防止和纠正就业性别歧视，为妇女创造公平的就业创业环境，为就业困难的妇女提供必要的扶持和援助。

第 43 条 用人单位在招录（聘）过程中，除国家另有规定外，不得实施下列行为：

（一）限定为男性或者规定男性优先；

（二）除个人基本信息外，进一步询问或者调查女性求职者的婚育情况；

（三）将妊娠测试作为入职体检项目；

（四）将限制结婚、生育或者婚姻、生育状况作为录（聘）用条件；

（五）其他以性别为由拒绝录（聘）用妇女或者差别化地提

高对妇女录（聘）用标准的行为。

第 44 条　用人单位在录（聘）用女职工时，应当依法与其签订劳动（聘用）合同或者服务协议，劳动（聘用）合同或者服务协议中应当具备女职工特殊保护条款，并不得规定限制女职工结婚、生育等内容。

职工一方与用人单位订立的集体合同中应当包含男女平等和女职工权益保护相关内容，也可以就相关内容制定专章、附件或者单独订立女职工权益保护专项集体合同。

第 45 条　实行男女同工同酬。妇女在享受福利待遇方面享有与男子平等的权利。

第 46 条　在晋职、晋级、评聘专业技术职称和职务、培训等方面，应当坚持男女平等的原则，不得歧视妇女。

3. **《就业促进法》**（2015 年 4 月 24 日）

第 27 条　国家保障妇女享有与男子平等的劳动权利。

用人单位招用人员，除国家规定的不适合妇女的工种或者岗位外，不得以性别为由拒绝录用妇女或者提高对妇女的录用标准。

用人单位录用女职工，不得在劳动合同中规定限制女职工结婚、生育的内容。

● 行政法规及文件

4. **《女职工劳动保护特别规定》**（2012 年 4 月 28 日）

第 5 条　用人单位不得因女职工怀孕、生育、哺乳降低其工资、予以辞退、与其解除劳动或者聘用合同。

● 部门规章及文件

5. **《人力资源社会保障部、教育部等九部门关于进一步规范招聘行为促进妇女就业的通知》**　（2019 年 2 月 18 日　人社部发〔2019〕17 号）

各省、自治区、直辖市及新疆生产建设兵团人力资源社会保障厅

(局)、教育厅（教委）、司法厅（局）、卫生健康委（卫生计生委)、国资委、医保局、总工会、妇联、人民法院：

男女平等是我国基本国策。促进妇女平等就业，有利于推动妇女更加广泛深入参加社会和经济活动，提升社会生产力和经济活力。党和政府对此高度重视，劳动法、就业促进法、妇女权益保障法等法律法规对保障妇女平等就业权利、不得实施就业性别歧视作出明确规定。当前我国妇女就业情况总体较好，劳动参与率位居世界前列，但妇女就业依然面临一些难题，尤其是招聘中就业性别歧视现象屡禁不止，对妇女就业带来不利影响。为进一步规范招聘行为，促进妇女平等就业，现就有关事项通知如下：

一、把握总体工作要求。各地要以习近平新时代中国特色社会主义思想为指导，深入贯彻男女平等基本国策，把解决就业性别歧视作为推动妇女实现更高质量和更充分就业的重要内容，坚持突出重点和统筹兼顾相结合，坚持柔性调解和刚性执法相结合，坚持积极促进和依法惩戒相结合，以规范招聘行为为重点，加强监管执法，健全工作机制，加大工作力度，切实保障妇女平等就业权利。

二、依法禁止招聘环节中的就业性别歧视。各类用人单位、人力资源服务机构在拟定招聘计划、发布招聘信息、招用人员过程中，不得限定性别（国家规定的女职工禁忌劳动范围等情况除外）或性别优先，不得以性别为由限制妇女求职就业、拒绝录用妇女，不得询问妇女婚育情况，不得将妊娠测试作为入职体检项目，不得将限制生育作为录用条件，不得差别化地提高对妇女的录用标准。国有企事业单位、公共就业人才服务机构及各部门所属人力资源服务机构要带头遵法守法，坚决禁止就业性别歧视行为。

三、强化人力资源市场监管。监督人力资源服务机构建立健全信息发布审查和投诉处理机制，切实履行招聘信息发布审核义务，及时纠正发布含有性别歧视内容招聘信息的行为，确保发布的信息真实、合法、有效。对用人单位、人力资源服务机构发布含有性别歧视内容招聘信息的，依法责令改正；拒不改正的，处 1 万元以上 5 万元以下的罚款；情节严重的人力资源服务机构，吊销人力资源服务许可证。将用人单位、人力资源服务机构因发布含有性别歧视内容的招聘信息接受行政处罚等情况纳入人力资源市场诚信记录，依法实施失信惩戒。

四、建立联合约谈机制。畅通窗口来访接待、12333、12338、12351 热线等渠道，及时受理就业性别歧视相关举报投诉。根据举报投诉，对涉嫌就业性别歧视的用人单位开展联合约谈，采取谈话、对话、函询等方式，开展调查和调解，督促限期纠正就业性别歧视行为，及时化解劳动者和用人单位间矛盾纠纷。被约谈单位拒不接受约谈或约谈后拒不改正的，依法进行查处，并通过媒体向社会曝光。

五、健全司法救济机制。依法受理妇女就业性别歧视相关起诉，设置平等就业权纠纷案由。积极为遭受就业性别歧视的妇女提供法律咨询等法律帮助，为符合条件的妇女提供法律援助。积极为符合条件的遭受就业性别歧视的妇女提供司法救助。

六、支持妇女就业。加强就业服务，以女大学生为重点，为妇女提供个性化职业指导和有针对性的职业介绍，树立正确就业观和择业观。组织妇女参加适合的培训项目，鼓励用人单位针对产后返岗女职工开展岗位技能提升培训，尽快适应岗位需求。促进 3 岁以下婴幼儿照护服务发展，加强中小学课后服务，缓解家庭育儿负担，帮助妇女平衡工作与家庭。完善落实生育保险制度，切实发挥生育保险保障功能。加强监察执法，依法惩处侵害女职工孕期、产期、哺乳期特殊劳动保护权益行为。对妇女与用人单位间发生劳动人事争议申请仲裁的，要依法及时快速处理。

七、开展宣传引导。坚决贯彻男女平等基本国策，强化男女平等意识，逐步消除性别偏见。加大反就业性别歧视、保障妇女平等就业权利法律、法规、政策宣传，引导全社会尊重爱护妇女，引导用人单位知法守法依法招用妇女从事各类工作，引导妇女合法理性保障自身权益。树立一批保障妇女平等就业权利用人单位典型，对表现突出的推荐参加全国维护妇女儿童权益先进集体、全国城乡妇女岗位建功先进集体等创评活动。营造有利于妇女就业的社会环境，帮助妇女自立自强，充分发挥自身优势特长，在各行各业展示聪明才智，体现自身价值。

八、加强组织领导。各地区、各有关部门要高度重视促进妇女平等就业，履职尽责、协同配合，齐抓共管、综合施策。人力资源社会保障部门要会同有关部门加强对招用工行为的监察执法，引导合法合理招聘，加强面向妇女的就业服务和职业技能培训。教育部门要推进中小学课后服务。司法部门要提供司法救济和法律援助。卫生健康部门要促进婴幼儿照护服务发展。国有资产监督管理部门要加强对各级各类国有企业招聘行为的指导与监督。医疗保障部门要完善落实生育保险制度。工会组织要积极推动企业依法合规用工。妇联组织要会同有关方面组织开展相关评选表彰，加强宣传引导，加大对妇女的关心关爱。人民法院要积极发布典型案例、指导性案例，充分发挥裁判的规范、引导作用。人力资源社会保障部门、工会组织、妇联组织等部门对涉嫌就业性别歧视的用人单位开展联合约谈。

第十四条 特殊就业群体的就业保护

残疾人、少数民族人员、退出现役的军人的就业，法律、法规有特别规定的，从其规定。

● 法 律

1. **《民法典》**（2020年5月28日）

第128条 法律对未成年人、老年人、残疾人、妇女、消费者等的民事权利保护有特别规定的，依照其规定。

2.《现役军官法》（2000 年 12 月 28 日）

第 49 条　军官退出现役后，采取转业由政府安排工作和职务，或者由政府协助就业、发给退役金的方式安置；有的也可以采取复员或者退休的方式安置。

担任师级以上职务和高级专业技术职务的军官，退出现役后作退休安置，有的也可以作转业安置或者其他安置。

担任团级以下职务和初级、中级专业技术职务的军官，退出现役后作转业安置或者其他安置。

对退出现役由政府安排工作和职务以及由政府协助就业、发给退役金的军官，政府应当根据需要进行职业培训。

未达到服现役的最高年龄，基本丧失工作能力的军官，退出现役后作退休安置。

服现役满三十年以上或者服现役和参加工作满三十年以上，或者年满五十岁以上的军官，担任师级以上职务，本人提出申请，经组织批准的，退出现役后可以作退休安置；担任团级职务，不宜作转业或者其他安置的，可以由组织批准退出现役后作退休安置。

3.《残疾人保障法》（2018 年 10 月 26 日）

第四章　劳 动 就 业

第 30 条　国家保障残疾人劳动的权利。

各级人民政府应当对残疾人劳动就业统筹规划，为残疾人创造劳动就业条件。

第 31 条　残疾人劳动就业，实行集中与分散相结合的方针，采取优惠政策和扶持保护措施，通过多渠道、多层次、多种形式，使残疾人劳动就业逐步普及、稳定、合理。

第 32 条　政府和社会举办残疾人福利企业、盲人按摩机构和其他福利性单位，集中安排残疾人就业。

第 33 条　国家实行按比例安排残疾人就业制度。

国家机关、社会团体、企业事业单位、民办非企业单位应当按照规定的比例安排残疾人就业，并为其选择适当的工种和岗位。达不到规定比例的，按照国家有关规定履行保障残疾人就业义务。国家鼓励用人单位超过规定比例安排残疾人就业。

残疾人就业的具体办法由国务院规定。

第 34 条　国家鼓励和扶持残疾人自主择业、自主创业。

第 35 条　地方各级人民政府和农村基层组织，应当组织和扶持农村残疾人从事种植业、养殖业、手工业和其他形式的生产劳动。

第 36 条　国家对安排残疾人就业达到、超过规定比例或者集中安排残疾人就业的用人单位和从事个体经营的残疾人，依法给予税收优惠，并在生产、经营、技术、资金、物资、场地等方面给予扶持。国家对从事个体经营的残疾人，免除行政事业性收费。

县级以上地方人民政府及其有关部门应当确定适合残疾人生产、经营的产品、项目，优先安排残疾人福利性单位生产或者经营，并根据残疾人福利性单位的生产特点确定某些产品由其专产。

政府采购，在同等条件下应当优先购买残疾人福利性单位的产品或者服务。

地方各级人民政府应当开发适合残疾人就业的公益性岗位。

对申请从事个体经营的残疾人，有关部门应当优先核发营业执照。

对从事各类生产劳动的农村残疾人，有关部门应当在生产服务、技术指导、农用物资供应、农副产品购销和信贷等方面，给予帮助。

第 37 条　政府有关部门设立的公共就业服务机构，应当为残疾人免费提供就业服务。

残疾人联合会举办的残疾人就业服务机构，应当组织开展免费的职业指导、职业介绍和职业培训，为残疾人就业和用人单位招用残疾人提供服务和帮助。

第 38 条　国家保护残疾人福利性单位的财产所有权和经营自主权，其合法权益不受侵犯。

在职工的招用、转正、晋级、职称评定、劳动报酬、生活福利、休息休假、社会保险等方面，不得歧视残疾人。

残疾职工所在单位应当根据残疾职工的特点，提供适当的劳动条件和劳动保护，并根据实际需要对劳动场所、劳动设备和生活设施进行改造。

国家采取措施，保障盲人保健和医疗按摩人员从业的合法权益。

第 39 条　残疾职工所在单位应当对残疾职工进行岗位技术培训，提高其劳动技能和技术水平。

第 40 条　任何单位和个人不得以暴力、威胁或者非法限制人身自由的手段强迫残疾人劳动。

4.《就业促进法》（2015 年 4 月 24 日）

第 28 条　各民族劳动者享有平等的劳动权利。

用人单位招用人员，应当依法对少数民族劳动者给予适当照顾。

第 29 条　国家保障残疾人的劳动权利。

各级人民政府应当对残疾人就业统筹规划，为残疾人创造就业条件。

用人单位招用人员，不得歧视残疾人。

第 30 条　用人单位招用人员，不得以是传染病病原携带者为由拒绝录用。但是，经医学鉴定传染病病原携带者在治愈前或者排除传染嫌疑前，不得从事法律、行政法规和国务院卫生行政部门规定禁止从事的易使传染病扩散的工作。

第31条　农村劳动者进城就业享有与城镇劳动者平等的劳动权利，不得对农村劳动者进城就业设置歧视性限制。

● 行政法规及文件

5.《国务院实施〈中华人民共和国民族区域自治法〉若干规定》（2005年5月19日）

第8条第1款　国家根据经济和社会发展规划以及西部大开发战略，优先在民族自治地方安排资源开发和深加工项目。在民族自治地方开采石油、天然气等资源的，要在带动当地经济发展、发展相应的服务产业以及促进就业等方面，对当地给予支持。

6.《中国人民解放军现役士兵服役条例》（2010年7月26日）

第47条　退伍义务兵和复员士官，应当自部队下达退役命令之日起30日内到安置地的退役士兵安置工作主管部门报到；评定残疾等级的，应当在60日内向安置地的县级人民政府主管部门申请转接抚恤关系。

第48条　对退出现役的士兵，按照国家有关规定妥善安置。

第十五条　使用童工的禁止

禁止用人单位招用未满16周岁的未成年人。

文艺、体育和特种工艺单位招用未满16周岁的未成年人，必须遵守国家有关规定，并保障其接受义务教育的权利。

● 法　律

1.《未成年人保护法》（2024年4月26日）

第61条　任何组织或者个人不得招用未满十六周岁未成年人，国家另有规定的除外。

营业性娱乐场所、酒吧、互联网上网服务营业场所等不适宜未成年人活动的场所不得招用已满十六周岁的未成年人。

招用已满十六周岁未成年人的单位和个人应当执行国家在工种、劳动时间、劳动强度和保护措施等方面的规定，不得安排其从事过重、有毒、有害等危害未成年人身心健康的劳动或者危险作业。

任何组织或者个人不得组织未成年人进行危害其身心健康的表演等活动。经未成年人的父母或者其他监护人同意，未成年人参与演出、节目制作等活动，活动组织方应当根据国家有关规定，保障未成年人合法权益。

● 行政法规及文件

2.《**禁止使用童工规定**》（2002 年 10 月 1 日）

第 2 条 ……

禁止任何单位或者个人为不满 16 周岁的未成年人介绍就业。

禁止不满 16 周岁的未成年人开业从事个体经营活动。

第 4 条 用人单位招用人员时，必须核查被招用人员的身份证；对不满 16 周岁的未成年人，一律不得录用。用人单位录用人员的录用登记、核查材料应当妥善保管。

第 13 条 文艺、体育单位经未成年人的父母或者其他监护人同意，可以招用不满 16 周岁的专业文艺工作者、运动员。用人单位应当保障被招用的不满 16 周岁的未成年人的身心健康，保障其接受义务教育的权利。文艺、体育单位招用不满 16 周岁的专业文艺工作者、运动员的办法，由国务院劳动保障行政部门会同国务院文化、体育行政部门制定。

学校、其他教育机构以及职业培训机构按照国家有关规定组织不满 16 周岁的未成年人进行不影响其人身安全和身心健康的教育实践劳动、职业技能培训劳动，不属于使用童工。

● 案例指引

万某诉市政府社会保障行政复议决定案（广东省高级人民法院劳动争议十大典型案例之十）①

裁判摘要：用人单位招用未成年人须承担相应责任，《禁止使用童工规定》《工伤保险条例》均课予用人单位雇佣未成年人的特别严格责任。

第三章　劳动合同和集体合同

第三章

第十六条　劳动合同的概念

劳动合同是劳动者与用人单位确立劳动关系、明确双方权利和义务的协议。

建立劳动关系应当订立劳动合同。

● 法　律

1.《劳动合同法》（2012 年 12 月 28 日）

第 7 条　用人单位自用工之日起即与劳动者建立劳动关系。用人单位应当建立职工名册备查。

第 8 条　用人单位招用劳动者时，应当如实告知劳动者工作内容、工作条件、工作地点、职业危害、安全生产状况、劳动报酬，以及劳动者要求了解的其他情况；用人单位有权了解劳动者与劳动合同直接相关的基本情况，劳动者应当如实说明。

第 9 条　用人单位招用劳动者，不得扣押劳动者的居民身份证和其他证件，不得要求劳动者提供担保或者以其他名义向劳动者收取财物。

---

① 载广东法院网，https：//www.gdcourts.gov.cn/gsxx/quanweifabu/anlihuicui/content/post_1047081.html，2024 年 11 月 20 日访问，以下不再标注。

第10条 建立劳动关系，应当订立书面劳动合同。

已建立劳动关系，未同时订立书面劳动合同的，应当自用工之日起一个月内订立书面劳动合同。

用人单位与劳动者在用工前订立劳动合同的，劳动关系自用工之日起建立。

第11条 用人单位未在用工的同时订立书面劳动合同，与劳动者约定的劳动报酬不明确的，新招用的劳动者的劳动报酬按照集体合同规定的标准执行；没有集体合同或者集体合同未规定的，实行同工同酬。

第16条 劳动合同由用人单位与劳动者协商一致，并经用人单位与劳动者在劳动合同文本上签字或者盖章生效。

劳动合同文本由用人单位和劳动者各执一份。

● 行政法规及文件

2. **《劳动合同法实施条例》**（2008年9月18日）

第4条 劳动合同法规定的用人单位设立的分支机构，依法取得营业执照或者登记证书的，可以作为用人单位与劳动者订立劳动合同；未依法取得营业执照或者登记证书的，受用人单位委托可以与劳动者订立劳动合同。

第5条 自用工之日起一个月内，经用人单位书面通知后，劳动者不与用人单位订立书面劳动合同的，用人单位应当书面通知劳动者终止劳动关系，无需向劳动者支付经济补偿，但是应当依法向劳动者支付其实际工作时间的劳动报酬。

第6条 用人单位自用工之日起超过一个月不满一年未与劳动者订立书面劳动合同的，应当依照劳动合同法第八十二条的规定向劳动者每月支付两倍的工资，并与劳动者补订书面劳动合同；劳动者不与用人单位订立书面劳动合同的，用人单位应当书面通知劳动者终止劳动关系，并依照劳动合同法第四十七条的规定支付经济补偿。

前款规定的用人单位向劳动者每月支付两倍工资的起算时间为用工之日起满一个月的次日，截止时间为补订书面劳动合同的前一日。

第7条 用人单位自用工之日起满一年未与劳动者订立书面劳动合同的，自用工之日起满一个月的次日至满一年的前一日应当依照劳动合同法第八十二条的规定向劳动者每月支付两倍的工资，并视为自用工之日起满一年的当日已经与劳动者订立无固定期限劳动合同，应当立即与劳动者补订书面劳动合同。

● 部门规章及文件

3.《劳动和社会保障部关于非全日制用工若干问题的意见》（2003年5月30日 劳社部发〔2003〕12号）

一、关于非全日制用工的劳动关系

1. 非全日制用工是指以小时计酬、劳动者在同一用人单位平均每日工作时间不超过5小时累计每周工作时间不超过30小时的用工形式。

从事非全日制工作的劳动者，可以与一个或一个以上用人单位建立劳动关系。用人单位与非全日制劳动者建立劳动关系，应当订立劳动合同。劳动合同一般以书面形式订立。劳动合同期限在一个月以下的，经双方协商同意，可以订立口头劳动合同。但劳动者提出订立书面劳动合同的，应当以书面形式订立。

2. 劳动者通过依法成立的劳务派遣组织为其他单位、家庭或个人提供非全日制劳动的，由劳务派遣组织与非全日制劳动者签订劳动合同。

3. 非全日制劳动合同的内容由双方协商确定，应当包括工作时间和期限、工作内容、劳动报酬、劳动保护和劳动条件五项必备条款，但不得约定试用期。

4. 非全日制劳动合同的终止条件，按照双方的约定办理。劳动合同中，当事人未约定终止劳动合同提前通知期的，任何一方均可以随时通知对方终止劳动合同；双方约定了违约责任的，按照约定承担赔偿责任。

5. 用人单位招用劳动者从事非全日制工作，应当在录用后到当地劳动保障行政部门办理录用备案手续。

6. 从事非全日制工作的劳动者档案可由本人户口所在地劳动保障部门的公共职业介绍机构代管。

4.《劳动和社会保障部关于确立劳动关系有关事项的通知》（2005年5月25日　劳社部发〔2005〕12号）

一、用人单位招用劳动者未订立书面劳动合同，但同时具备下列情形的，劳动关系成立。

（一）用人单位和劳动者符合法律、法规规定的主体资格；

（二）用人单位依法制定的各项劳动规章制度适用于劳动者，劳动者受用人单位的劳动管理，从事用人单位安排的有报酬的劳动；

（三）劳动者提供的劳动是用人单位业务的组成部分。

二、用人单位未与劳动者签订劳动合同，认定双方存在劳动关系时可参照下列凭证：

（一）工资支付凭证或记录（职工工资发放花名册）、缴纳各项社会保险费的记录；

（二）用人单位向劳动者发放的“工作证”、“服务证”等能够证明身份的证件；

（三）劳动者填写的用人单位招工招聘“登记表”、“报名表”等招用记录；

（四）考勤记录；

（五）其他劳动者的证言等。

其中，（一）、（三）、（四）项的有关凭证由用人单位负举证责任。

三、用人单位招用劳动者符合第一条规定的情形的，用人单位应当与劳动者补签劳动合同，劳动合同期限由双方协商确定。协商不一致的，任何一方均可提出终止劳动关系，但对符合签订无固定期限劳动合同条件的劳动者，如果劳动者提出订立无固定期限劳动合同，用人单位应当订立。

用人单位提出终止劳动关系的，应当按照劳动者在本单位工作年限每满一年支付一个月工资的经济补偿金。

四、建筑施工、矿山企业等用人单位将工程（业务）或经营权发包给不具备用工主体资格的组织或自然人，对该组织或自然人招用的劳动者，由具备用工主体资格的发包方承担用工主体责任。

五、劳动者与用人单位就是否存在劳动关系引发争议的，可以向有管辖权的劳动争议仲裁委员会申请仲裁。

● 司法解释及文件

5.《最高人民法院关于审理劳动争议案件适用法律问题的解释（二）》（2025 年 7 月 31 日　法释〔2025〕12 号）

第 6 条　用人单位未依法与劳动者订立书面劳动合同，应当支付劳动者的二倍工资按月计算；不满一个月的，按该月实际工作日计算。

第 7 条　劳动者以用人单位未订立书面劳动合同为由，请求用人单位支付二倍工资的，人民法院依法予以支持，但用人单位举证证明存在下列情形之一的除外：

（一）因不可抗力导致未订立的；

（二）因劳动者本人故意或者重大过失未订立的；

（三）法律、行政法规规定的其他情形。

第十七条 订立和变更劳动合同的原则

订立和变更劳动合同，应当遵循平等自愿、协商一致的原则，不得违反法律、行政法规的规定。

劳动合同依法订立即具有法律约束力，当事人必须履行劳动合同规定的义务。

● 案例指引

1. **沈某与塑料公司经济补偿金纠纷案**（常州市劳动人事争议仲裁委员会发布劳动人事争议十大典型案例之三）①

裁判摘要：如劳动者未能按约履行劳动义务，用人单位具有相应用工自主权，如降低其工资标准等。

2. **温某与纸业公司劳动争议纠纷案**（江门市劳动人事争议仲裁委员会和江门市中级人民法院联合发布2019年劳动人事争议仲裁十大典型案例之六）②

裁判摘要：用人单位依法独立经营，享有用工自主权，在不违反法律法规的强制性规定的情况下，可以根据生产经营的需要以及劳动者的能力、经验、技能等情况，合理调整劳动者的工作内容和地点。

3. **周某与某公司经济补偿金纠纷案**（清江浦区法院发布2018年劳动争议典型案例之六）③

裁判摘要：用人单位行使其用工自主权对劳动者进行岗位调整时，应遵循合法、合理的标准。若用人单位缺乏事实和规章制度依

---

① 载微信公众号“常州人社”，https://mp.weixin.qq.com/s/8sjlfwky5jHfv0-HjFiVhQ，2024年11月20日访问，以下不再标注。

② 载江门市人民政府网站，https://www.jiangmen.gov.cn/bmpd/jmsrlzyhshbzj/zwgk/gggs/content/post_2043545.html，2024年11月20日访问，以下不再标注。

③ 载淮安市清江浦区人民法院网站，http://hafy.qjpfy.gov.cn/article/detail/2022/06/id/6758881.shtml，2024年11月20日访问，以下不再标注。

据对劳动者进行调岗，且调岗使劳动者技能、常识被否定，职业尊严亦受损害，则调岗违反了用人单位对劳动者的照顾义务，调岗行为应被认定为无效。

第十八条 无效劳动合同

下列劳动合同无效：

（一）违反法律、行政法规的劳动合同；

（二）采取欺诈、威胁等手段订立的劳动合同。

无效的劳动合同，从订立的时候起，就没有法律约束力。确认劳动合同部分无效的，如果不影响其余部分的效力，其余部分仍然有效。

劳动合同的无效，由劳动争议仲裁委员会或者人民法院确认。

法 律

《劳动合同法》（2012 年 12 月 28 日）

第 26 条 下列劳动合同无效或者部分无效：

（一）以欺诈、胁迫的手段或者乘人之危，使对方在违背真实意思的情况下订立或者变更劳动合同的；

（二）用人单位免除自己的法定责任、排除劳动者权利的；

（三）违反法律、行政法规强制性规定的。

对劳动合同的无效或者部分无效有争议的，由劳动争议仲裁机构或者人民法院确认。

第 27 条 劳动合同部分无效，不影响其他部分效力的，其他部分仍然有效。

第 28 条 劳动合同被确认无效，劳动者已付出劳动的，用人单位应当向劳动者支付劳动报酬。劳动报酬的数额，参照本单位相同或者相近岗位劳动者的劳动报酬确定。

● 案例指引

民航公司与隋某劳动争议纠纷案［（2016）京03民终5844号］[①]

裁判摘要：劳动者的说明义务来源于诚信原则，属于劳动者应当承担的法定附随义务。判断劳动者说明义务的范围应当综合形式标准和实质标准，形式上即用人单位明确充分告知劳动者需要提供的信息及证明材料内容；实质上用人单位要求劳动者说明的内容不得违反法律、行政法规的规定，且与劳动者工作具有直接、必然的联系。劳动者未如实说明并不必然构成欺诈，只有未如实说明的信息是与劳动合同直接相关的基本情况，未如实说明导致用人单位作出了订立劳动合同的意思表示，才构成欺诈。

第十九条　劳动合同的形式和内容

劳动合同应当以书面形式订立，并具备以下条款：

（一）劳动合同期限；

（二）工作内容；

（三）劳动保护和劳动条件；

（四）劳动报酬；

（五）劳动纪律；

（六）劳动合同终止的条件；

（七）违反劳动合同的责任。

劳动合同除前款规定的必备条款外，当事人可以协商约定其他内容。

● 法　律

1.**《劳动合同法》**（2012年12月28日）

第17条　劳动合同应当具备以下条款：

---

① 巴晶焱、张濛元：《入职时未履行如实说明义务对劳动合同效力的影响》，载《人民司法·案例》2018年第8期。

（一）用人单位的名称、住所和法定代表人或者主要负责人；

（二）劳动者的姓名、住址和居民身份证或者其他有效身份证件号码；

（三）劳动合同期限；

（四）工作内容和工作地点；

（五）工作时间和休息休假；

（六）劳动报酬；

（七）社会保险；

（八）劳动保护、劳动条件和职业危害防护；

（九）法律、法规规定应当纳入劳动合同的其他事项。

劳动合同除前款规定的必备条款外，用人单位与劳动者可以约定试用期、培训、保守秘密、补充保险和福利待遇等其他事项。

● 部门规章及文件

2.《劳务派遣暂行规定》（2014 年 1 月 24 日　人力资源和社会保障部令第 22 号）

第 5 条　劳务派遣单位应当依法与被派遣劳动者订立 2 年以上的固定期限书面劳动合同。

第 7 条　劳务派遣协议应当载明下列内容：

（一）派遣的工作岗位名称和岗位性质；

（二）工作地点；

（三）派遣人员数量和派遣期限；

（四）按照同工同酬原则确定的劳动报酬数额和支付方式；

（五）社会保险费的数额和支付方式；

（六）工作时间和休息休假事项；

（七）被派遣劳动者工伤、生育或者患病期间的相关待遇；

（八）劳动安全卫生以及培训事项；

（九）经济补偿等费用；

（十）劳务派遣协议期限；

（十一）劳务派遣服务费的支付方式和标准；

（十二）违反劳务派遣协议的责任；

（十三）法律、法规、规章规定应当纳入劳务派遣协议的其他事项。

第二十条 劳动合同的期限

劳动合同的期限分为有固定期限、无固定期限和以完成一定的工作为期限。

劳动者在同一用人单位连续工作满10年以上，当事人双方同意续延劳动合同的，如果劳动者提出订立无固定期限的劳动合同，应当订立无固定期限的劳动合同。

● 法 律

1.《劳动合同法》（2012年12月28日）

第12条 劳动合同分为固定期限劳动合同、无固定期限劳动合同和以完成一定工作任务为期限的劳动合同。

第13条 固定期限劳动合同，是指用人单位与劳动者约定合同终止时间的劳动合同。

用人单位与劳动者协商一致，可以订立固定期限劳动合同。

第14条 无固定期限劳动合同，是指用人单位与劳动者约定无确定终止时间的劳动合同。

用人单位与劳动者协商一致，可以订立无固定期限劳动合同。有下列情形之一，劳动者提出或者同意续订、订立劳动合同的，除劳动者提出订立固定期限劳动合同外，应当订立无固定期限劳动合同：

（一）劳动者在该用人单位连续工作满十年的；

（二）用人单位初次实行劳动合同制度或者国有企业改制重

新订立劳动合同时，劳动者在该用人单位连续工作满十年且距法定退休年龄不足十年的；

（三）连续订立二次固定期限劳动合同，且劳动者没有本法第三十九条和第四十条第一项、第二项规定的情形，续订劳动合同的。

用人单位自用工之日起满一年不与劳动者订立书面劳动合同的，视为用人单位与劳动者已订立无固定期限劳动合同。

第15条 以完成一定工作任务为期限的劳动合同，是指用人单位与劳动者约定以某项工作的完成为合同期限的劳动合同。

用人单位与劳动者协商一致，可以订立以完成一定工作任务为期限的劳动合同。

● 行政法规及文件

2.《劳动合同法实施条例》（2008年9月18日）

第9条 劳动合同法第十四条第二款规定的连续工作满10年的起始时间，应当自用人单位用工之日起计算，包括劳动合同法施行前的工作年限。

第10条 劳动者非因本人原因从原用人单位被安排到新用人单位工作的，劳动者在原用人单位的工作年限合并计算为新用人单位的工作年限。原用人单位已经向劳动者支付经济补偿的，新用人单位在依法解除、终止劳动合同计算支付经济补偿的工作年限时，不再计算劳动者在原用人单位的工作年限。

第11条 除劳动者与用人单位协商一致的情形外，劳动者依照劳动合同法第十四条第二款的规定，提出订立无固定期限劳动合同的，用人单位应当与其订立无固定期限劳动合同。对劳动合同的内容，双方应当按照合法、公平、平等自愿、协商一致、诚实信用的原则协商确定；对协商不一致的内容，依照劳动合同法第十八条的规定执行。

第12条　地方各级人民政府及县级以上地方人民政府有关部门为安置就业困难人员提供的给予岗位补贴和社会保险补贴的公益性岗位，其劳动合同不适用劳动合同法有关无固定期限劳动合同的规定以及支付经济补偿的规定。

● 司法解释及文件

3.《最高人民法院关于审理劳动争议案件适用法律问题的解释（二）》（2025年7月31日　法释〔2025〕12号）

第8条　劳动合同期满，有下列情形之一的，人民法院认定劳动合同期限依法自动续延，不属于用人单位未订立书面劳动合同的情形：

（一）劳动合同法第四十二条规定的用人单位不得解除劳动合同的；

（二）劳动合同法实施条例第十七条规定的服务期尚未到期的；

（三）工会法第十九条规定的任期未届满的。

第9条　有证据证明存在劳动合同法第十四条第三款规定的“视为用人单位与劳动者已订立无固定期限劳动合同”情形，劳动者请求与用人单位订立书面劳动合同的，人民法院依法予以支持；劳动者以用人单位未及时补订书面劳动合同为由，请求用人单位支付视为已与劳动者订立无固定期限劳动合同期间二倍工资的，人民法院不予支持。

第10条　有下列情形之一的，人民法院应认定为符合劳动合同法第十四条第二款第三项“连续订立二次固定期限劳动合同”的规定：

（一）用人单位与劳动者协商延长劳动合同期限累计达到一年以上，延长期限届满的；

（二）用人单位与劳动者约定劳动合同期满后自动续延，续延期限届满的；

（三）劳动者非因本人原因仍在原工作场所、工作岗位工作，用人单位变换劳动合同订立主体，但继续对劳动者进行劳动管理，合同期限届满的；

（四）以其他违反诚信原则的规避行为再次订立劳动合同，期限届满的。

第11条 劳动合同期满后，劳动者仍在用人单位工作，用人单位未表示异议超过一个月，劳动者请求用人单位以原条件续订劳动合同的，人民法院依法予以支持。

符合订立无固定期限劳动合同情形，劳动者请求用人单位以原条件订立无固定期限劳动合同的，人民法院依法予以支持。

用人单位解除劳动合同，劳动者请求用人单位依法承担解除劳动合同法律后果的，人民法院依法予以支持。

4.**《最高人民法院关于审理劳动争议案件适用法律问题的解释（一）》**（2020年12月29日 法释〔2020〕26号）

第34条 劳动合同期满后，劳动者仍在原用人单位工作，原用人单位未表示异议的，视为双方同意以原条件继续履行劳动合同。一方提出终止劳动关系的，人民法院应予支持。

根据劳动合同法第十四条规定，用人单位应当与劳动者签订无固定期限劳动合同而未签订的，人民法院可以视为双方之间存在无固定期限劳动合同关系，并以原劳动合同确定双方的权利义务关系。

第二十一条 试用期条款

劳动合同可以约定试用期。试用期最长不得超过6个月。

● 法 律

1.**《劳动合同法》**（2012年12月28日）

第19条 劳动合同期限三个月以上不满一年的，试用期不得超过一个月；劳动合同期限一年以上不满三年的，试用期不得超过二个月；三年以上固定期限和无固定期限的劳动合同，试用期不得超过六个月。

同一用人单位与同一劳动者只能约定一次试用期。

以完成一定工作任务为期限的劳动合同或者劳动合同期限不满三个月的，不得约定试用期。

试用期包含在劳动合同期限内。劳动合同仅约定试用期的，试用期不成立，该期限为劳动合同期限。

第20条 劳动者在试用期的工资不得低于本单位相同岗位最低档工资或者劳动合同约定工资的百分之八十，并不得低于用人单位所在地的最低工资标准。

第21条 在试用期中，除劳动者有本法第三十九条和第四十条第一项、第二项规定的情形外，用人单位不得解除劳动合同。用人单位在试用期解除劳动合同的，应当向劳动者说明理由。

● 行政法规及文件

2.《劳动合同法实施条例》（2008年9月18日）

第15条 劳动者在试用期的工资不得低于本单位相同岗位最低档工资的80%或者不得低于劳动合同约定工资的80%，并不得低于用人单位所在地的最低工资标准。

● 部门规章及文件

3.《劳务派遣暂行规定》（2014年1月24日　人力资源和社会保障部令第22号）

第6条 劳务派遣单位可以依法与被派遣劳动者约定试用期。劳务派遣单位与同一被派遣劳动者只能约定一次试用期。

第二十二条 保守商业秘密之约定

劳动合同当事人可以在劳动合同中约定保守用人单位商业秘密的有关事项。

● 法 律

1.《劳动合同法》(2012 年 12 月 28 日)

第 23 条　用人单位与劳动者可以在劳动合同中约定保守用人单位的商业秘密和与知识产权相关的保密事项。

对负有保密义务的劳动者，用人单位可以在劳动合同或者保密协议中与劳动者约定竞业限制条款，并约定在解除或者终止劳动合同后，在竞业限制期限内按月给予劳动者经济补偿。劳动者违反竞业限制约定的，应当按照约定向用人单位支付违约金。

第 24 条　竞业限制的人员限于用人单位的高级管理人员、高级技术人员和其他负有保密义务的人员。竞业限制的范围、地域、期限由用人单位与劳动者约定，竞业限制的约定不得违反法律、法规的规定。

在解除或者终止劳动合同后，前款规定的人员到与本单位生产或者经营同类产品、从事同类业务的有竞争关系的其他用人单位，或者自己开业生产或者经营同类产品、从事同类业务的竞业限制期限，不得超过二年。

● 司法解释及文件

2.《最高人民法院关于审理劳动争议案件适用法律问题的解释(二)》(2025 年 7 月 31 日　法释〔2025〕12 号)

第 13 条　劳动者未知悉、接触用人单位的商业秘密和与知识产权相关的保密事项，劳动者请求确认竞业限制条款不生效的，人民法院依法予以支持。

竞业限制条款约定的竞业限制范围、地域、期限等内容与劳动者知悉、接触的商业秘密和与知识产权相关的保密事项不相适应，劳动者请求确认竞业限制条款超过合理比例部分无效的，人民法院依法予以支持。

第 14 条　用人单位与高级管理人员、高级技术人员和其他负有保密义务的人员约定在职期间竞业限制条款，劳动者以不得约定在职期间竞业限制、未支付经济补偿为由请求确认竞业限制条款无效的，人民法院不予支持。

第 15 条　劳动者违反有效的竞业限制约定，用人单位请求劳动者按照约定返还已经支付的经济补偿并支付违约金的，人民法院依法予以支持。

● 案例指引

龙某与禽业公司劳动争议案（四川省成都市中级人民法院发布 2021 年劳动争议十大典型案例之五）

裁判摘要：客户微信群作为中小企业经营销售的重要资源，往往具有较大的商业价值，已逐渐成为一种准商业秘密。企业拥有的人员相对稳定，需求相对精准，交易习惯、意向、内容等相对固定，并与之进行商业买卖与交流的客户微信群，符合商业秘密“不为公众知悉”“具有商业价值”“采取相应保密措施”三大特性，也符合当前企业商业秘密形式多样化的实际。

第二十三条　劳动合同的终止

劳动合同期满或者当事人约定的劳动合同终止条件出现，劳动合同即行终止。

● 法　律

1.《劳动合同法》（2012 年 12 月 28 日）

第 44 条　有下列情形之一的，劳动合同终止：

（一）劳动合同期满的；

（二）劳动者开始依法享受基本养老保险待遇的；

（三）劳动者死亡，或者被人民法院宣告死亡或者宣告失踪的；

（四）用人单位被依法宣告破产的；

（五）用人单位被吊销营业执照、责令关闭、撤销或者用人单位决定提前解散的；

（六）法律、行政法规规定的其他情形。

第45条　劳动合同期满，有本法第四十二条规定情形之一的，劳动合同应当续延至相应的情形消失时终止。但是，本法第四十二条第二项规定丧失或者部分丧失劳动能力劳动者的劳动合同的终止，按照国家有关工伤保险的规定执行。

● 行政法规及文件

2.《劳动合同法实施条例》（2008年9月18日）

第13条　用人单位与劳动者不得在劳动合同法第四十四条规定的劳动合同终止情形之外约定其他的劳动合同终止条件。

第21条　劳动者达到法定退休年龄的，劳动合同终止。

第二十四条　劳动合同的合意解除

经劳动合同当事人协商一致，劳动合同可以解除。

● 法　律

1.《民法典》（2020年5月28日）

第562条　当事人协商一致，可以解除合同。

当事人可以约定一方解除合同的事由。解除合同的事由发生时，解除权人可以解除合同。

2.《劳动合同法》（2012年12月28日）

第36条　用人单位与劳动者协商一致，可以解除劳动合同。

● 部门规章及文件

3.《劳务派遣暂行规定》（2014年1月24日　人力资源和社会保障部令第22号）

第11条　劳务派遣单位行政许可有效期未延续或者《劳务

派遣经营许可证》被撤销、吊销的，已经与被派遣劳动者依法订立的劳动合同应当履行至期限届满。双方经协商一致，可以解除劳动合同。

第二十五条 过失性辞退

劳动者有下列情形之一的，用人单位可以解除劳动合同：

（一）在试用期间被证明不符合录用条件的；

（二）严重违反劳动纪律或者用人单位规章制度的；

（三）严重失职，营私舞弊，对用人单位利益造成重大损害的；

（四）被依法追究刑事责任的。

法 律

1.《劳动合同法》（2012 年 12 月 28 日）

第 39 条 劳动者有下列情形之一的，用人单位可以解除劳动合同：

（一）在试用期间被证明不符合录用条件的；

（二）严重违反用人单位的规章制度的；

（三）严重失职，营私舞弊，给用人单位造成重大损害的；

（四）劳动者同时与其他用人单位建立劳动关系，对完成本单位的工作任务造成严重影响，或者经用人单位提出，拒不改正的；

（五）因本法第二十六条第一款第一项规定的情形致使劳动合同无效的；

（六）被依法追究刑事责任的。

行政法规及文件

2.《劳动合同法实施条例》（2008 年 9 月 18 日）

第 19 条 有下列情形之一的，依照劳动合同法规定的条件、程序，用人单位可以与劳动者解除固定期限劳动合同、无固定期限劳动合同或者以完成一定工作任务为期限的劳动合同：

（一）用人单位与劳动者协商一致的；

（二）劳动者在试用期间被证明不符合录用条件的；

（三）劳动者严重违反用人单位的规章制度的；

（四）劳动者严重失职，营私舞弊，给用人单位造成重大损害的；

（五）劳动者同时与其他用人单位建立劳动关系，对完成本单位的工作任务造成严重影响，或者经用人单位提出，拒不改正的；

（六）劳动者以欺诈、胁迫的手段或者乘人之危，使用人单位在违背真实意思的情况下订立或者变更劳动合同的；

（七）劳动者被依法追究刑事责任的；

……

● **请示答复**

3.**《劳动部办公厅对〈关于如何确定试用期内不符合录用条件可以解除劳动合同的请示〉的复函》**（1995年1月19日　劳办发〔1995〕16号）

四川省劳动厅：

你厅《关于如何确定试用期内不符合录用条件可以解除劳动合同的请示》（川劳仲〔1994〕45号）收悉。现答复如下：

同意你厅第一种意见，即：对试用期内不符合录用条件的劳动者，企业可以解除劳动合同；若超过试用期，则企业不能以试用期内不符合录用条件为由解除劳动合同。

第二十六条　非过失性辞退

有下列情形之一的，用人单位可以解除劳动合同，但是应当提前30日以书面形式通知劳动者本人：

（一）劳动者患病或者非因工负伤，医疗期满后，不能从事原工作也不能从事由用人单位另行安排的工作的；

（二）劳动者不能胜任工作，经过培训或者调整工作岗位，仍不能胜任工作的；

（三）劳动合同订立时所依据的客观情况发生重大变化，致使原劳动合同无法履行，经当事人协商不能就变更劳动合同达成协议的。

法　律

1.《劳动合同法》（2012 年 12 月 28 日）

第 40 条　有下列情形之一的，用人单位提前三十日以书面形式通知劳动者本人或者额外支付劳动者一个月工资后，可以解除劳动合同：

（一）劳动者患病或者非因工负伤，在规定的医疗期满后不能从事原工作，也不能从事由用人单位另行安排的工作的；

（二）劳动者不能胜任工作，经过培训或者调整工作岗位，仍不能胜任工作的；

（三）劳动合同订立时所依据的客观情况发生重大变化，致使劳动合同无法履行，经用人单位与劳动者协商，未能就变更劳动合同内容达成协议的。

行政法规及文件

2.《劳动合同法实施条例》（2008 年 9 月 18 日）

第 19 条　有下列情形之一的，依照劳动合同法规定的条件、程序，用人单位可以与劳动者解除固定期限劳动合同、无固定期限劳动合同或者以完成一定工作任务为期限的劳动合同：

……

（八）劳动者患病或者非因工负伤，在规定的医疗期满后不能从事原工作，也不能从事由用人单位另行安排的工作的；

（九）劳动者不能胜任工作，经过培训或者调整工作岗位，仍不能胜任工作的；

（十）劳动合同订立时所依据的客观情况发生重大变化，致使劳动合同无法履行，经用人单位与劳动者协商，未能就变更劳动合同内容达成协议的；

（十一）用人单位依照企业破产法规定进行重整的；

（十二）用人单位生产经营发生严重困难的；

（十三）企业转产、重大技术革新或者经营方式调整，经变更劳动合同后，仍需裁减人员的；

（十四）其他因劳动合同订立时所依据的客观经济情况发生重大变化，致使劳动合同无法履行的。

● 部门规章及文件

3.《企业职工患病或非因工负伤医疗期规定》（1994年12月1日 劳部发〔1994〕479号）

第1条 为了保障企业职工在患病或非因工负伤期间的合法权益，根据《中华人民共和国劳动法》第二十六、二十九条规定，制定本规定。

第2条 医疗期是指企业职工因患病或非因工负伤停止工作治病休息不得解除劳动合同的时限。

第3条 企业职工因患病或非因工负伤，需要停止工作医疗时，根据本人实际参加工作年限和在本单位工作年限，给予3个月到24个月的医疗期：

（一）实际工作年限10年以下的，在本单位工作年限5年以下的为3个月；5年以上的为6个月。

（二）实际工作年限10年以上的，在本单位工作年限5年以下的为6个月；5年以上10年以下的为9个月；10年以上15年以下的为 12 个月；15 年以上 20 年以下的为 18 个月；20 年以上的为 24 个月。

第 4 条　医疗期 3 个月的按个月内累计病休时间计算；6 个月的按 12 个月内累计病休时间计算；9 个月的按 15 个月内累计病休时间计算；12 个月的按 18 个月内累计病休时间计算；18 个月的按 24 个月内累计病休时间计算；24 个月的按 30 个月内累计病休时间计算。

第 5 条　企业职工在医疗期内，其病假工资、疾病救济费和医疗待遇按照有关规定执行。

第 6 条　企业职工非因工致残和经医生或医疗机构认定患有难以治疗的疾病，在医疗期内医疗终结，不能从事原工作，也不能从事用人单位另行安排的工作的，应当由劳动鉴定委员会参照工伤与职业病致残程度鉴定标准进行劳动能力的鉴定。被鉴定为一至四级的，应当退出劳动岗位，终止劳动关系，办理退休、退职手续，享受退休、退职待遇；被鉴定为五至十级的，医疗期内不得解除劳动合同。

第 7 条　企业职工非因工致残和经医生或医疗机构认定患有难以治疗的疾病，医疗期满，应当由劳动鉴定委员会参照工伤与职业病致残程度鉴定标准进行劳动能力的鉴定。被鉴定为一至四级的，应当退出劳动岗位，解除劳动关系，并办理退休、退职手续，享受退休、退职待遇。

第 8 条　医疗期满尚未痊愈者，被解除劳动合同的经济补偿问题按照有关规定执行。

第 9 条　本规定自 1995 年 1 月 1 日起施行。

4.《劳务派遣暂行规定》（2014 年 1 月 24 日　人力资源和社会保障部令第 22 号）

第 12 条　有下列情形之一的，用工单位可以将被派遣劳动者退回劳务派遣单位：

（一）用工单位有劳动合同法第四十条第三项、第四十一条规定情形的；

（二）用工单位被依法宣告破产、吊销营业执照、责令关闭、撤销、决定提前解散或者经营期限届满不再继续经营的；

（三）劳务派遣协议期满终止的。

被派遣劳动者退回后在无工作期间，劳务派遣单位应当按照不低于所在地人民政府规定的最低工资标准，向其按月支付报酬。

● 请示答复

5.《劳动部办公厅对〈关于如何理解"同一用人单位连续工作时间"和"本单位工作年限"的请示〉的复函》（1996年9月16日 劳办发〔1996〕191号）

上海市劳动局：

你局《关于如何理解"同一用人单位连续工作时间"和"本单位工作年限"的请示》（沪劳保字〔1996〕18号）收悉，经研究，现函复如下：

一、"同一用人单位连续工作时间"是指劳动者与同一用人单位保持劳动关系的时间。

二、按照《劳动法》及有关配套规章的规定，劳动者患病或非因工负伤，依法享有医疗期，因此在计算"同一用人单位连续工作时间"时，不应扣除劳动者依法享有的医疗期时间。

三、在计算医疗期、经济补偿时，"本单位工作年限"与"同一用人单位连续工作时间"为同一概念，也不应扣除劳动者此前依法享有的医疗期时间。

● 案例指引

1. **通讯公司诉王某劳动合同纠纷案**（最高人民法院指导案例18号）

案例要旨：劳动者在用人单位等级考核中居于末位等次，不等同于"不能胜任工作"，不符合单方解除劳动合同的法定条件，用人

第三章

单位不能据此单方解除劳动合同。

2. 保险公司与章某劳动合同纠纷案［（2018）苏01民终10443号］①

裁判摘要：单方解除劳动合同必须严格限制在法定情形下，用人单位以末位淘汰为由解除劳动合同，或者依托不能胜任工作、严重违反用人单位的规章制度等法定事由，但实质上仍属于末位淘汰的，不符合法定的解除事由，人民法院不予支持。

第二十七条 用人单位经济性裁员

用人单位濒临破产进行法定整顿期间或者生产经营状况发生严重困难，确需裁减人员的，应当提前30日向工会或者全体职工说明情况，听取工会或者职工的意见，经向劳动行政部门报告后，可以裁减人员。

用人单位依据本条规定裁减人员，在6个月内录用人员的，应当优先录用被裁减的人员。

● 法　律

《劳动合同法》（2012年12月28日）

第41条　有下列情形之一，需要裁减人员二十人以上或者裁减不足二十人但占企业职工总数百分之十以上的，用人单位提前三十日向工会或者全体职工说明情况，听取工会或者职工的意见后，裁减人员方案经向劳动行政部门报告，可以裁减人员：

（一）依照企业破产法规定进行重整的；

（二）生产经营发生严重困难的；

（三）企业转产、重大技术革新或者经营方式调整，经变更劳动合同后，仍需裁减人员的；

---

① 李伟伟：《涉末位淘汰案件的裁判标准》，载《人民司法·案例》2020年第11期。

（四）其他因劳动合同订立时所依据的客观经济情况发生重大变化，致使劳动合同无法履行的。

裁减人员时，应当优先留用下列人员：

（一）与本单位订立较长期限的固定期限劳动合同的；

（二）与本单位订立无固定期限劳动合同的；

（三）家庭无其他就业人员，有需要扶养的老人或者未成年人的。

用人单位依照本条第一款规定裁减人员，在六个月内重新招用人员的，应当通知被裁减的人员，并在同等条件下优先招用被裁减的人员。

第二十八条 用人单位解除劳动合同的经济补偿

用人单位依据本法第二十四条、第二十六条、第二十七条的规定解除劳动合同的，应当依照国家有关规定给予经济补偿。

● 法 律

1.《劳动合同法》（2012年12月28日）

第46条 有下列情形之一的，用人单位应当向劳动者支付经济补偿：

（一）劳动者依照本法第三十八条规定解除劳动合同的；

（二）用人单位依照本法第三十六条规定向劳动者提出解除劳动合同并与劳动者协商一致解除劳动合同的；

（三）用人单位依照本法第四十条规定解除劳动合同的；

（四）用人单位依照本法第四十一条第一款规定解除劳动合同的；

（五）除用人单位维持或者提高劳动合同约定条件续订劳动合同，劳动者不同意续订的情形外，依照本法第四十四条第一项规定终止固定期限劳动合同的；

（六）依照本法第四十四条第四项、第五项规定终止劳动合同的；

（七）法律、行政法规规定的其他情形。

第47条 经济补偿按劳动者在本单位工作的年限，每满一年支付一个月工资的标准向劳动者支付。六个月以上不满一年的，按一年计算；不满六个月的，向劳动者支付半个月工资的经济补偿。

劳动者月工资高于用人单位所在直辖市、设区的市级人民政府公布的本地区上年度职工月平均工资三倍的，向其支付经济补偿的标准按职工月平均工资三倍的数额支付，向其支付经济补偿的年限最高不超过十二年。

本条所称月工资是指劳动者在劳动合同解除或者终止前十二个月的平均工资。

● 行政法规及文件

2.《劳动合同法实施条例》（2008年9月18日）

第14条 劳动合同履行地与用人单位注册地不一致的，有关劳动者的最低工资标准、劳动保护、劳动条件、职业危害防护和本地区上年度职工月平均工资标准等事项，按照劳动合同履行地的有关规定执行；用人单位注册地的有关标准高于劳动合同履行地的有关标准，且用人单位与劳动者约定按照用人单位注册地的有关规定执行的，从其约定。

第20条 用人单位依照劳动合同法第四十条的规定，选择额外支付劳动者一个月工资解除劳动合同的，其额外支付的工资应当按照该劳动者上一个月的工资标准确定。

第22条 以完成一定工作任务为期限的劳动合同因任务完成而终止的，用人单位应当依照劳动合同法第四十七条的规定向劳动者支付经济补偿。

第23条 用人单位依法终止工伤职工的劳动合同的，除依照劳动合同法第四十七条的规定支付经济补偿外，还应当依照国家有关工伤保险的规定支付一次性工伤医疗补助金和伤残就业补助金。

第27条 以完成一定工作任务为期限的劳动合同因任务完成而终止的，用人单位应当依照劳动合同法第四十七条的规定向劳动者支付经济补偿。

● 部门规章及文件

3.《劳务派遣暂行规定》（2014年1月24日 人力资源和社会保障部令第22号）

第17条 劳务派遣单位因劳动合同法第四十六条或者本规定第十五条、第十六条规定的情形，与被派遣劳动者解除或者终止劳动合同的，应当依法向被派遣劳动者支付经济补偿。

第二十九条 用人单位不得解除劳动合同的情形

劳动者有下列情形之一的，用人单位不得依据本法第二十六条、第二十七条的规定解除劳动合同：

（一）患职业病或者因工负伤并被确认丧失或者部分丧失劳动能力的；

（二）患病或者负伤，在规定的医疗期内的；

（三）女职工在孕期、产期、哺乳期内的；

（四）法律、行政法规规定的其他情形。

● 法　律

1.《劳动合同法》（2012年12月28日）

第42条 劳动者有下列情形之一的，用人单位不得依照本法第四十条、第四十一条的规定解除劳动合同：

（一）从事接触职业病危害作业的劳动者未进行离岗前职业健康检查，或者疑似职业病病人在诊断或者医学观察期间的；

（二）在本单位患职业病或者因工负伤并被确认丧失或者部分丧失劳动能力的；

（三）患病或者非因工负伤，在规定的医疗期内的；

（四）女职工在孕期、产期、哺乳期的；

（五）在本单位连续工作满十五年，且距法定退休年龄不足五年的；

（六）法律、行政法规规定的其他情形。

● 部门规章及文件

2.《人力资源社会保障部、国家卫生健康委员会、国家医疗保障局关于进一步规范劳动能力鉴定工作的通知》（2020年12月17日　人社部发〔2020〕91号）

各省、自治区、直辖市及新疆生产建设兵团人力资源和社会保障厅（局）、卫生健康委员会、医疗保障局：

为深入贯彻社会保险法、《工伤保险条例》和《国务院关于安置老弱病残干部的暂行办法和国务院关于工人退休、退职的暂行办法》（国发〔1978〕104号文），进一步规范劳动能力鉴定行为，加强劳动能力鉴定管理，提升劳动能力鉴定质量和水平，强化劳动能力鉴定风险防控，现就有关事项通知如下：

一、充分认识劳动能力鉴定工作的重要性

劳动能力鉴定是职工享受相关社保待遇的重要依据，是防范基金风险的重要环节。各地人社部门要切实加强对劳动能力鉴定工作的领导，建立健全劳动能力鉴定机构，配齐配强专门工作人员，规范劳动能力鉴定程序，依法依规开展劳动能力鉴定工作。

二、统一因病或非因工致残劳动能力鉴定标准

各地人社部门在办理未达到法定退休年龄因病或非因工致残完全丧失劳动能力退休时，应当以劳动能力鉴定委员会出具的因病或非因工致残劳动能力鉴定结论为依据。各地人社部门开展因病或非因工致残劳动能力鉴定，原则上应依据《职工非因工伤残或因病丧失劳动能力鉴定标准（试行）》（劳社部发〔2002〕8号）进行。

三、规范劳动能力鉴定程序

各地人社部门要在《工伤保险条例》和《工伤职工劳动能力鉴定管理办法》基础上，进一步细化劳动能力鉴定工作制度。目前还没有制定因病或非因工致残劳动能力鉴定管理办法的，参照《工伤职工劳动能力鉴定管理办法》执行。

四、严格依规做出劳动能力鉴定结论

各地人社部门要从流程设计、风险防范等多方面采取措施，加强劳动能力鉴定现场管理，安全有序地开展现场鉴定。劳动能力鉴定专家应严格按照相关标准的规范要求实施对症检查，准确描述伤病情症状，逐项提出伤病情症状符合或参照劳动能力鉴定标准的具体级别及条款的意见和综合定级意见。劳动能力鉴定委员会应当根据专家组的鉴定意见客观、公正地作出鉴定结论。工伤职工劳动能力鉴定不得超出工伤认定书载明的受伤部位、伤情范围。

五、强化劳动能力鉴定风险防控

各地人社部门要从组织机构控制、业务运行控制、信息系统控制、监督管理控制、费用支出控制等多方面入手，加强劳动能力鉴定内控管理，提高业务核查、抽检频次与质量，对岗位配置、人员管理、权限设置、业务规程、档案管理、系统建设、安全管理等事项明确标准和要求，建立健全内控管理体系。加强对劳动能力鉴定工作的内部监督和外部监督，提升劳动能力鉴定的

公信力。

六、加强劳动能力鉴定廉政建设

各地要把纪律挺在前面，切实加强劳动能力鉴定廉政建设，转变工作作风，压实主体责任，加强警示教育，牢固树立廉洁意识、底线意识，坚决杜绝虚假鉴定、人情鉴定。对劳动能力鉴定工作中出现的违规违纪问题要及时进行核查，依法依规严肃处理。要坚持问题导向、目标导向，建立完善相关制度，构建廉政建设长效机制，努力从制度上、程序上防范和杜绝违规违纪问题的发生。

七、加强劳动能力鉴定专家队伍建设

各地劳动能力鉴定委员会要充分发挥卫生健康部门等各成员单位的协同作用，充实劳动能力鉴定专家库，建立专家鉴定考评制度，强化政策、能力培训，加强对劳动能力鉴定专家库的管理和动态调整。对于专家库中医疗卫生专家副主任以上医师人员偏少的地区或科目，可通过卫健部门推荐政治过硬、业务精湛、作风优良、诚实可信的主治医师充实劳动能力鉴定专家队伍。对于一年内多次被再次鉴定改变级别的，应暂停或取消劳动能力鉴定专家资格。对劳动能力鉴定工作中表现突出的鉴定专家，在评定专业技术职称、聘用岗位等同等条件下优先考虑。有条件的地区可通过省级统一随机安排劳动能力鉴定专家跨地市鉴定等方式确保劳动能力鉴定的公平性。

八、加强劳动能力鉴定档案管理

各地要完善劳动能力鉴定档案管理，实现档案和业务一体化，确保全面、准确、规范。要规范纸质档案管理保存，研究制定电子档案标准，建立电子档案系统。有条件的地区劳动能力鉴定委员会可利用现代医疗技术和多媒体影像设备，加强鉴定现场相关影像资料的采集，作为评定职工工伤伤残等级和因病或非因工致残劳动能力鉴定的重要依据存档备查。

九、加强劳动能力鉴定信息化建设

各地人社部门要加快推进工伤保险认定鉴定经办信息一体化建设，实现劳动能力鉴定工作流程电子化闭环；通过互联网渠道，实现劳动能力鉴定线上申请和结论查询；探索通过大数据、人工智能等信息化技术加强劳动能力鉴定结果核查检验，做到全程可留痕、可监督、可追溯。加强与养老保险等人社内部信息共享，实现业务协同办理。加强与卫生健康委、医保部门、医疗机构的信息共享，鼓励通过医院检查结果互认共享，减少重复检查，方便职工办事，压缩劳动能力鉴定时限；通过与医保定点医疗机构就医信息的比对，核验劳动能力鉴定申请材料的真实性。鼓励地方积极协作开展异地劳动能力鉴定工作，支持有条件的地方对特殊群体、在特定时间探索开展“远程鉴定”。

十、加强劳动能力鉴定统计工作

各地人社部门要高度重视劳动能力鉴定统计工作，安排专人负责，并切实保证统计数据质量，《因病或非因工致残劳动能力鉴定情况》（见附件）按年度随《劳动能力鉴定情况》（人社统W18表）按时统一报送，对于经核实统计数据发生严重错误的，将进行通报。

附件：因病或因工致残劳动能力鉴定情况（略）

● 司法解释及文件

3.《最高人民法院关于审理劳动争议案件适用法律问题的解释（二）》（2025年7月31日　法释〔2025〕12号）

第17条　用人单位未按照国务院安全生产监督管理部门、卫生行政部门的规定组织从事接触职业病危害作业的劳动者进行离岗前的职业健康检查，劳动者在双方解除劳动合同后请求继续履行劳动合同的，人民法院依法予以支持，但有下列情形之一的除外：

（一）一审法庭辩论终结前，用人单位已经组织劳动者进行职业健康检查且经检查劳动者未患职业病的；

（二）一审法庭辩论终结前，用人单位组织劳动者进行职业健康检查，劳动者无正当理由拒绝检查的。

● 案例指引

梁某诉餐饮公司劳动争议案（《最高人民法院公报》2013 年第 6 期）

案例要旨：患有癌症、精神病等难以治疗的特殊疾病的劳动者，应当享受 24 个月的医疗期。医疗期内劳动合同期满，劳动合同应当延续至医疗期满时终止。用人单位在医疗期内违法解除或者终止劳动合同，劳动者起诉要求继续履行劳动合同的，人民法院应当判决撤销用人单位的解除或者终止通知书。

第三十条　工会对用人单位解除劳动合同的监督权

用人单位解除劳动合同，工会认为不适当的，有权提出意见。如果用人单位违反法律、法规或者劳动合同，工会有权要求重新处理；劳动者申请仲裁或者提起诉讼的，工会应当依法给予支持和帮助。

● 法　律

1.《**劳动合同法**》（2012 年 12 月 28 日）

第 43 条　用人单位单方解除劳动合同，应当事先将理由通知工会。用人单位违反法律、行政法规规定或者劳动合同约定的，工会有权要求用人单位纠正。用人单位应当研究工会的意见，并将处理结果书面通知工会。

● 行政法规及文件

2.《**劳动保障监察条例**》（2004 年 11 月 1 日）

第 7 条　各级工会依法维护劳动者的合法权益，对用人单位遵守劳动保障法律、法规和规章的情况进行监督。

劳动保障行政部门在劳动保障监察工作中应当注意听取工会组织的意见和建议。

第三十一条 劳动者单方解除劳动合同

劳动者解除劳动合同，应当提前30日以书面形式通知用人单位。

法 律

1.《劳动合同法》（2012年12月28日）

第37条 劳动者提前三十日以书面形式通知用人单位，可以解除劳动合同。劳动者在试用期内提前三日通知用人单位，可以解除劳动合同。

请示答复

2.《劳动部办公厅关于劳动者解除劳动合同有关问题的复函》（1995年12月19日 劳办发〔1995〕324号）

浙江省劳动厅：

你厅《关于劳动者解除劳动合同有关问题的请示》（浙劳政〔1995〕192号）收悉。经研究，答复如下：

《关于贯彻执行〈中华人民共和国劳动法〉若干问题的意见》（劳动部〔1995〕309号）第32条的规定，是对《劳动法》第三十一条的具体解释。

按照《劳动法》第三十一条的规定："劳动者解除劳动合同，应当提前三十日以书面形式通知用人单位"。劳动者提前三十日以书面形式通知用人单位，既是解除劳动合同的程序，也是解除劳动合同的条件。劳动者提前三十日以书面形式通知用人单位，解除劳动合同，无需征得用人单位的同意。超过三十日，劳动者向用人单位提出办理解除劳动合同的手续，用人单位应予以办理。但由于劳动者违反劳动合同有关约定而给用人单位造成经济损失的，应依据有关法律、法规、规章的规定和劳动合同的约定，由劳动者承担赔偿责任。

劳动者违反提前三十日以书面形式通知用人单位的规定，而要求解除劳动合同，用人单位可以不予办理。劳动者违法解除劳动合同而给原用人单位造成经济损失，应当依据有关法律、法规、规章的规定和劳动合同的约定承担赔偿责任。

《违反〈劳动法〉有关劳动合同规定的赔偿办法》（劳部发〔1995〕223号）第六条规定的“用人单位招用尚未解除劳动合同的劳动者，对原用人单位造成经济损失的，该用人单位应当承担连带赔偿责任”，是对用人单位承担连带赔偿责任的规定，与劳动者提前三十日提出解除劳动合同没有关系。

第三十二条 劳动者无条件解除劳动合同的情形

有下列情形之一的，劳动者可以随时通知用人单位解除劳动合同：

（一）在试用期内的；

（二）用人单位以暴力、威胁或者非法限制人身自由的手段强迫劳动的；

（三）用人单位未按照劳动合同约定支付劳动报酬或者提供劳动条件的。

法 律

1.《劳动合同法》（2012年12月28日）

第38条 用人单位有下列情形之一的，劳动者可以解除劳动合同：

（一）未按照劳动合同约定提供劳动保护或者劳动条件的；

（二）未及时足额支付劳动报酬的；

（三）未依法为劳动者缴纳社会保险费的；

（四）用人单位的规章制度违反法律、法规的规定，损害劳动者权益的；

（五）因本法第二十六条第一款规定的情形致使劳动合同无效的；

（六）法律、行政法规规定劳动者可以解除劳动合同的其他情形。

用人单位以暴力、威胁或者非法限制人身自由的手段强迫劳动者劳动的，或者用人单位违章指挥、强令冒险作业危及劳动者人身安全的，劳动者可以立即解除劳动合同，不需事先告知用人单位。

● 行政法规及文件

2.《劳动合同法实施条例》（2008年9月18日）

第18条 有下列情形之一的，依照劳动合同法规定的条件、程序，劳动者可以与用人单位解除固定期限劳动合同、无固定期限劳动合同或者以完成一定工作任务为期限的劳动合同：

（一）劳动者与用人单位协商一致的；

（二）劳动者提前30日以书面形式通知用人单位的；

（三）劳动者在试用期内提前3日通知用人单位的；

（四）用人单位未按照劳动合同约定提供劳动保护或者劳动条件的；

（五）用人单位未及时足额支付劳动报酬的；

（六）用人单位未依法为劳动者缴纳社会保险费的；

（七）用人单位的规章制度违反法律、法规的规定，损害劳动者权益的；

（八）用人单位以欺诈、胁迫的手段或者乘人之危，使劳动者在违背真实意思的情况下订立或者变更劳动合同的；

（九）用人单位在劳动合同中免除自己的法定责任、排除劳动者权利的；

（十）用人单位违反法律、行政法规强制性规定的；

（十一）用人单位以暴力、威胁或者非法限制人身自由的手段强迫劳动者劳动的；

（十二）用人单位违章指挥、强令冒险作业危及劳动者人身安全的；

（十三）法律、行政法规规定劳动者可以解除劳动合同的其他情形。

第三十三条 集体合同的内容和签订程序

企业职工一方与企业可以就劳动报酬、工作时间、休息休假、劳动安全卫生、保险福利等事项，签订集体合同。集体合同草案应当提交职工代表大会或者全体职工讨论通过。

集体合同由工会代表职工与企业签订；没有建立工会的企业，由职工推举的代表与企业签订。

● 法 律

1. 《劳动合同法》（2012 年 12 月 28 日）

第 51 条 企业职工一方与用人单位通过平等协商，可以就劳动报酬、工作时间、休息休假、劳动安全卫生、保险福利等事项订立集体合同。集体合同草案应当提交职工代表大会或者全体职工讨论通过。

集体合同由工会代表企业职工一方与用人单位订立；尚未建立工会的用人单位，由上级工会指导劳动者推举的代表与用人单位订立。

第 52 条 企业职工一方与用人单位可以订立劳动安全卫生、女职工权益保护、工资调整机制等专项集体合同。

第 53 条 在县级以下区域内，建筑业、采矿业、餐饮服务业等行业可以由工会与企业方面代表订立行业性集体合同，或者订立区域性集体合同。

● 部门规章及文件

2.《集体合同规定》（2004年1月20日 劳动和社会保障部令第22号）

第五章 集体合同的订立、变更、解除和终止

第36条 经双方协商代表协商一致的集体合同草案或专项集体合同草案应当提交职工代表大会或者全体职工讨论。

职工代表大会或者全体职工讨论集体合同草案或专项集体合同草案，应当有三分之二以上职工代表或者职工出席，且须经全体职工代表半数以上或者全体职工半数以上同意，集体合同草案或专项集体合同草案方获通过。

第37条 集体合同草案或专项集体合同草案经职工代表大会或者职工大会通过后，由集体协商双方首席代表签字。

第38条 集体合同或专项集体合同期限一般为1至3年，期满或双方约定的终止条件出现，即行终止。

集体合同或专项集体合同期满前3个月内，任何一方均可向对方提出重新签订或续订的要求。

第39条 双方协商代表协商一致，可以变更或解除集体合同或专项集体合同。

第40条 有下列情形之一的，可以变更或解除集体合同或专项集体合同：

（一）用人单位因被兼并、解散、破产等原因，致使集体合同或专项集体合同无法履行的；

（二）因不可抗力等原因致使集体合同或专项集体合同无法履行或部分无法履行的；

（三）集体合同或专项集体合同约定的变更或解除条件出现的；

（四）法律、法规、规章规定的其他情形。

第41条 变更或解除集体合同或专项集体合同适用本规定的集体协商程序。

第三十四条 集体合同的审查

集体合同签订后应当报送劳动行政部门；劳动行政部门自收到集体合同文本之日起 15 日内未提出异议的，集体合同即行生效。

● 法 律

1.《劳动合同法》（2012 年 12 月 28 日）

第 54 条 集体合同订立后，应当报送劳动行政部门；劳动行政部门自收到集体合同文本之日起十五日内未提出异议的，集体合同即行生效。

依法订立的集体合同对用人单位和劳动者具有约束力。行业性、区域性集体合同对当地本行业、本区域的用人单位和劳动者具有约束力。

● 部门规章及文件

2.《集体合同规定》（2004 年 1 月 20 日 劳动和社会保障部令第 22 号）

第六章 集体合同审查

第 42 条 集体合同或专项集体合同签订或变更后，应当自双方首席代表签字之日起 10 日内，由用人单位一方将文本一式三份报送劳动保障行政部门审查。

劳动保障行政部门对报送的集体合同或专项集体合同应当办理登记手续。

第 43 条 集体合同或专项集体合同审查实行属地管辖，具体管辖范围由省级劳动保障行政部门规定。

中央管辖的企业以及跨省、自治区、直辖市的用人单位的集体合同应当报送劳动保障部或劳动保障部指定的省级劳动保障行政部门。

第44条　劳动保障行政部门应当对报送的集体合同或专项集体合同的下列事项进行合法性审查：

（一）集体协商双方的主体资格是否符合法律、法规和规章规定；

（二）集体协商程序是否违反法律、法规、规章规定；

（三）集体合同或专项集体合同内容是否与国家规定相抵触。

第45条　劳动保障行政部门对集体合同或专项集体合同有异议的，应当自收到文本之日起15日内将《审查意见书》送达双方协商代表。《审查意见书》应当载明以下内容：

（一）集体合同或专项集体合同当事人双方的名称、地址；

（二）劳动保障行政部门收到集体合同或专项集体合同的时间；

（三）审查意见；

（四）作出审查意见的时间。

《审查意见书》应当加盖劳动保障行政部门印章。

第46条　用人单位与本单位职工就劳动保障行政部门提出异议的事项经集体协商重新签订集体合同或专项集体合同的，用人单位一方应当根据本规定第四十二条的规定将文本报送劳动保障行政部门审查。

第47条　劳动保障行政部门自收到文本之日起15日内未提出异议的，集体合同或专项集体合同即行生效。

第48条　生效的集体合同或专项集体合同，应当自其生效之日起由协商代表及时以适当的形式向本方全体人员公布。

第三十五条　集体合同的效力

依法签订的集体合同对企业和企业全体职工具有约束力。职工个人与企业订立的劳动合同中劳动条件和劳动报酬等标准不得低于集体合同的规定。

● 法 律

《劳动合同法》（2012 年 12 月 28 日）

第 54 条第 2 款　依法订立的集体合同对用人单位和劳动者具有约束力。行业性、区域性集体合同对当地本行业、本区域的用人单位和劳动者具有约束力。

第 55 条　集体合同中劳动报酬和劳动条件等标准不得低于当地人民政府规定的最低标准；用人单位与劳动者订立的劳动合同中劳动报酬和劳动条件等标准不得低于集体合同规定的标准。

第 56 条　用人单位违反集体合同，侵犯职工劳动权益的，工会可以依法要求用人单位承担责任；因履行集体合同发生争议，经协商解决不成的，工会可以依法申请仲裁、提起诉讼。

第四章　工作时间和休息休假

第三十六条　标准工作时间

国家实行劳动者每日工作时间不超过 8 小时、平均每周工作时间不超过 44 小时的工时制度。

● 部门规章及文件

《人力资源社会保障部关于职工全年月平均工作时间和工资折算问题的通知》（2025 年 1 月 1 日　人社部发〔2025〕2 号）

各省、自治区、直辖市及新疆生产建设兵团人力资源社会保障厅（局）：

根据《国务院关于修改〈全国年节及纪念日放假办法〉的决定》（国务院令第 795 号）的规定，全体公民的节日假期由原来的 11 天增设为 13 天。据此，职工全年月平均制度工作时间和工资折算办法分别调整如下：

一、制度工作时间的计算

年工作日：365天-104天（休息日）-13天（法定节假日）=248天

季工作日：248天÷4季=62天/季

月工作日：248天÷12月=20.67天/月

工作小时数的计算：以月、季、年的工作日乘以每日的8小时。

二、日工资、小时工资的折算

按照劳动法第五十一条的规定，法定节假日用人单位应当依法支付工资，即折算日工资、小时工资时不剔除国家规定的13天法定节假日。据此，日工资、小时工资的折算为：

日工资：月工资收入÷月计薪天数

小时工资：月工资收入÷（月计薪天数×8小时）

月计薪天数：（365天-104天）÷12月=21.75天

三、废止文件

2008年1月3日原劳动和社会保障部发布的《关于职工全年月平均工作时间和工资折算问题的通知》（劳社部发〔2008〕3号）同时废止。

第三十七条 计件工作时间

对实行计件工作的劳动者，用人单位应当根据本法第三十六条规定的工时制度合理确定其劳动定额和计件报酬标准。

第三十八条 劳动者的周休日

用人单位应当保证劳动者每周至少休息1日。

● 部门规章及文件

1.《劳动部贯彻〈国务院关于职工工作时间的规定〉的实施办法》（1995 年 3 月 26 日　劳部发〔1995〕143 号）

第 9 条　企业根据所在地的供电、供水和交通等实际情况，经与工会和职工协商后，可以灵活安排周休息日。

● 请示答复

2.《劳动部关于职工工作时间有关问题的复函》（1997 年 9 月 10 日　劳部发〔1997〕271 号）

广州市劳动局：

你局《关于职工工作时间有关问题的请示》（穗劳函字〔1997〕127 号）收悉，经研究，函复如下：

一、企业和部分不能实行统一工作时间的事业单位，可否不实行“双休日”而安排每周工作六天，每天工作不超过 6 小时 40 分钟？

根据《劳动法》和《国务院关于职工工作时间的规定》（国务院令第 174 号）的规定，我国目前实行劳动者每日工作 8 小时，每周工作 40 小时这一标准工时制度。有条件的企业应实行标准工时制度。有些企业因工作性质和生产特点不能实行标准工时制度，应保证劳动者每天工作不超过 8 小时、每周工作不超过 40 小时、每周至少休息一天。此外，根据一些企业的生产实际情况还可实行不定时工作制和综合计算工时工作制。实行不定时工作制和综合计算工时工作制的企业应按劳动部《关于企业实行不定时工作制和综合计算工时工作制的审批办法》（劳部发〔1994〕503 号）的规定办理审批手续。

二、用人单位要求劳动者每周工作超过 40 小时但不超过 44 小时，且不作延长工作时间处理，劳动行政机关可否认定其违法并依据《劳动法》第九十、九十一条和劳部发〔1994〕489 号、

532 号文件的规定予以处罚？

《国务院关于职工工作时间的规定》（国务院令第 174 号）是依据《劳动法》第三十六条的规定，按照我国经济和社会发展的需要，在标准工时制度方面进一步作出的规定。如果用人单位要求劳动者每周工作超过 40 小时但不超过 44 小时，且不作延长工作时间处理，劳动行政机关有权要求其改正。

三、《劳动法》第四十一、四十四条中的“延长工作时间”是否仅指加点，而不包括休息日或节日等法定休假日的加班（即是否加班不受《劳动法》的第四十一条限制）？

《劳动法》第四十一条有关延长工作时间的限制包括正常工作日的加点、休息日和法定休假日的加班。即每月工作日的加点、休息日和法定休假日的加班的总时数不得超过 36 小时。在国家立法部门没有作出立法解释前，应按此精神执行。

四、休息日或法定休假日加班，用人单位可否不支付加班费而给予补休？补休的标准如何确定？

依据《劳动法》第四十四条规定，休息日安排劳动者加班工作的，应首先安排补休，不能补休时，则应支付不低于工资的百分之二百的工资报酬。补休时间应等同于加班时间。法定休假日安排劳动者加班工作的，应另外支付不低于工资的百分之三百的工资报酬，一般不安排补休。

五、经批准实行综合计算工时工作制的用人单位，在计算周期内若日（或周）的平均工作时间没超过法定标准工作时间，但某一具体日（或周）的实际工作时间工作超过 8 小时（或 40 小时），“超过”部分是否视为加点（或加班）且受《劳动法》第四十一条的限制？

依据劳动部《关于企业实行不定时工作制和综合计算工时工作制的审批办法》第五条的规定，综合计算工时工作制采用的是以周、月、季、年等为周期综合计算工作时间，但其平均日工作时间和平均周工作时间应与法定标准工作时间基本相同。也就是说，在综合计算周期内，某一具体日（或周）的实际工作时间可以超过 8 小时（或 40 小时），但综合计算周期内的总实际工作时间不应超过总法定标准工作时间，超过部分应视为延长工作时间并按《劳动法》第四十四条第一款的规定支付工资报酬，其中法定休假日安排劳动者工作的，按《劳动法》第四十四条第三款的规定支付工资报酬。而且延长工作时间的小时数平均每月不得超过 36 小时。

六、若甲企业经批准以季为周期综合计算工时（总工时应为 40 时/周×12 周/季＝480 时/季）。若乙职工在该季的第一、二月份刚好完成了？480？小时的工作，第三个月整月休息。甲企业这样做是否合法且不存在着延长工作时间问题，该季各月的工资及加班费（若认定为延长工作时间的话）应如何计发？

某企业经劳动行政部门批准以季为周期综合计算工时（总工时应为 508 小时/季）。该企业因生产任务需要，经商工会和劳动者同意，安排劳动者在该季的第一、二月份刚好完成了 508 小时的工作，第三个月整月休息。该企业这样做应视为合法且没有延长工作时间。对于这种打破常规的工作时间安排，一定要取得工会和劳动者的同意，并且注意劳逸结合，切实保障劳动者身体健康。

工时计算方法应为：

1. 工作日的计算

年工作日：365 天/年－104 天/年（休息日）－7 天/年（法定休假日）＝254 天/年

季工作日：254 天/年÷4 季＝63. 5 天

月工作日：254 天/年÷12 月＝21. 16 天

2. 工作小时数的计算

以每周、月、季、年的工作日乘以每日的 8 小时。

七、劳部发〔1994〕489 号文第十三条中“其综合工作时间超过法定标准工作时间部分”是指日（或周）平均工作时间超过，还是指某一具体日（或周）实际工作时间超过？

实行综合计算工时工作制的企业，在综合计算周期内，如果劳动者的实际工作时间总数超过该周期的法定标准工作时间总数，超过部分应视为延长工作时间。如果在整个综合计算周期内的实际工作时间总数不超过该周期的法定标准工作时间总数，只是该综合计算周期内的某一具体日（或周、或月、或季）超过法定标准工作时间，其超过部分不应视为延长工作时间。

八、实行不定时工作制的工资如何计发？其休息休假如何确定？

对于实行不定时工作制的劳动者，企业应当根据标准工时制度合理确定劳动者的劳动定额或其他考核标准，以便安排劳动者休息。其工资由企业按照本单位的工资制度和工资分配办法，根据劳动者的实际工作时间和完成劳动定额情况计发。对于符合带薪年休假条件的劳动者，企业可安排其享受带薪年休假。

九、本市拟在审批综合计算工时过程中强制性地附加“保证劳动者每周至少休息一天”和“每日实际工作时间不得超过 11 小时”两个条件，是否妥当？

实行综合计算工时工作制是从部分企业生产实际出发，允许实行相对集中工作、集中休息的工作制度，以保证生产的正常进行和劳动者的合法权益。因此，在审批综合计算工时工作制过程中不宜再要求企业实行符合标准工时工作制的规定。但是，在审批综合计算工时工作制过程中应要求企业做到以下两点：

1. 企业实行综合计算工时工作制以及在实行综合计算工时工作中采取何种工作方式，一定要与工会和劳动者协商。

2. 对于第三级以上（含第三级）体力劳动强度的工作岗位，劳动者每日连续工作时间不得超过 11 小时，而且每周至少休息一天。

第三十九条 其他工时制度

企业因生产特点不能实行本法第三十六条、第三十八条规定的，经劳动行政部门批准，可以实行其他工作和休息办法。

● 法 律

1.《劳动法》（2018年12月29日）

第36条 国家实行劳动者每日工作时间不超过8小时、平均每周工作时间不超过44小时的工时制度。

第38条 用人单位应当保证劳动者每周至少休息1日。

2.**《劳动部关于企业实行不定时工作制和综合计算工时工作制的审批办法》**（1994年12月14日 劳部发〔1994〕503号）

第4条 企业对符合下列条件之一的职工，可以实行不定时工作制。

（一）企业中的高级管理人员、外勤人员、推销人员、部分值班人员和其他因工作无法按标准工作时间衡量的职工；

（二）企业中的长途运输人员、出租汽车司机和铁路、港口、仓库的部分装卸人员以及因工作性质特殊，需机动作业的职工；

（三）其他因生产特点、工作特殊需要或职责范围的关系，适合实行不定时工作制的职工。

第5条 企业对符合下列条件之一的职工，可实行综合计算工时工作制，即分别以周、月、季、年等为周期，综合计算工作时间，但其平均日工作时间和平均周工作时间应与法定标准工作时间基本相同：

（一）交通、铁路、邮电、水运、航空、渔业等行业中因工作性质特殊，需连续作业的职工；

（二）地质及资源勘探、建筑、制盐、制糖、旅游等受季节和自然条件限制的行业的部分职工；

（三）其他适合实行综合计算工时工作制的职工。

第6条 对于实行不定时工作制和综合计算工时工作制等其他工作和休息办法的职工，企业应根据《中华人民共和国劳动法》第一章、第四章有关规定，在保障职工身体健康并充分听取职工意见的基础上，采用集中工作、集中休息、轮休调休、弹性工作时间等适当方式，确保职工的休息休假权利和生产、工作任务的完成。

● 案例指引

李某艳诉科技公司劳动争议案（人民法院案例库 2024-18-2-490-002）

裁判摘要：对于用人单位安排劳动者在非工作时间、工作场所以外利用微信等社交媒体开展工作，劳动者能够证明自己付出了实质性劳动且明显占用休息时间，并请求用人单位支付加班费的，人民法院应予支持。利用社交媒体加班的工作时长、工作状态等难以客观量化，用人单位亦无法客观掌握，若以全部时长作为加班时长，对用人单位而言有失公平。因此，在无法准确衡量劳动者“隐形加班”时长与集中度的情况下，对于加班费数额，应当根据证据体现的加班频率、工作内容、在线工作时间等予以酌定，以平衡好劳动者与用人单位之间的利益。

第四十条 法定休假节日

用人单位在下列节日期间应当依法安排劳动者休假：

（一）元旦；

（二）春节；

（三）国际劳动节；

（四）国庆节；

（五）法律、法规规定的其他休假节日。

● 行政法规及文件

《全国年节及纪念日放假办法》（2024 年 11 月 10 日）

第 1 条　为统一全国年节及纪念日的假期，制定本办法。

第 2 条　全体公民放假的节日：

（一）元旦，放假 1 天（1 月 1 日）；

（二）春节，放假 4 天（农历除夕、正月初一至初三）；

（三）清明节，放假 1 天（农历清明当日）；

（四）劳动节，放假 2 天（5 月 1 日、2 日）；

（五）端午节，放假 1 天（农历端午当日）；

（六）中秋节，放假 1 天（农历中秋当日）；

（七）国庆节，放假 3 天（10 月 1 日至 3 日）。

第 3 条　部分公民放假的节日及纪念日：

（一）妇女节（3 月 8 日），妇女放假半天；

（二）青年节（5 月 4 日），14 周岁以上的青年放假半天；

（三）儿童节（6 月 1 日），不满 14 周岁的少年儿童放假 1 天；

（四）中国人民解放军建军纪念日（8 月 1 日），现役军人放假半天。

第 4 条　少数民族习惯的节日，由各少数民族聚居地区的地方人民政府，按照各该民族习惯，规定放假日期。

第 5 条　二七纪念日、五卅纪念日、七七抗战纪念日、九三抗战胜利纪念日、九一八纪念日、教师节、护士节、记者节、植树节等其他节日、纪念日，均不放假。

第 6 条　全体公民放假的假日，如果适逢周六、周日，应当在工作日补假。部分公民放假的假日，如果适逢周六、周日，则不补假。

第 7 条　全体公民放假的假日，可合理安排统一放假调休，结合落实带薪年休假等制度，实际形成较长假期。除个别特殊情形外，法定节假日假期前后连续工作一般不超过 6 天。

第 8 条　本办法自公布之日起施行。

第四十一条　延长工作时间

用人单位由于生产经营需要，经与工会和劳动者协商后可以延长工作时间，一般每日不得超过 1 小时；因特殊原因需要延长工作时间的，在保障劳动者身体健康的条件下延长工作时间每日不得超过 3 小时，但是每月不得超过 36 小时。

案例指引

1. **服务公司等与传媒公司劳动争议纠纷案**（人力资源社会保障部、最高人民法院联合发布 10 起第二批劳动人事争议典型案例之七）

裁判摘要： 面对激烈的市场竞争环境，个别用人单位为降低用工成本、追求利润最大化，长期安排劳动者超时加班，对劳动者的身心健康、家庭和睦、参与社会生活等造成了严重影响，极端情况下会威胁劳动者的生命安全。劳动者超时加班发生工伤而引发的工伤保险待遇纠纷，是超时劳动严重损害劳动者健康权的缩影。此种情况下用工单位、劳务派遣单位承担连带赔偿责任，可以有效避免劳务派遣用工中出现责任真空的现象，实现对劳动者合法权益的充分保障。同时，用人单位应依法为职工参加工伤保险，保障职工的工伤权益，也能分散自身风险。如用人单位未为职工参加工伤保险，工伤职工工伤保险待遇全部由用人单位支付。

2. **黄某与管业公司劳动合同纠纷案**（江门市劳动人事争议仲裁委员会和江门市中级人民法院联合发布 2019 年劳动人事争议仲裁十大典型案例之三）

裁判摘要： 国家实行每日工作不超过八小时、平均每周工作不超过四十小时的标准工作工时制度，保证劳动者能够得到充足的休息，保障劳动者的身体健康。用人单位违法延长工作时间和安排非本职工作后，以工作效率低为由辞退，属于违法解除劳动合同。

3. **杜某与信息咨询公司劳动争议案**（2019佛山十大劳动争议审判典型案例之六）①

裁判摘要：计算加班工资时可以根据不同的行业、不同的岗位进行区别化看待，特定行业的加班工资可综合劳动者岗位工作的情况、用人单位的业务特点、报酬的给付标准及案件证据来认定，而不能机械的将一般加班工资的计算方式一刀切的用于所有行业、所有岗位加班工资的计算。

第四十二条 特殊情况下的延长工作时间

有下列情形之一的，延长工作时间不受本法第四十一条规定的限制：

（一）发生自然灾害、事故或者因其他原因，威胁劳动者生命健康和财产安全，需要紧急处理的；

（二）生产设备、交通运输线路、公共设施发生故障，影响生产和公众利益，必须及时抢修的；

（三）法律、行政法规规定的其他情形。

● 行政法规及文件

1. **《国务院关于职工工作时间的规定》**（1995年3月25日）

第6条 任何单位和个人不得擅自延长职工工作时间。因特殊情况和紧急任务确需延长工作时间的，按照国家有关规定执行。

● 部门规章及文件

2. **《劳动部贯彻〈国务院关于职工工作时间的规定〉的实施办法》**（1995年3月25日　劳部发〔1995〕143号）

第7条 有下列特殊情形和紧急任务之一的，延长工作时间

① 载微信公众号“佛山市中级人民法院”，https://mp.weixin.qq.com/s/fkSFGqfYs1alOq7J_Vmoyg，2024年11月20日访问，以下不再标注。

不受本办法第六条规定的限制：

（一）发生自然灾害、事故或者因其他原因，使人民的安全健康和国家资财遭到严重威胁，需要紧急处理的；

（二）生产设备、交通运输线路、公共设施发生故障，影响生产和公众利益，必须及时抢修的；

（三）必须利用法定节日或公休假日的停产期间进行设备检修、保养的；

（四）为完成国防紧急任务，或者完成上级在国家计划外安排的其他紧急生产任务，以及商业、供销企业在旺季完成收购、运输、加工农副产品紧急任务的。

3.《国家机关、事业单位贯彻〈国务院关于职工工作时间的规定〉的实施办法》（1995年3月26日　人薪发〔1995〕32号）

第7条　根据本办法第六条延长职工工作时间的，应给职工安排相应的补休。

第四章

第四十三条　用人单位延长工作时间的禁止

用人单位不得违反本法规定延长劳动者的工作时间。

第四十四条　延长工作时间的工资支付

有下列情形之一的，用人单位应当按照下列标准支付高于劳动者正常工作时间工资的工资报酬：

（一）安排劳动者延长工作时间的，支付不低于工资的150%的工资报酬；

（二）休息日安排劳动者工作又不能安排补休的，支付不低于工资的200%的工资报酬；

（三）法定休假日安排劳动者工作的，支付不低于工资的300%的工资报酬。

● 部门规章及文件

《对〈工资支付暂行规定〉有关问题的补充规定》（1995年5月12日 劳部发〔1995〕226号）

二、关于加班加点的工资支付问题

1.《规定》第十三条第（一）、（二）、（三）款规定的在符合法定标准工作时间的制度工时以外延长工作时间及安排休息日和法定休假节日工作应支付的工资，是根据加班加点的多少，以劳动合同确定的正常工作时间工资标准的一定倍数所支付的劳动报酬，即凡是安排劳动者在法定工作日延长工作时间或安排在休息日工作而又不能补休的，均应支付给劳动者不低于劳动合同规定的劳动者本人小时或日工资标准150%、200%的工资；安排在法定休假节日工作的，应另外支付给劳动者不低于劳动合同规定的劳动者本人小时或日工资标准300%的工资。

2. 关于劳动者日工资的折算。由于劳动定额等劳动标准都与制度工时相联系，因此，劳动者日工资可统一按劳动者本人的月工资标准除以每月制度工作天数进行折算。

根据国家关于职工每日工作8小时，每周工作时间40小时的规定，每月制度工时天数为21.5天。考虑到国家允许施行每周40小时工时制度有困难的企业最迟可以延期到1997年5月1日施行，因此，在过渡期内，实行每周44小时工时制度的企业，其日工资折算可仍按每月制度工作天数23.5天执行。

● 案例指引

1. 张某与科技公司追索劳动报酬纠纷案（人力资源社会保障部、最高人民法院联合发布10起第二批劳动人事争议典型案例之二）

裁判摘要：谋求企业发展、塑造企业文化都必须守住不违反法律规定、不侵害劳动者合法权益的底线，应在坚持按劳分配原则的基础上，通过科学合理的措施激发劳动者的主观能动性和创造性，统筹促进企业发展与维护劳动者权益。

2. **吴某与医药公司追索劳动报酬纠纷案**（人力资源社会保障部、最高人民法院联合发布10起第二批劳动人事争议典型案例之三）

裁判摘要：劳动规章制度对用人单位和劳动者都具有约束力。一方面，用人单位应严格按照规章制度的规定实施管理行为，不得滥用优势地位，侵害劳动者合法权益；另一方面，劳动者在合法权益受到侵害时，要注意保留相关证据，为维权提供依据。仲裁委员会、人民法院应准确把握加班事实认定标准，纠正用人单位规避法定责任、侵害劳动者合法权益的行为。

3. **张某与建筑公司追索劳动报酬纠纷案**（人力资源社会保障部、最高人民法院联合发布10起第二批劳动人事争议典型案例之十）

裁判摘要：时效是指权利人不行使权利的事实状态持续经过法定期间，其权利即发生效力减损的制度。作为权利行使尤其是救济权行使期间的一种，时效既与当事人的实体权利密切相关，又与当事人通过相应的程序救济其权益密不可分。获取劳动报酬权是劳动权益中最基本、最重要的权益，考虑劳动者在劳动关系存续期间的弱势地位，法律对于拖欠劳动报酬争议设置了特别仲裁时效，对于有效保护劳动者权益具有重要意义。

4. **陈某与物业服务公司劳动争议纠纷案**（2017~2019年海口两级法院劳动争议十大典型案例之二）

裁判摘要：用人单位未依法安排劳动者休息，超过法定用工时间应支付加班工资。

第四十五条 年休假制度

国家实行带薪年休假制度。

劳动者连续工作1年以上的，享受带薪年休假。具体办法由国务院规定。

● 行政法规及文件

1.《职工带薪年休假条例》（2007 年 12 月 14 日）

第 1 条　为了维护职工休息休假权利，调动职工工作积极性，根据劳动法和公务员法，制定本条例。

第 2 条　机关、团体、企业、事业单位、民办非企业单位、有雇工的个体工商户等单位的职工连续工作 1 年以上的，享受带薪年休假（以下简称年休假）。单位应当保证职工享受年休假。职工在年休假期间享受与正常工作期间相同的工资收入。

第 3 条　职工累计工作已满 1 年不满 10 年的，年休假 5 天；已满 10 年不满 20 年的，年休假 10 天；已满 20 年的，年休假 15 天。

国家法定休假日、休息日不计入年休假的假期。

第 4 条　职工有下列情形之一的，不享受当年的年休假：

（一）职工依法享受寒暑假，其休假天数多于年休假天数的；

（二）职工请事假累计 20 天以上且单位按照规定不扣工资的；

（三）累计工作满 1 年不满 10 年的职工，请病假累计 2 个月以上的；

（四）累计工作满 10 年不满 20 年的职工，请病假累计 3 个月以上的；

（五）累计工作满 20 年以上的职工，请病假累计 4 个月以上的。

第 5 条　单位根据生产、工作的具体情况，并考虑职工本人意愿，统筹安排职工年休假。

年休假在 1 个年度内可以集中安排，也可以分段安排，一般不跨年度安排。单位因生产、工作特点确有必要跨年度安排职工年休假的，可以跨 1 个年度安排。

单位确因工作需要不能安排职工休年休假的，经职工本人同意，可以不安排职工休年休假。对职工应休未休的年休假天数，单位应当按照该职工日工资收入的300%支付年休假工资报酬。

第6条　县级以上地方人民政府人事部门、劳动保障部门应当依据职权对单位执行本条例的情况主动进行监督检查。

工会组织依法维护职工的年休假权利。

第7条　单位不安排职工休年休假又不依照本条例规定给予年休假工资报酬的，由县级以上地方人民政府人事部门或者劳动保障部门依据职权责令限期改正；对逾期不改正的，除责令该单位支付年休假工资报酬外，单位还应当按照年休假工资报酬的数额向职工加付赔偿金；对拒不支付年休假工资报酬、赔偿金的，属于公务员和参照公务员法管理的人员所在单位的，对直接负责的主管人员以及其他直接责任人员依法给予处分；属于其他单位的，由劳动保障部门、人事部门或者职工申请人民法院强制执行。

第8条　职工与单位因年休假发生的争议，依照国家有关法律、行政法规的规定处理。

第9条　国务院人事部门、国务院劳动保障部门依据职权，分别制定本条例的实施办法。

第10条　本条例自2008年1月1日起施行。

● 部门规章及文件

2.《企业职工带薪年休假实施办法》（2008年9月18日　人力资源和社会保障部令第1号）

第1条　为了实施《职工带薪年休假条例》（以下简称条例），制定本实施办法。

第2条　中华人民共和国境内的企业、民办非企业单位、有雇工的个体工商户等单位（以下称用人单位）和与其建立劳动关系的职工，适用本办法。

第3条　职工连续工作满12个月以上的，享受带薪年休假

(以下简称年休假)。

第4条　年休假天数根据职工累计工作时间确定。职工在同一或者不同用人单位工作期间，以及依照法律、行政法规或者国务院规定视同工作期间，应当计为累计工作时间。

第5条　职工新进用人单位且符合本办法第三条规定的，当年度年休假天数，按照在本单位剩余日历天数折算确定，折算后不足1整天的部分不享受年休假。

前款规定的折算方法为：(当年度在本单位剩余日历天数÷365天) ×职工本人全年应当享受的年休假天数。

第6条　职工依法享受的探亲假、婚丧假、产假等国家规定的假期以及因工伤停工留薪期间不计入年休假假期。

第7条　职工享受寒暑假天数多于其年休假天数的，不享受当年的年休假。确因工作需要，职工享受的寒暑假天数少于其年休假天数的，用人单位应当安排补足年休假天数。

第8条　职工已享受当年的年休假，年度内又出现条例第四条第（二)、(三)、(四)、(五）项规定情形之一的，不享受下一年度的年休假。

第9条　用人单位根据生产、工作的具体情况，并考虑职工本人意愿，统筹安排年休假。用人单位确因工作需要不能安排职工年休假或者跨1个年度安排年休假的，应征得职工本人同意。

第10条　用人单位经职工同意不安排年休假或者安排职工休假天数少于应休年休假天数的，应当在本年度内对职工应休未休年休假天数，按照其日工资收入的300%支付未休年休假工资报酬，其中包含用人单位支付职工正常工作期间的工资收入。

用人单位安排职工休年休假，但是职工因本人原因且书面提出不休年休假的，用人单位可以只支付其正常工作期间的工资收入。

第 11 条　计算未休年休假工资报酬的日工资收入按照职工本人的月工资除以月计薪天数（21.75 天）进行折算。

前款所称月工资是指职工在用人单位支付其未休年休假工资报酬前 12 个月剔除加班工资后的月平均工资。在本用人单位工作时间不满 12 个月的，按实际月份计算月平均工资。

职工在年休假期间享受与正常工作期间相同的工资收入。实行计件工资、提成工资或者其他绩效工资制的职工，日工资收入的计发办法按照本条第一款、第二款的规定执行。

第 12 条　用人单位与职工解除或者终止劳动合同时，当年度未安排职工休满应休年休假天数的，应当按照职工当年已工作时间折算应休未休年休假天数并支付未休年休假工资报酬，但折算后不足 1 整天的部分不支付未休年休假工资报酬。

前款规定的折算方法为：(当年度在本单位已过日历天数÷365 天)×职工本人全年应当享受的年休假天数-当年度已安排年休假天数。

用人单位当年已安排职工年休假的，多于折算应休年休假的天数不再扣回。

第 13 条　劳动合同、集体合同约定的或者用人单位规章制度规定的年休假天数、未休年休假工资报酬高于法定标准的，用人单位应当按照有关约定或者规定执行。

第 14 条　劳务派遣单位的职工符合本办法第三条规定条件的，享受年休假。

被派遣职工在劳动合同期限内无工作期间由劳务派遣单位依法支付劳动报酬的天数多于其全年应当享受的年休假天数的，不享受当年的年休假；少于其全年应当享受的年休假天数的，劳务派遣单位、用工单位应当协商安排补足被派遣职工年休假天数。

第 15 条　县级以上地方人民政府劳动行政部门应当依法监

督检查用人单位执行条例及本办法的情况。

用人单位不安排职工休年休假又不依照条例及本办法规定支付未休年休假工资报酬的，由县级以上地方人民政府劳动行政部门依据职权责令限期改正；对逾期不改正的，除责令该用人单位支付未休年休假工资报酬外，用人单位还应当按照未休年休假工资报酬的数额向职工加付赔偿金；对拒不执行支付未休年休假工资报酬、赔偿金行政处理决定的，由劳动行政部门申请人民法院强制执行。

第 16 条　职工与用人单位因年休假发生劳动争议的，依照劳动争议处理的规定处理。

第 17 条　除法律、行政法规或者国务院另有规定外，机关、事业单位、社会团体和与其建立劳动关系的职工，依照本办法执行。

船员的年休假按《中华人民共和国船员条例》执行。

第 18 条　本办法中的“年度”是指公历年度。

第 19 条　本办法自发布之日起施行。

● 请示答复

3.《人力资源和社会保障部办公厅关于〈企业职工带薪年休假实施办法〉有关问题的复函》（2009 年 4 月 15 日　人社厅函〔2009〕149 号）

一、关于带薪年休假的享受条件

《企业职工带薪年休假实施办法》第三条中的“职工连续工作满 12 个月以上”，既包括职工在同一用人单位连续工作满 12 个月以上的情形，也包括职工在不同用人单位连续工作满 12 个月以上的情形。

二、关于累计工作时间的确定

《企业职工带薪年休假实施办法》第四条中的“累计工作时

间"，包括职工在机关、团体、企业、事业单位、民办非企业单位、有雇工的个体工商户等单位从事全日制工作期间，以及依法服兵役和其他按照国家法律、行政法规和国务院规定可以计算为工龄的期间（视同工作期间）。职工的累计工作时间可以根据档案记载、单位缴纳社保费记录、劳动合同或者其他具有法律效力的证明材料确定。

● **案例指引**

1. **薛某与某机关劳动争议纠纷案**（2017~2019 年海口两级法院劳动争议十大典型案例之九）

裁判摘要：带薪年休假工资属于劳动报酬，劳动者请求用人单位支付带薪年休假工资的，其仲裁请求应从劳动关系终止之日起一年内提出。

2. **曲某与运输公司劳动合同纠纷案**（常州市劳动人事争议仲裁委员会发布劳动人事争议十大典型案例之六）

裁判摘要：请病假需遵守单位请假流程，未经审批擅自休假，单位可依法解除劳动合同。

3. **沈某诉设备制造公司劳动争议案**（广东省高级人民法院劳动争议十大典型案例之三）

裁判摘要：带薪年休假是劳动者的一项重要权利。劳动者参加工作先后入职不同用人单位，其可休年休假天数应根据累计工作年限确定。

第五章　工　资

第四十六条　工资分配基本原则

工资分配应当遵循按劳分配原则，实行同工同酬。

工资水平在经济发展的基础上逐步提高。国家对工资总量实行宏观调控。

● 法　律

1.《公务员法》（2018 年 12 月 29 日）

第 80 条　公务员工资包括基本工资、津贴、补贴和奖金。

公务员按照国家规定享受地区附加津贴、艰苦边远地区津贴、岗位津贴等津贴。

公务员按照国家规定享受住房、医疗等补贴、补助。

公务员在定期考核中被确定为优秀、称职的，按照国家规定享受年终奖金。

公务员工资应当按时足额发放。

第 81 条　公务员的工资水平应当与国民经济发展相协调、与社会进步相适应。

国家实行工资调查制度，定期进行公务员和企业相当人员工资水平的调查比较，并将工资调查比较结果作为调整公务员工资水平的依据。

● 部门规章及文件

2.《劳动和社会保障部关于非全日制用工若干问题的意见》（2003 年 5 月 30 日　劳社部发〔2003〕12 号）

二、关于非全日制用工的工资支付

7. 用人单位应当按时足额支付非全日制劳动者的工资。用人单位支付非全日制劳动者的小时工资不得低于当地政府颁布的小时最低工资标准。

8. 非全日制用工的小时最低工资标准由省、自治区、直辖市规定，并报劳动保障部备案。确定和调整小时最低工资标准应当综合参考以下因素：当地政府颁布的月最低工资标准；单位应缴纳的基本养老保险费和基本医疗保险费（当地政府颁布的月最低工资标准未包含个人缴纳社会保险费因素的，还应考虑个人应缴纳的社会保险费）；非全日制劳动者在工作稳定性、劳动条件和劳动强度、福利等方面与全日制就业人员之间的差异。小时最低工资标准的测算方法为：

小时最低工资标准=〔（月最低工资标准÷20.92÷8）×（1+单位应当缴纳的基本养老保险费和基本医疗保险费比例之和）〕×（1+浮动系数）

9. 非全日制用工的工资支付可以按小时、日、周或月为单位结算。

● 案例指引

沈某与投资公司追索劳动报酬纠纷案（海门市人民法院发布2017年度劳动争议八大典型案例之七）①

裁判摘要："同工同酬"并非要求工资数额一样，而是允许在同一工资区间内进行浮动。

第四十七条 用人单位自主确定工资分配

用人单位根据本单位的生产经营特点和经济效益，依法自主确定本单位的工资分配方式和工资水平。

● 案例指引

1. **黄某与房地产公司劳动争议案**（江苏法院2019年度劳动争议十大典型案例之七）②

裁判摘要：用人单位有权根据本单位的生产经营特点和经济效益自主确定工资分配方式和工资水平。用人单位在依法制定的规章制度中明确规定绩效奖金只对考核时在职的员工发放的，包含了鼓励员工长期为本单位工作的管理目的。劳动者因个人原因离职后请

---

① 载微信公众号"海门法苑"，https：//mp.weixin.qq.com/s/y1LwKjSHcxXMlGC428S0gA，2024年11月20日访问，以下不再标注。

② 载江苏法院网，http：//www.jsfy.gov.cn/article/91655.html，2024年11月20日访问，以下不再标注。

求用人单位支付该考核奖金的，不予支持。

2. **彭某诉城市建设公司追索劳动报酬纠纷案**（最高人民法院公报》2023 年第 1 期）

裁判摘要：用人单位规定劳动者在完成一定绩效后可以获得奖金，但无正当理由拒绝履行相关审批义务，劳动者主张获奖条件成就，要求用人单位按照规定发放奖金的，人民法院应予支持。

3. **曾某诉某网络科技公司劳动争议案**（人民法院案例库 2023-07-2-490-003）

裁判摘要：劳动者的年终奖与可量化的业绩挂钩，虽然在形式上被称为“年底三薪”或者“年终奖”，但实质上属于“绩效工资”的范畴，即根据绩效考核薪酬制度的规定将工资中绩效部分在年终结合用人单位效益予以发放。用人单位对员工进行内容恰当、过程完备、结果透明的绩效考核的，考核结果可以作为年终绩效奖金是否发放以及发放数额的依据。

第四十八条 最低工资保障

国家实行最低工资保障制度。最低工资的具体标准由省、自治区、直辖市人民政府规定，报国务院备案。

用人单位支付劳动者的工资不得低于当地最低工资标准。

● 部门规章及文件

《最低工资规定》（2004 年 1 月 20 日　劳动和社会保障部令第 21 号）

第 3 条　本规定所称最低工资标准，是指劳动者在法定工作时间或依法签订的劳动合同约定的工作时间内提供了正常劳动的前提下，用人单位依法应支付的最低劳动报酬。

本规定所称正常劳动，是指劳动者按依法签订的劳动合同约定，在法定工作时间或劳动合同约定的工作时间内从事的劳动。

劳动者依法享受带薪年休假、探亲假、婚丧假、生育（产）假、节育手术假等国家规定的假期间，以及法定工作时间内依法参加社会活动期间，视为提供了正常劳动。

第5条 最低工资标准一般采取月最低工资标准和小时最低工资标准的形式。月最低工资标准适用于全日制就业劳动者，小时最低工资标准适用于非全日制就业劳动者。

第7条 省、自治区、直辖市范围内的不同行政区域可以有不同的最低工资标准。

第12条 在劳动者提供正常劳动的情况下，用人单位应支付给劳动者的工资在剔除下列各项以后，不得低于当地最低工资标准：

（一）延长工作时间工资；

（二）中班、夜班、高温、低温、井下、有毒有害等特殊工作环境、条件下的津贴；

（三）法律、法规和国家规定的劳动者福利待遇等。

实行计件工资或提成工资等工资形式的用人单位，在科学合理的劳动定额基础上，其支付劳动者的工资不得低于相应的最低工资标准。

劳动者由于本人原因造成在法定工作时间内或依法签订的劳动合同约定的工作时间内未提供正常劳动的，不适用于本条规定。

● 案例指引

周某与汽车服务公司追索劳动报酬纠纷案（人力资源社会保障部、最高人民法院联合发布10起第二批劳动人事争议典型案例之四）

裁判摘要：包薪制是指在劳动合同中打包约定法定标准工作时间工资和加班费的一种工资分配方式，在部分加班安排较多且时间相对固定的行业中比较普遍。虽然用人单位有依法制定内部薪酬分配制度的自主权，但内部薪酬分配制度的制定和执行须符合相关法律的规定。实践中，部分用人单位存在以实行包薪制规避或者减少承担支付加班费法定责任的情况。实行包薪制的用人单位应严格按照不低于最低工资标准支付劳动者法定标准工作时间的工资，同时按照国家关于加班费的有关法律规定足额支付加班费。

第四十九条 确定和调整最低工资标准的因素

确定和调整最低工资标准应当综合参考下列因素：

（一）劳动者本人及平均赡养人口的最低生活费用；

（二）社会平均工资水平；

（三）劳动生产率；

（四）就业状况；

（五）地区之间经济发展水平的差异。

● 法 律

1.《劳动合同法》（2012 年 12 月 28 日）

第 30 条 用人单位应当按照劳动合同约定和国家规定，向劳动者及时足额支付劳动报酬。

用人单位拖欠或者未足额支付劳动报酬的，劳动者可以依法向当地人民法院申请支付令，人民法院应当依法发出支付令。

● 部门规章及文件

2.《最低工资规定》（2004 年 1 月 20 日 劳动和社会保障部令第 21 号）

第 8 条 最低工资标准的确定和调整方案，由省、自治区、直辖市人民政府劳动保障行政部门会同同级工会、企业联合会/企业家协会研究拟订，并将拟订的方案报送劳动保障部。方案内容包括最低工资确定和调整的依据、适用范围、拟订标准和说明。劳动保障部在收到拟订方案后，应征求全国总工会、中国企业联合会/企业家协会的意见。

劳动保障部对方案可以提出修订意见，若在方案收到后 14 日内未提出修订意见的，视为同意。

第 9 条　省、自治区、直辖市劳动保障行政部门应将本地区最低工资标准方案报省、自治区、直辖市人民政府批准，并在批准后 7 日内在当地政府公报上和至少一种全地区性报纸上发布。省、自治区、直辖市劳动保障行政部门应在发布后 10 日内将最低工资标准报劳动保障部。

第 10 条　最低工资标准发布实施后，如本规定第六条所规定的相关因素发生变化，应当适时调整。最低工资标准每两年至少调整一次。

第 11 条　用人单位应在最低工资标准发布后 10 日内将该标准向本单位全体劳动者公示。

第 12 条　在劳动者提供正常劳动的情况下，用人单位应支付给劳动者的工资在剔除下列各项以后，不得低于当地最低工资标准：

（一）延长工作时间工资；

（二）中班、夜班、高温、低温、井下、有毒有害等特殊工作环境、条件下的津贴；

（三）法律、法规和国家规定的劳动者福利待遇等。

实行计件工资或提成工资等工资形式的用人单位，在科学合理的劳动定额基础上，其支付劳动者的工资不得低于相应的最低工资标准。

劳动者由于本人原因造成在法定工作时间内或依法签订的劳动合同约定的工作时间内未提供正常劳动的，不适用于本条规定。

……

附：最低工资标准测算方法

最低工资标准测算方法

一、确定最低工资标准应考虑的因素

确定最低工资标准一般考虑城镇居民生活费用支出、职工个人缴纳社会保险费、住房公积金、职工平均工资、失业率、经济发展水平等因素。可用公式表示为：

M=f（C、S、A、U、E、a）

M 最低工资标准；

C 城镇居民人均生活费用；

S 职工个人缴纳社会保险费、住房公积金；

A 职工平均工资；

U 失业率；

E 经济发展水平；

a 调整因素。

二、确定最低工资标准的通用方法

1. 比重法即根据城镇居民家计调查资料，确定一定比例的最低人均收入户为贫困户，统计出贫困户的人均生活费用支出水平，乘以每一就业者的赡养系数，再加上一个调整数。

2. 恩格尔系数法即根据国家营养学会提供的年度标准食物谱及标准食物摄取量，结合标准食物的市场价格，计算出最低食物支出标准，除以恩格尔系数，得出最低生活费用标准，再乘以每一就业者的赡养系数，再加上一个调整数。

以上方法计算出月最低工资标准后，再考虑职工个人缴纳社会保险费、住房公积金、职工平均工资水平、社会救济金和失业保险金标准、就业状况、经济发展水平等进行必要的修正。

举例：某地区最低收入组人均每月生活费支出为 210 元，每一就业者赡养系数为 1.87，最低食物费用为 127 元，恩格尔系数为 0.604，平均工资为 900 元。

1. 按比重法计算得出该地区月最低工资标准为：

月最低工资标准=210×1.87+a=393+a（元）（1）

2. 按恩格尔系数法计算得出该地区月最低工资标准为：

月最低工资标准=127÷0.604×1.87+a=393+a（元）（2）

公式（1）与（2）中a的调整因素主要考虑当地个人缴纳养老、失业、医疗保险费和住房公积金等费用。

另，按照国际上一般月最低工资标准相当于月平均工资的40—60%，则该地区月最低工资标准范围应在360元—540元之间。

小时最低工资标准=〔（月最低工资标准÷20.92÷8）×（1+单位应当缴纳的基本养老保险费、基本医疗保险费比例之和）〕×（1+浮动系数）

浮动系数的确定主要考虑非全日制就业劳动者工作稳定性、劳动条件和劳动强度、福利等方面与全日制就业人员之间的差异。

各地可参照以上测算办法，根据当地实际情况合理确定月、小时最低工资标准。

第五十条 工资支付形式和不得克扣、拖欠工资

工资应当以货币形式按月支付给劳动者本人。不得克扣或者无故拖欠劳动者的工资。

● 法 律

1.《劳动合同法》（2012年12月28日）

第30条 用人单位应当按照劳动合同约定和国家规定，向劳动者及时足额支付劳动报酬。

用人单位拖欠或者未足额支付劳动报酬的，劳动者可以依法向当地人民法院申请支付令，人民法院应当依法发出支付令。

● 部门规章及文件

2.《关于工资总额组成的规定》(1990 年 1 月 1 日)

第一章　总　　则

第 1 条　为了统一工资总额的计算范围，保证国家对工资进行统一的统计核算和会计核算，有利于编制、检查计划和进行工资管理以及正确地反映职工的工资收入，制定本规定。

第 2 条　全民所有制和集体所有制企业、事业单位，各种合营单位，各级国家机关、政党机关和社会团体，在计划、统计、会计上有关工资总额范围的计算，均应遵守本规定。

第 3 条　工资总额是指各单位在一定时期内直接支付给本单位全部职工的劳动报酬总额。

工资总额的计算应以直接支付给职工的全部劳动报酬为根据。

第二章　工资总额的组成

第 4 条　工资总额由下列 6 个部分组成：

(一) 计时工资；

(二) 计件工资；

(三) 奖金；

(四) 津贴和补贴；

(五) 加班加点工资；

(六) 特殊情况下支付的工资。

第 5 条　计时工资是指按计时工资标准（包括地区生活费补贴）和工作时间支付给个人的劳动报酬。包括：

(一) 对已做工作按计时工资标准支付的工资；

(二) 实行结构工资制的单位支付给职工的基础工资和职务（岗位）工资；

(三) 新参加工作职工的见习工资（学徒的生活费）；

(四) 运动员体育津贴。

第 6 条　计件工资是指对已做工作按计件单价支付的劳动报

酬。包括：

（一）实行超额累进计件、直接无限计件、限额计件、超定额计件等工资制，按劳动部门或主管部门批准的定额和计件单价支付给个人的工资；

（二）按工作任务包干方法支付给个人的工资；

（三）按营业额提成或利润提成办法支付给个人的工资。

第7条　奖金是指支付给职工的超额劳动报酬和增收节支的劳动报酬。包括：

（一）生产奖；

（二）节约奖；

（三）劳动竞赛奖；

（四）机关、事业单位的奖励工资；

（五）其他奖金。

第8条　津贴和补贴是指为了补偿职工特殊或额外的劳动消耗和因其他特殊原因支付给职工的津贴，以及为了保证职工工资水平不受物价影响支付给职工的物价补贴。

（一）津贴。包括：补偿职工特殊或额外劳动消耗的津贴，保健性津贴，技术性津贴，年功性津贴及其他津贴。

（二）物价补贴。包括：为保证职工工资水平不受物价上涨或变动影响而支付的各种补贴。

第9条　加班加点工资是指按规定支付的加班工资和加点工资。

第10条　特殊情况下支付的工资。包括：

（一）根据国家法律、法规和政策规定，因病、工伤、产假、计划生育假、婚丧假、事假、探亲假、定期休假、停工学习、执行国家或社会义务等原因按计时工资标准或计时工资标准的一定比例支付的工资；

（二）附加工资、保留工资。

第三章　工资总额不包括的项目

第11条　下列各项不列入工资总额的范围：

（一）根据国务院发布的有关规定颁发的创造发明奖、自然科学奖、科学技术进步奖和支付的合理化建议和技术改进奖以及支付给运动员、教练员的奖金；

（二）有关劳动保险和职工福利方面的各项费用；

（三）有关离休、退休、退职人员待遇的各项支出；

（四）劳动保护的各项支出；

（五）稿费、讲课费及其他专门工作报酬；

（六）出差伙食补助费、误餐补助、调动工作的旅费和安家费；

（七）对自带工具、牲畜来企业工作职工所支付的工具、牲畜等的补偿费用；

（八）实行租赁经营单位的承租人的风险性补偿收入；

（九）对购买本企业股票和债券的职工所支付的股息（包括股金分红）和利息；

（十）劳动合同制职工解除劳动合同时由企业支付的医疗补助费、生活补助费等；

（十一）因录用临时工而在工资以外向提供劳动力单位支付的手续费或管理费；

（十二）支付给家庭工人的加工费和按加工订货办法支付给承包单位的发包费用；

（十三）支付给参加企业劳动的在校学生的补贴；

（十四）计划生育独生子女补贴。

第12条　前条所列各项按照国家规定另行统计。

第四章　附　　则

第13条　中华人民共和国境内的私营单位、华侨及港、澳、台工商业者经营单位和外商经营单位有关工资总额范围的计算，参照本规定执行。

第14条　本规定由国家统计局负责解释。

第15条　各地区、各部门可依据本规定制定有关工资总额组成的具体范围的规定。

第16条　本规定自发布之日起施行。国务院1955年5月21日批准颁发的《关于工资总额组成的暂行规定》同时废止。

3.《工资支付暂行规定》（1994年12月6日　劳部发〔1994〕489号）

第5条　工资应当以法定货币支付。不得以实物及有价证券替代货币支付。

第6条　用人单位应将工资支付给劳动者本人。劳动者本人因故不能领取工资时，可由其亲属或委托他人代领。

用人单位可委托银行代发工资。

用人单位必须书面记录支付劳动者工资的数额、时间、领取者的姓名以及签字，并保存两年以上备查。用人单位在支付工资时应向劳动者提供一份其个人的工资清单。

第7条　工资必须在用人单位与劳动者约定的日期支付。如遇节假日或休息日，则应提前在最近的工作日支付。工资至少每月支付一次，实行周、日、小时工资制的可按周、日、小时支付工资。

第8条　对完成一次性临时劳动或某项具体工作的劳动者，用人单位应按有关协议或合同规定在其完成劳动任务后即支付工资。

第9条　劳动关系双方依法解除或终止劳动合同时，用人单位应在解除或终止劳动合同时一次付清劳动者工资。

4.《对〈工资支付暂行规定〉有关问题的补充规定》（1995年5月12日　劳部发〔1995〕226号）

三、《规定》第十五条中所称“克扣”系指用人单位无正当理由扣减劳动者应得工资（即在劳动者已提供正常劳动的前提下用人单位按劳动合同规定的标准应当支付给劳动者的全部劳动报酬）。不包括以下减发工资的情况：（1）国家的法律、法规中有明确规定的；（2）依法签订的劳动合同中有明确规定的；（3）用人单位依法制定并经职代会批准的厂规、厂纪中有明确规定的；（4）企业工资总额与经济效益相联系，经济效益下浮时，工资必须下浮的（但支付给劳动者工资不得低于当地最低工资标准）；（5）因劳动者请事假等相应减发工资等。

四、《规定》第十八条所称“无故拖欠”系指用人单位无正当理由超过规定付薪时间未支付劳动者工资。不包括：（1）用人单位遇到非人力所能抗拒的自然灾害、战争等原因、无法按时支付工资；（2）用人单位确因生产经营困难、资金周转受到影响，在征得本单位工会同意后，可暂时延期支付劳动者工资，延期时间的最长限制可由各省、自治区、直辖市劳动行政部门根据各地情况确定。其他情况下拖欠工资均属无故拖欠。

● 案例指引

1. **袁某娥拒不支付劳动报酬案**（最高人民法院发布的八起典型案例之一）①

案例要旨：拒不支付劳动报酬罪主观方面应以逃避支付劳动者的劳动报酬为目的，客观方面表现为以转移财产、逃匿等方法逃避支付劳动者的劳动报酬，或者有能力支付而不支付劳动者的劳动报酬，且拖欠的劳动报酬需达到数额较大，并要以经政府有关部门责令支付仍不支付为前提。

---

① 载最高人民法院网站，http：//gongbao.court.gov.cn/Details/7d60cde02539759680a5337e8176c1.html，2024年11月20日访问。

2. 刘某诉某公司辞退争议纠纷案（山东省人力资源和社会保障厅、山东省劳动人事争议仲裁委员会联合发布2016年度全省劳动人事争议典型案例之六）①

裁判摘要：工作岗位属于劳动合同重要内容，欲调整工作岗位，用人单位和劳动者应当协商一致，不得任意为之。用人单位与劳动者因调整岗位未能协商一致而任意解除劳动合同，属于违法解除劳动合同行为，应当支付赔偿金。

3. 纺织公司与司徒某经济补偿金纠纷案（江门市劳动人事争议仲裁委员会和江门市中级人民法院联合发布2019年劳动人事争议仲裁十大典型案例之一）

裁判摘要：为保障劳动者权益，法律法规规定部分特殊情况下，劳动者可以在不提供劳动的情况下获得劳动报酬或生活费。用人单位非因劳动者原因造成停工停产，且依然要求劳动者定期打卡报到，用人单位仍对劳动者进行人事管理，应支付劳动者停工期间生活费，该生活费并未排除在工资范围之外，应是在特殊情况下支付的属于劳动报酬性质的工资收入。

4. 某公司诉区人民政府不予受理行政复议申请决定（人民法院案例库2023-12-3-016-015）

裁判摘要：劳动保障行政部门限期责令行政相对人向有关劳动者改正所存在的违法行为，意味着劳动保障行政部门认定行政相对人与劳动者之间存在劳动关系，并基于劳动关系指令用人单位改正违法行为，同时告知行政相对人若拒不履行限期整改的内容，将对其进行行政处罚。从涉案《劳动保障监察限期整改指令书》内容来看，被约束对象是特定的，并指出不履行的后果，对某公司设定了义务，对其权利义务产生了实际影响，可以认定涉案《劳动保障监察限期整改指令书》对某公司直接产生了法律效果。涉案《劳动保

---

① 载山东省人力资源和社会保障厅网站，http://hrss.shandong.gov.cn/articles/ch00444/201612/59847.shtml，2024年11月20日访问。

障监察限期整改指令书》呈外部性和最终性，是具有权利义务影响性和成熟性的行政行为，不符合内部性、非正式性、未完成性等过程性行政行为的特点，对行政相对人权利义务产生实际影响，属于行政复议的受理范围。

第五十一条　法定休假日等的工资支付

劳动者在法定休假日和婚丧假期间以及依法参加社会活动期间，用人单位应当依法支付工资。

● 部门规章及文件

《工资支付暂行规定》（1994 年 12 月 6 日　劳部发〔1994〕489 号）

第 10 条　劳动者在法定工作时间内依法参加社会活动期间，用人单位应视同其提供了正常劳动而支付工资。社会活动包括：依法行使选举权或被选举权；当选代表出席乡（镇）、区以上政府、党派、工会、青年团、妇女联合会等组织召开的会议；出任人民法庭证明人；出席劳动模范、先进工作者大会；《工会法》规定的不脱产工会基层委员会委员因工会活动占用的生产或工作时间；其他依法参加的社会活动。

第 11 条　劳动者依法享受年休假、探亲假、婚假、丧假期间，用人单位应按劳动合同规定的标准支付劳动者工资。

第六章　劳动安全卫生

第五十二条　劳动安全卫生制度的建立

用人单位必须建立、健全劳动安全卫生制度，严格执行国家劳动安全卫生规程和标准，对劳动者进行劳动安全卫生教育，防止劳动过程中的事故，减少职业危害。

● 行政法规及文件

1.《生产安全事故应急条例》（2019 年 2 月 17 日）

第 4 条　生产经营单位应当加强生产安全事故应急工作，建立、健全生产安全事故应急工作责任制，其主要负责人对本单位的生产安全事故应急工作全面负责。

第 5 条　县级以上人民政府及其负有安全生产监督管理职责的部门和乡、镇人民政府以及街道办事处等地方人民政府派出机关，应当针对可能发生的生产安全事故的特点和危害，进行风险辨识和评估，制定相应的生产安全事故应急救援预案，并依法向社会公布。

生产经营单位应当针对本单位可能发生的生产安全事故的特点和危害，进行风险辨识和评估，制定相应的生产安全事故应急救援预案，并向本单位从业人员公布。

第 14 条　下列单位应当建立应急值班制度，配备应急值班人员：

（一）县级以上人民政府及其负有安全生产监督管理职责的部门；

（二）危险物品的生产、经营、储存、运输单位以及矿山、金属冶炼、城市轨道交通运营、建筑施工单位；

（三）应急救援队伍。

规模较大、危险性较高的易燃易爆物品、危险化学品等危险物品的生产、经营、储存、运输单位应当成立应急处置技术组，实行 24 小时应急值班。

第 15 条　生产经营单位应当对从业人员进行应急教育和培训，保证从业人员具备必要的应急知识，掌握风险防范技能和事故应急措施。

第 30 条　生产经营单位未制定生产安全事故应急救援预案、未定期组织应急救援预案演练、未对从业人员进行应急教育和培训，生产经营单位的主要负责人在本单位发生生产安全事故时不立即组织抢救的，由县级以上人民政府负有安全生产监督管理职责的部门依照《中华人民共和国安全生产法》有关规定追究法律责任。

第31条 生产经营单位未对应急救援器材、设备和物资进行经常性维护、保养，导致发生严重生产安全事故或者生产安全事故危害扩大，或者在本单位发生生产安全事故后未立即采取相应的应急救援措施，造成严重后果的，由县级以上人民政府负有安全生产监督管理职责的部门依照《中华人民共和国突发事件应对法》有关规定追究法律责任。

第32条 生产经营单位未将生产安全事故应急救援预案报送备案、未建立应急值班制度或者配备应急值班人员的，由县级以上人民政府负有安全生产监督管理职责的部门责令限期改正；逾期未改正的，处3万元以上5万元以下的罚款，对直接负责的主管人员和其他直接责任人员处1万元以上2万元以下的罚款。

● 部门规章及文件

2.《生产经营单位安全培训规定》（2015年5月29日　国家安全生产监管总局令第80号）

第3条 生产经营单位负责本单位从业人员安全培训工作。

生产经营单位应当按照安全生产法和有关法律、行政法规和本规定，建立健全安全培训工作制度。

第4条 生产经营单位应当进行安全培训的从业人员包括主要负责人、安全生产管理人员、特种作业人员和其他从业人员。

生产经营单位使用被派遣劳动者的，应当将被派遣劳动者纳入本单位从业人员统一管理，对被派遣劳动者进行岗位安全操作规程和安全操作技能的教育和培训。劳务派遣单位应当对被派遣劳动者进行必要的安全生产教育和培训。

生产经营单位接收中等职业学校、高等学校学生实习的，应当对实习学生进行相应的安全生产教育和培训，提供必要的劳动防护用品。学校应当协助生产经营单位对实习学生进行安全生产教育和培训。

生产经营单位从业人员应当接受安全培训，熟悉有关安全生产规章制度和安全操作规程，具备必要的安全生产知识，掌握本岗位的安全操作技能，了解事故应急处理措施，知悉自身在安全生产方面的权利和义务。

未经安全培训合格的从业人员，不得上岗作业。

3.《煤矿安全培训规定》（2018年1月11日　国家安全生产监督管理总局令第92号）

第4条　煤矿企业是安全培训的责任主体，应当依法对从业人员进行安全生产教育和培训，提高从业人员的安全生产意识和能力。

煤矿企业主要负责人对本企业从业人员安全培训工作全面负责。

第6条　煤矿企业应当建立完善安全培训管理制度，制定年度安全培训计划，明确负责安全培训工作的机构，配备专职或者兼职安全培训管理人员，按照国家规定的比例提取教育培训经费。其中，用于安全培训的资金不得低于教育培训经费总额的百分之四十。

第五十三条　劳动安全卫生设施

劳动安全卫生设施必须符合国家规定的标准。

新建、改建、扩建工程的劳动安全卫生设施必须与主体工程同时设计、同时施工、同时投入生产和使用。

● 法　律

1.《安全生产法》(2021 年 6 月 10 日)

第 1 条　为了加强安全生产工作，防止和减少生产安全事故，保障人民群众生命和财产安全，促进经济社会持续健康发展，制定本法。

第 2 条　在中华人民共和国领域内从事生产经营活动的单位（以下统称生产经营单位）的安全生产，适用本法；有关法律、行政法规对消防安全和道路交通安全、铁路交通安全、水上交通安全、民用航空安全以及核与辐射安全、特种设备安全另有规定的，适用其规定。

第 3 条　安全生产工作坚持中国共产党的领导。

安全生产工作应当以人为本，坚持人民至上、生命至上，把保护人民生命安全摆在首位，树牢安全发展理念，坚持安全第一、预防为主、综合治理的方针，从源头上防范化解重大安全风险。

安全生产工作实行管行业必须管安全、管业务必须管安全、管生产经营必须管安全，强化和落实生产经营单位主体责任与政府监管责任，建立生产经营单位负责、职工参与、政府监管、行业自律和社会监督的机制。

第 4 条　生产经营单位必须遵守本法和其他有关安全生产的法律、法规，加强安全生产管理，建立健全全员安全生产责任制和安全生产规章制度，加大对安全生产资金、物资、技术、人员的投入保障力度，改善安全生产条件，加强安全生产标准化、信息化建设，构建安全风险分级管控和隐患排查治理双重预防机制，健全风险防范化解机制，提高安全生产水平，确保安全生产。

平台经济等新兴行业、领域的生产经营单位应当根据本行业、领域的特点，建立健全并落实全员安全生产责任制，加强从业人员安全生产教育和培训，履行本法和其他法律、法规规定的有关安全生产义务。

第5条　生产经营单位的主要负责人是本单位安全生产第一责任人，对本单位的安全生产工作全面负责。其他负责人对职责范围内的安全生产工作负责。

第6条　生产经营单位的从业人员有依法获得安全生产保障的权利，并应当依法履行安全生产方面的义务。

第7条　工会依法对安全生产工作进行监督。

生产经营单位的工会依法组织职工参加本单位安全生产工作的民主管理和民主监督，维护职工在安全生产方面的合法权益。生产经营单位制定或者修改有关安全生产的规章制度，应当听取工会的意见。

第8条　国务院和县级以上地方各级人民政府应当根据国民经济和社会发展规划制定安全生产规划，并组织实施。安全生产规划应当与国土空间规划等相关规划相衔接。

各级人民政府应当加强安全生产基础设施建设和安全生产监管能力建设，所需经费列入本级预算。

县级以上地方各级人民政府应当组织有关部门建立完善安全风险评估与论证机制，按照安全风险管控要求，进行产业规划和空间布局，并对位置相邻、行业相近、业态相似的生产经营单位实施重大安全风险联防联控。

第9条　国务院和县级以上地方各级人民政府应当加强对安全生产工作的领导，建立健全安全生产工作协调机制，支持、督促各有关部门依法履行安全生产监督管理职责，及时协调、解决安全生产监督管理中存在的重大问题。

乡镇人民政府和街道办事处，以及开发区、工业园区、港区、风景区等应当明确负责安全生产监督管理的有关工作机构及其职责，加强安全生产监管力量建设，按照职责对本行政区域或者管理区域内生产经营单位安全生产状况进行监督检查，协助人民政府有关部门或者按照授权依法履行安全生产监督管理职责。

第10条 国务院应急管理部门依照本法，对全国安全生产工作实施综合监督管理；县级以上地方各级人民政府应急管理部门依照本法，对本行政区域内安全生产工作实施综合监督管理。

国务院交通运输、住房和城乡建设、水利、民航等有关部门依照本法和其他有关法律、行政法规的规定，在各自的职责范围内对有关行业、领域的安全生产工作实施监督管理；县级以上地方各级人民政府有关部门依照本法和其他有关法律、法规的规定，在各自的职责范围内对有关行业、领域的安全生产工作实施监督管理。对新兴行业、领域的安全生产监督管理职责不明确的，由县级以上地方各级人民政府按照业务相近的原则确定监督管理部门。

应急管理部门和对有关行业、领域的安全生产工作实施监督管理的部门，统称负有安全生产监督管理职责的部门。负有安全生产监督管理职责的部门应当相互配合、齐抓共管、信息共享、资源共用，依法加强安全生产监督管理工作。

第11条 国务院有关部门应当按照保障安全生产的要求，依法及时制定有关的国家标准或者行业标准，并根据科技进步和经济发展适时修订。

生产经营单位必须执行依法制定的保障安全生产的国家标准或者行业标准。

第12条 国务院有关部门按照职责分工负责安全生产强制性国家标准的项目提出、组织起草、征求意见、技术审查。国务院应急管理部门统筹提出安全生产强制性国家标准的立项计划。国务院标准化行政主管部门负责安全生产强制性国家标准的立项、编号、对外通报和授权批准发布工作。国务院标准化行政主管部门、有关部门依据法定职责对安全生产强制性国家标准的实施进行监督检查。

第13条　各级人民政府及其有关部门应当采取多种形式，加强对有关安全生产的法律、法规和安全生产知识的宣传，增强全社会的安全生产意识。

第14条　有关协会组织依照法律、行政法规和章程，为生产经营单位提供安全生产方面的信息、培训等服务，发挥自律作用，促进生产经营单位加强安全生产管理。

第15条　依法设立的为安全生产提供技术、管理服务的机构，依照法律、行政法规和执业准则，接受生产经营单位的委托为其安全生产工作提供技术、管理服务。

生产经营单位委托前款规定的机构提供安全生产技术、管理服务的，保证安全生产的责任仍由本单位负责。

第16条　国家实行生产安全事故责任追究制度，依照本法和有关法律、法规的规定，追究生产安全事故责任单位和责任人员的法律责任。

第17条　县级以上各级人民政府应当组织负有安全生产监督管理职责的部门依法编制安全生产权力和责任清单，公开并接受社会监督。

第18条　国家鼓励和支持安全生产科学技术研究和安全生产先进技术的推广应用，提高安全生产水平。

2.《职业病防治法》（2018年12月29日）

第14条　用人单位应当依照法律、法规要求，严格遵守国家职业卫生标准，落实职业病预防措施，从源头上控制和消除职业病危害。

第15条　产生职业病危害的用人单位的设立除应当符合法律、行政法规规定的设立条件外，其工作场所还应当符合下列职业卫生要求：

（一）职业病危害因素的强度或者浓度符合国家职业卫生

标准；

（二）有与职业病危害防护相适应的设施；

（三）生产布局合理，符合有害与无害作业分开的原则；

（四）有配套的更衣间、洗浴间、孕妇休息间等卫生设施；

（五）设备、工具、用具等设施符合保护劳动者生理、心理健康的要求；

（六）法律、行政法规和国务院卫生行政部门关于保护劳动者健康的其他要求。

第16条　国家建立职业病危害项目申报制度。

用人单位工作场所存在职业病目录所列职业病的危害因素的，应当及时、如实向所在地卫生行政部门申报危害项目，接受监督。

职业病危害因素分类目录由国务院卫生行政部门制定、调整并公布。职业病危害项目申报的具体办法由国务院卫生行政部门制定。

第17条　新建、扩建、改建建设项目和技术改造、技术引进项目（以下统称建设项目）可能产生职业病危害的，建设单位在可行性论证阶段应当进行职业病危害预评价。

医疗机构建设项目可能产生放射性职业病危害的，建设单位应当向卫生行政部门提交放射性职业病危害预评价报告。卫生行政部门应当自收到预评价报告之日起三十日内，作出审核决定并书面通知建设单位。未提交预评价报告或者预评价报告未经卫生行政部门审核同意的，不得开工建设。

职业病危害预评价报告应当对建设项目可能产生的职业病危害因素及其对工作场所和劳动者健康的影响作出评价，确定危害类别和职业病防护措施。

建设项目职业病危害分类管理办法由国务院卫生行政部门制定。

第18条　建设项目的职业病防护设施所需费用应当纳入建设项目工程预算，并与主体工程同时设计，同时施工，同时投入生产和使用。

建设项目的职业病防护设施设计应当符合国家职业卫生标准和卫生要求；其中，医疗机构放射性职业病危害严重的建设项目的防护设施设计，应当经卫生行政部门审查同意后，方可施工。

建设项目在竣工验收前，建设单位应当进行职业病危害控制效果评价。

医疗机构可能产生放射性职业病危害的建设项目竣工验收时，其放射性职业病防护设施经卫生行政部门验收合格后，方可投入使用；其他建设项目的职业病防护设施应当由建设单位负责依法组织验收，验收合格后，方可投入生产和使用。卫生行政部门应当加强对建设单位组织的验收活动和验收结果的监督核查。

第19条　国家对从事放射性、高毒、高危粉尘等作业实行特殊管理。具体管理办法由国务院制定。

第三章　劳动过程中的防护与管理

第20条　用人单位应当采取下列职业病防治管理措施：

(一) 设置或者指定职业卫生管理机构或者组织，配备专职或者兼职的职业卫生管理人员，负责本单位的职业病防治工作；

(二) 制定职业病防治计划和实施方案；

(三) 建立、健全职业卫生管理制度和操作规程；

(四) 建立、健全职业卫生档案和劳动者健康监护档案；

(五) 建立、健全工作场所职业病危害因素监测及评价制度；

(六) 建立、健全职业病危害事故应急救援预案。

第21条　用人单位应当保障职业病防治所需的资金投入，不得挤占、挪用，并对因资金投入不足导致的后果承担责任。

第22条　用人单位必须采用有效的职业病防护设施，并为劳动者提供个人使用的职业病防护用品。

用人单位为劳动者个人提供的职业病防护用品必须符合防治职业病的要求；不符合要求的，不得使用。

第 23 条 用人单位应当优先采用有利于防治职业病和保护劳动者健康的新技术、新工艺、新设备、新材料，逐步替代职业病危害严重的技术、工艺、设备、材料。

第 24 条 产生职业病危害的用人单位，应当在醒目位置设置公告栏，公布有关职业病防治的规章制度、操作规程、职业病危害事故应急救援措施和工作场所职业病危害因素检测结果。

对产生严重职业病危害的作业岗位，应当在其醒目位置，设置警示标识和中文警示说明。警示说明应当载明产生职业病危害的种类、后果、预防以及应急救治措施等内容。

第 25 条 对可能发生急性职业损伤的有毒、有害工作场所，用人单位应当设置报警装置，配置现场急救用品、冲洗设备、应急撤离通道和必要的泄险区。

对放射工作场所和放射性同位素的运输、贮存，用人单位必须配置防护设备和报警装置，保证接触放射线的工作人员佩戴个人剂量计。

对职业病防护设备、应急救援设施和个人使用的职业病防护用品，用人单位应当进行经常性的维护、检修，定期检测其性能和效果，确保其处于正常状态，不得擅自拆除或者停止使用。

第 26 条 用人单位应当实施由专人负责的职业病危害因素日常监测，并确保监测系统处于正常运行状态。

用人单位应当按照国务院卫生行政部门的规定，定期对工作场所进行职业病危害因素检测、评价。检测、评价结果存入用人单位职业卫生档案，定期向所在地卫生行政部门报告并向劳动者公布。

职业病危害因素检测、评价由依法设立的取得国务院卫生行政部门或者设区的市级以上地方人民政府卫生行政部门按照职责分工给予资质认可的职业卫生技术服务机构进行。职业卫生技术服务机构所作检测、评价应当客观、真实。

发现工作场所职业病危害因素不符合国家职业卫生标准和卫生要求时，用人单位应当立即采取相应治理措施，仍然达不到国家职业卫生标准和卫生要求的，必须停止存在职业病危害因素的作业；职业病危害因素经治理后，符合国家职业卫生标准和卫生要求的，方可重新作业。

第 27 条　职业卫生技术服务机构依法从事职业病危害因素检测、评价工作，接受卫生行政部门的监督检查。卫生行政部门应当依法履行监督职责。

第 28 条　向用人单位提供可能产生职业病危害的设备的，应当提供中文说明书，并在设备的醒目位置设置警示标识和中文警示说明。警示说明应当载明设备性能、可能产生的职业病危害、安全操作和维护注意事项、职业病防护以及应急救治措施等内容。

第 29 条　向用人单位提供可能产生职业病危害的化学品、放射性同位素和含有放射性物质的材料的，应当提供中文说明书。说明书应当载明产品特性、主要成份、存在的有害因素、可能产生的危害后果、安全使用注意事项、职业病防护以及应急救治措施等内容。产品包装应当有醒目的警示标识和中文警示说明。贮存上述材料的场所应当在规定的部位设置危险物品标识或者放射性警示标识。

国内首次使用或者首次进口与职业病危害有关的化学材料，使用单位或者进口单位按照国家规定经国务院有关部门批准后，应当向国务院卫生行政部门报送该化学材料的毒性鉴定以及经有关部门登记注册或者批准进口的文件等资料。

进口放射性同位素、射线装置和含有放射性物质的物品的，按照国家有关规定办理。

第30条　任何单位和个人不得生产、经营、进口和使用国家明令禁止使用的可能产生职业病危害的设备或者材料。

第31条　任何单位和个人不得将产生职业病危害的作业转移给不具备职业病防护条件的单位和个人。不具备职业病防护条件的单位和个人不得接受产生职业病危害的作业。

第32条　用人单位对采用的技术、工艺、设备、材料，应当知悉其产生的职业病危害，对有职业病危害的技术、工艺、设备、材料隐瞒其危害而采用的，对所造成的职业病危害后果承担责任。

第33条　用人单位与劳动者订立劳动合同（含聘用合同，下同）时，应当将工作过程中可能产生的职业病危害及其后果、职业病防护措施和待遇等如实告知劳动者，并在劳动合同中写明，不得隐瞒或者欺骗。

劳动者在已订立劳动合同期间因工作岗位或者工作内容变更，从事与所订立劳动合同中未告知的存在职业病危害的作业时，用人单位应当依照前款规定，向劳动者履行如实告知的义务，并协商变更原劳动合同相关条款。

用人单位违反前两款规定的，劳动者有权拒绝从事存在职业病危害的作业，用人单位不得因此解除与劳动者所订立的劳动合同。

第34条　用人单位的主要负责人和职业卫生管理人员应当接受职业卫生培训，遵守职业病防治法律、法规，依法组织本单位的职业病防治工作。

用人单位应当对劳动者进行上岗前的职业卫生培训和在岗期间的定期职业卫生培训，普及职业卫生知识，督促劳动者遵守职业病防治法律、法规、规章和操作规程，指导劳动者正确使用职业病防护设备和个人使用的职业病防护用品。

劳动者应当学习和掌握相关的职业卫生知识，增强职业病防范意识，遵守职业病防治法律、法规、规章和操作规程，正确使用、维护职业病防护设备和个人使用的职业病防护用品，发现职业病危害事故隐患应当及时报告。

劳动者不履行前款规定义务的，用人单位应当对其进行教育。

第 35 条　对从事接触职业病危害的作业的劳动者，用人单位应当按照国务院卫生行政部门的规定组织上岗前、在岗期间和离岗时的职业健康检查，并将检查结果书面告知劳动者。职业健康检查费用由用人单位承担。

用人单位不得安排未经上岗前职业健康检查的劳动者从事接触职业病危害的作业；不得安排有职业禁忌的劳动者从事其所禁忌的作业；对在职业健康检查中发现有与所从事的职业相关的健康损害的劳动者，应当调离原工作岗位，并妥善安置；对未进行离岗前职业健康检查的劳动者不得解除或者终止与其订立的劳动合同。

职业健康检查应当由取得《医疗机构执业许可证》的医疗卫生机构承担。卫生行政部门应当加强对职业健康检查工作的规范管理，具体管理办法由国务院卫生行政部门制定。

第 36 条　用人单位应当为劳动者建立职业健康监护档案，并按照规定的期限妥善保存。

职业健康监护档案应当包括劳动者的职业史、职业病危害接触史、职业健康检查结果和职业病诊疗等有关个人健康资料。

劳动者离开用人单位时，有权索取本人职业健康监护档案复印件，用人单位应当如实、无偿提供，并在所提供的复印件上签章。

第 37 条　发生或者可能发生急性职业病危害事故时，用人单位应当立即采取应急救援和控制措施，并及时报告所在地卫生行政部门和有关部门。卫生行政部门接到报告后，应当及时会同有关部门组织调查处理；必要时，可以采取临时控制措施。卫生行政部门应当组织做好医疗救治工作。

对遭受或者可能遭受急性职业病危害的劳动者，用人单位应当及时组织救治、进行健康检查和医学观察，所需费用由用人单位承担。

第38条　用人单位不得安排未成年工从事接触职业病危害的作业；不得安排孕期、哺乳期的女职工从事对本人和胎儿、婴儿有危害的作业。

第39条　劳动者享有下列职业卫生保护权利：

（一）获得职业卫生教育、培训；

（二）获得职业健康检查、职业病诊疗、康复等职业病防治服务；

（三）了解工作场所产生或者可能产生的职业病危害因素、危害后果和应当采取的职业病防护措施；

（四）要求用人单位提供符合防治职业病要求的职业病防护设施和个人使用的职业病防护用品，改善工作条件；

（五）对违反职业病防治法律、法规以及危及生命健康的行为提出批评、检举和控告；

（六）拒绝违章指挥和强令进行没有职业病防护措施的作业；

（七）参与用人单位职业卫生工作的民主管理，对职业病防治工作提出意见和建议。

用人单位应当保障劳动者行使前款所列权利。因劳动者依法行使正当权利而降低其工资、福利等待遇或者解除、终止与其订立的劳动合同的，其行为无效。

第40条　工会组织应当督促并协助用人单位开展职业卫生宣传教育和培训，有权对用人单位的职业病防治工作提出意见和建议，依法代表劳动者与用人单位签订劳动安全卫生专项集体合同，与用人单位就劳动者反映的有关职业病防治的问题进行协调并督促解决。

工会组织对用人单位违反职业病防治法律、法规，侵犯劳动者合法权益的行为，有权要求纠正；产生严重职业病危害时，有权要求采取防护措施，或者向政府有关部门建议采取强制性措施；发生职业病危害事故时，有权参与事故调查处理；发现危及劳动者生命健康的情形时，有权向用人单位建议组织劳动者撤离危险现场，用人单位应当立即作出处理。

第41条 用人单位按照职业病防治要求，用于预防和治理职业病危害、工作场所卫生检测、健康监护和职业卫生培训等费用，按照国家有关规定，在生产成本中据实列支。

第42条 职业卫生监督管理部门应当按照职责分工，加强对用人单位落实职业病防护管理措施情况的监督检查，依法行使职权，承担责任。

● 行政法规及文件

3.《尘肺病防治条例》（1987年12月3日）

第二章 防 尘

第7条 凡有粉尘作业的企业、事业单位应采取综合防尘措施和无尘或低尘的新技术、新工艺、新设备，使作业场所的粉尘浓度不超过国家卫生标准。

第8条 尘肺病诊断标准由卫生行政部门制定，粉尘浓度卫生标准由卫生行政部门会同劳动等有关部门联合制定。

第9条 防尘设施的鉴定和定型制度，由劳动部门会同卫生行政部门制定。任何企业、事业单位除特殊情况外，未经上级主管部门批准，不得停止运行或者拆除防尘设施。

第10条 防尘经费应当纳入基本建设和技术改造经费计划，专款专用，不得挪用。

第11条 严禁任何企业、事业单位将粉尘作业转嫁、外包或以联营的形式给没有防尘设施的乡镇、街道企业或个体工商户。

中、小学校各类校办的实习工厂或车间，禁止从事有粉尘的作业。

第12条　职工使用的防止粉尘危害的防护用品，必须符合国家的有关标准。企业、事业单位应当建立严格的管理制度，并教育职工按规定和要求使用。

对初次从事粉尘作业的职工，由其所在单位进行防尘知识教育和考核，考试合格后方可从事粉尘作业。

不满十八周岁的未成年人，禁止从事粉尘作业。

第13条　新建、改建、扩建、续建有粉尘作业的工程项目，防尘设施必须与主体工程同时设计、同时施工、同时投产。设计任务书，必须经当地卫生行政部门、劳动部门和工会组织审查同意后，方可施工。竣工验收，应由当地卫生行政部门、劳动部门和工会组织参加，凡不符合要求的，不得投产。

第14条　作业场所的粉尘浓度超过国家卫生标准，又未积极治理，严重影响职工安全健康时，职工有权拒绝操作。

第三章　监督和监测

第15条　卫生行政部门、劳动部门和工会组织分工协作，互相配合，对企业、事业单位的尘肺病防治工作进行监督。

第16条　卫生行政部门负责卫生标准的监测；劳动部门负责劳动卫生工程技术标准的监测。

工会组织负责组织职工群众对本单位的尘肺病防治工作进行监督，并教育职工遵守操作规程与防尘制度。

第17条　凡有粉尘作业的企业、事业单位，必须定期测定作业场所的粉尘浓度。测尘结果必须向主管部门和当地卫生行政部门、劳动部门和工会组织报告，并定期向职工公布。

从事粉尘作业的单位必须建立测尘资料档案。

第18条　卫生行政部门和劳动部门，要对从事粉尘作业的企业、事业单位的测尘机构加强业务指导，并对测尘人员加强业务指导和技术培训。

第四章　健康管理

第19条　各企业、事业单位对新从事粉尘作业的职工，必须进行健康检查。对在职和离职的从事粉尘作业的职工，必须定期进行健康检查。检查的内容、期限和尘肺病诊断标准，按卫生行政部门有关职业病管理的规定执行。

第20条　各企业、事业单位必须贯彻执行职业病报告制度，按期向当地卫生行政部门、劳动部门、工会组织和本单位的主管部门报告职工尘肺病发生和死亡情况。

第21条　各企业、事业单位对已确诊为尘肺病的职工，必须调离粉尘作业岗位，并给予治疗或疗养。尘肺病患者的社会保险待遇，按国家有关规定办理。

4.《煤矿安全生产条例》（2024年1月24日）

第36条　煤矿企业有下列情形之一的，属于重大事故隐患，应当立即停止受影响区域生产、建设，并及时消除事故隐患：

（一）超能力、超强度或者超定员组织生产的；

（二）瓦斯超限作业的；

（三）煤（岩）与瓦斯（二氧化碳）突出矿井未按照规定实施防突措施的；

（四）煤（岩）与瓦斯（二氧化碳）突出矿井、高瓦斯矿井未按照规定建立瓦斯抽采系统，或者系统不能正常运行的；

（五）通风系统不完善、不可靠的；

（六）超层、越界开采的；

（七）有严重水患，未采取有效措施的；

（八）有冲击地压危险，未采取有效措施的；

（九）自然发火严重，未采取有效措施的；

（十）使用应当淘汰的危及生产安全的设备、工艺的；

（十一）未按照规定建立监控与通讯系统，或者系统不能正常运行的；

（十二）露天煤矿边坡角大于设计最大值或者边坡发生严重变形，未采取有效措施的；

（十三）未按照规定采用双回路供电系统的；

（十四）新建煤矿边建设边生产，煤矿改扩建期间，在改扩建的区域生产，或者在其他区域的生产超出设计规定的范围和规模的；

（十五）实行整体承包生产经营后，未重新取得或者及时变更安全生产许可证而从事生产，或者承包方再次转包，以及将井下采掘工作面和井巷维修作业外包的；

（十六）改制、合并、分立期间，未明确安全生产责任人和安全生产管理机构，或者在完成改制、合并、分立后，未重新取得或者及时变更安全生产许可证等的；

（十七）有其他重大事故隐患的。

5. **《安全生产许可证条例》**（2014 年 7 月 29 日）

第 2 条 国家对矿山企业、建筑施工企业和危险化学品、烟花爆竹、民用爆炸物品生产企业（以下统称企业）实行安全生产许可制度。企业未取得安全生产许可证的，不得从事生产活动。

第 6 条 企业取得安全生产许可证，应当具备下列安全生产条件：

（一）建立、健全安全生产责任制，制定完备的安全生产规章制度和操作规程；

（二）安全投入符合安全生产要求；

（三）设置安全生产管理机构，配备专职安全生产管理人员；

（四）主要负责人和安全生产管理人员经考核合格；

（五）特种作业人员经有关业务主管部门考核合格，取得特种作业操作资格证书；

（六）从业人员经安全生产教育和培训合格；

（七）依法参加工伤保险，为从业人员缴纳保险费；

（八）厂房、作业场所和安全设施、设备、工艺符合有关安全生产法律、法规、标准和规程的要求；

（九）有职业危害防治措施，并为从业人员配备符合国家标准或者行业标准的劳动防护用品；

（十）依法进行安全评价；

（十一）有重大危险源检测、评估、监控措施和应急预案；

（十二）有生产安全事故应急救援预案、应急救援组织或者应急救援人员，配备必要的应急救援器材、设备；

（十三）法律、法规规定的其他条件。

第五十四条 用人单位的劳动保护义务

用人单位必须为劳动者提供符合国家规定的劳动安全卫生条件和必要的劳动防护用品，对从事有职业危害作业的劳动者应当定期进行健康检查。

● 法 律

1. 《安全生产法》（2021 年 6 月 10 日）

第二章 生产经营单位的安全生产保障

第 20 条 生产经营单位应当具备本法和有关法律、行政法规和国家标准或者行业标准规定的安全生产条件；不具备安全生产条件的，不得从事生产经营活动。

第 21 条 生产经营单位的主要负责人对本单位安全生产工作负有下列职责：

（一）建立健全并落实本单位全员安全生产责任制，加强安全生产标准化建设；

（二）组织制定并实施本单位安全生产规章制度和操作规程；

（三）组织制定并实施本单位安全生产教育和培训计划；

（四）保证本单位安全生产投入的有效实施；

（五）组织建立并落实安全风险分级管控和隐患排查治理双重预防工作机制，督促、检查本单位的安全生产工作，及时消除生产安全事故隐患；

（六）组织制定并实施本单位的生产安全事故应急救援预案；

（七）及时、如实报告生产安全事故。

第22条 生产经营单位的全员安全生产责任制应当明确各岗位的责任人员、责任范围和考核标准等内容。

生产经营单位应当建立相应的机制，加强对全员安全生产责任制落实情况的监督考核，保证全员安全生产责任制的落实。

第23条 生产经营单位应当具备的安全生产条件所必需的资金投入，由生产经营单位的决策机构、主要负责人或者个人经营的投资人予以保证，并对由于安全生产所必需的资金投入不足导致的后果承担责任。

有关生产经营单位应当按照规定提取和使用安全生产费用，专门用于改善安全生产条件。安全生产费用在成本中据实列支。安全生产费用提取、使用和监督管理的具体办法由国务院财政部门会同国务院应急管理部门征求国务院有关部门意见后制定。

第24条 矿山、金属冶炼、建筑施工、运输单位和危险物品的生产、经营、储存、装卸单位，应当设置安全生产管理机构或者配备专职安全生产管理人员。

前款规定以外的其他生产经营单位，从业人员超过一百人的，应当设置安全生产管理机构或者配备专职安全生产管理人员；从业人员在一百人以下的，应当配备专职或者兼职的安全生产管理人员。

第25条 生产经营单位的安全生产管理机构以及安全生产

管理人员履行下列职责：

（一）组织或者参与拟订本单位安全生产规章制度、操作规程和生产安全事故应急救援预案；

（二）组织或者参与本单位安全生产教育和培训，如实记录安全生产教育和培训情况；

（三）组织开展危险源辨识和评估，督促落实本单位重大危险源的安全管理措施；

（四）组织或者参与本单位应急救援演练；

（五）检查本单位的安全生产状况，及时排查生产安全事故隐患，提出改进安全生产管理的建议；

（六）制止和纠正违章指挥、强令冒险作业、违反操作规程的行为；

（七）督促落实本单位安全生产整改措施。

生产经营单位可以设置专职安全生产分管负责人，协助本单位主要负责人履行安全生产管理职责。

第 26 条　生产经营单位的安全生产管理机构以及安全生产管理人员应当恪尽职守，依法履行职责。

生产经营单位作出涉及安全生产的经营决策，应当听取安全生产管理机构以及安全生产管理人员的意见。

生产经营单位不得因安全生产管理人员依法履行职责而降低其工资、福利等待遇或者解除与其订立的劳动合同。

危险物品的生产、储存单位以及矿山、金属冶炼单位的安全生产管理人员的任免，应当告知主管的负有安全生产监督管理职责的部门。

第 27 条　生产经营单位的主要负责人和安全生产管理人员必须具备与本单位所从事的生产经营活动相应的安全生产知识和管理能力。

危险物品的生产、经营、储存、装卸单位以及矿山、金属冶炼、建筑施工、运输单位的主要负责人和安全生产管理人员，应当由主管的负有安全生产监督管理职责的部门对其安全生产知识和管理能力考核合格。考核不得收费。

危险物品的生产、储存、装卸单位以及矿山、金属冶炼单位应当有注册安全工程师从事安全生产管理工作。鼓励其他生产经营单位聘用注册安全工程师从事安全生产管理工作。注册安全工程师按专业分类管理，具体办法由国务院人力资源和社会保障部门、国务院应急管理部门会同国务院有关部门制定。

第 28 条　生产经营单位应当对从业人员进行安全生产教育和培训，保证从业人员具备必要的安全生产知识，熟悉有关的安全生产规章制度和安全操作规程，掌握本岗位的安全操作技能，了解事故应急处理措施，知悉自身在安全生产方面的权利和义务。未经安全生产教育和培训合格的从业人员，不得上岗作业。

生产经营单位使用被派遣劳动者的，应当将被派遣劳动者纳入本单位从业人员统一管理，对被派遣劳动者进行岗位安全操作规程和安全操作技能的教育和培训。劳务派遣单位应当对被派遣劳动者进行必要的安全生产教育和培训。

生产经营单位接收中等职业学校、高等学校学生实习的，应当对实习学生进行相应的安全生产教育和培训，提供必要的劳动防护用品。学校应当协助生产经营单位对实习学生进行安全生产教育和培训。

生产经营单位应当建立安全生产教育和培训档案，如实记录安全生产教育和培训的时间、内容、参加人员以及考核结果等情况。

第 29 条　生产经营单位采用新工艺、新技术、新材料或者使用新设备，必须了解、掌握其安全技术特性，采取有效的安全防护措施，并对从业人员进行专门的安全生产教育和培训。

第 30 条　生产经营单位的特种作业人员必须按照国家有关

规定经专门的安全作业培训，取得相应资格，方可上岗作业。

特种作业人员的范围由国务院应急管理部门会同国务院有关部门确定。

第31条　生产经营单位新建、改建、扩建工程项目（以下统称建设项目）的安全设施，必须与主体工程同时设计、同时施工、同时投入生产和使用。安全设施投资应当纳入建设项目概算。

第32条　矿山、金属冶炼建设项目和用于生产、储存、装卸危险物品的建设项目，应当按照国家有关规定进行安全评价。

第33条　建设项目安全设施的设计人、设计单位应当对安全设施设计负责。

矿山、金属冶炼建设项目和用于生产、储存、装卸危险物品的建设项目的安全设施设计应当按照国家有关规定报经有关部门审查，审查部门及其负责审查的人员对审查结果负责。

第34条　矿山、金属冶炼建设项目和用于生产、储存、装卸危险物品的建设项目的施工单位必须按照批准的安全设施设计施工，并对安全设施的工程质量负责。

矿山、金属冶炼建设项目和用于生产、储存、装卸危险物品的建设项目竣工投入生产或者使用前，应当由建设单位负责组织对安全设施进行验收；验收合格后，方可投入生产和使用。负有安全生产监督管理职责的部门应当加强对建设单位验收活动和验收结果的监督核查。

第35条　生产经营单位应当在有较大危险因素的生产经营场所和有关设施、设备上，设置明显的安全警示标志。

第36条　安全设备的设计、制造、安装、使用、检测、维修、改造和报废，应当符合国家标准或者行业标准。

生产经营单位必须对安全设备进行经常性维护、保养，并定期检测，保证正常运转。维护、保养、检测应当作好记录，并由有关人员签字。

生产经营单位不得关闭、破坏直接关系生产安全的监控、报警、防护、救生设备、设施，或者篡改、隐瞒、销毁其相关数据、信息。

餐饮等行业的生产经营单位使用燃气的，应当安装可燃气体报警装置，并保障其正常使用。

第 37 条　生产经营单位使用的危险物品的容器、运输工具，以及涉及人身安全、危险性较大的海洋石油开采特种设备和矿山井下特种设备，必须按照国家有关规定，由专业生产单位生产，并经具有专业资质的检测、检验机构检测、检验合格，取得安全使用证或者安全标志，方可投入使用。检测、检验机构对检测、检验结果负责。

第 38 条　国家对严重危及生产安全的工艺、设备实行淘汰制度，具体目录由国务院应急管理部门会同国务院有关部门制定并公布。法律、行政法规对目录的制定另有规定的，适用其规定。

省、自治区、直辖市人民政府可以根据本地区实际情况制定并公布具体目录，对前款规定以外的危及生产安全的工艺、设备予以淘汰。

生产经营单位不得使用应当淘汰的危及生产安全的工艺、设备。

第 39 条　生产、经营、运输、储存、使用危险物品或者处置废弃危险物品的，由有关主管部门依照有关法律、法规的规定和国家标准或者行业标准审批并实施监督管理。

生产经营单位生产、经营、运输、储存、使用危险物品或者处置废弃危险物品，必须执行有关法律、法规和国家标准或者行业标准，建立专门的安全管理制度，采取可靠的安全措施，接受有关主管部门依法实施的监督管理。

第 40 条　生产经营单位对重大危险源应当登记建档，进行定期检测、评估、监控，并制定应急预案，告知从业人员和相关人员在紧急情况下应当采取的应急措施。

生产经营单位应当按照国家有关规定将本单位重大危险源及有关安全措施、应急措施报有关地方人民政府应急管理部门和有关部门备案。有关地方人民政府应急管理部门和有关部门应当通过相关信息系统实现信息共享。

第 41 条　生产经营单位应当建立安全风险分级管控制度，按照安全风险分级采取相应的管控措施。

生产经营单位应当建立健全并落实生产安全事故隐患排查治理制度，采取技术、管理措施，及时发现并消除事故隐患。事故隐患排查治理情况应当如实记录，并通过职工大会或者职工代表大会、信息公示栏等方式向从业人员通报。其中，重大事故隐患排查治理情况应当及时向负有安全生产监督管理职责的部门和职工大会或者职工代表大会报告。

县级以上地方各级人民政府负有安全生产监督管理职责的部门应当将重大事故隐患纳入相关信息系统，建立健全重大事故隐患治理督办制度，督促生产经营单位消除重大事故隐患。

第 42 条　生产、经营、储存、使用危险物品的车间、商店、仓库不得与员工宿舍在同一座建筑物内，并应当与员工宿舍保持安全距离。

生产经营场所和员工宿舍应当设有符合紧急疏散要求、标志明显、保持畅通的出口、疏散通道。禁止占用、锁闭、封堵生产经营场所或者员工宿舍的出口、疏散通道。

第 43 条　生产经营单位进行爆破、吊装、动火、临时用电以及国务院应急管理部门会同国务院有关部门规定的其他危险作业，应当安排专门人员进行现场安全管理，确保操作规程的遵守和安全措施的落实。

第 44 条　生产经营单位应当教育和督促从业人员严格执行本单位的安全生产规章制度和安全操作规程；并向从业人员如实告知作业场所和工作岗位存在的危险因素、防范措施以及事故应急措施。

生产经营单位应当关注从业人员的身体、心理状况和行为习惯，加强对从业人员的心理疏导、精神慰藉，严格落实岗位安全生产责任，防范从业人员行为异常导致事故发生。

第 45 条　生产经营单位必须为从业人员提供符合国家标准或者行业标准的劳动防护用品，并监督、教育从业人员按照使用规则佩戴、使用。

第 46 条　生产经营单位的安全生产管理人员应当根据本单位的生产经营特点，对安全生产状况进行经常性检查；对检查中发现的安全问题，应当立即处理；不能处理的，应当及时报告本单位有关负责人，有关负责人应当及时处理。检查及处理情况应当如实记录在案。

生产经营单位的安全生产管理人员在检查中发现重大事故隐患，依照前款规定向本单位有关负责人报告，有关负责人不及时处理的，安全生产管理人员可以向主管的负有安全生产监督管理职责的部门报告，接到报告的部门应当依法及时处理。

第 47 条　生产经营单位应当安排用于配备劳动防护用品、进行安全生产培训的经费。

第 48 条　两个以上生产经营单位在同一作业区域内进行生产经营活动，可能危及对方生产安全的，应当签订安全生产管理协议，明确各自的安全生产管理职责和应当采取的安全措施，并指定专职安全生产管理人员进行安全检查与协调。

第 49 条　生产经营单位不得将生产经营项目、场所、设备发包或者出租给不具备安全生产条件或者相应资质的单位或者个人。

生产经营项目、场所发包或者出租给其他单位的，生产经营单位应当与承包单位、承租单位签订专门的安全生产管理协议，或者在承包合同、租赁合同中约定各自的安全生产管理职责；生产经营单位对承包单位、承租单位的安全生产工作统一协调、管理，定期进行安全检查，发现安全问题的，应当及时督促整改。

矿山、金属冶炼建设项目和用于生产、储存、装卸危险物品的建设项目的施工单位应当加强对施工项目的安全管理，不得倒卖、出租、出借、挂靠或者以其他形式非法转让施工资质，不得将其承包的全部建设工程转包给第三人或者将其承包的全部建设工程支解以后以分包的名义分别转包给第三人，不得将工程分包给不具备相应资质条件的单位。

第50条 生产经营单位发生生产安全事故时，单位的主要负责人应当立即组织抢救，并不得在事故调查处理期间擅离职守。

第51条 生产经营单位必须依法参加工伤保险，为从业人员缴纳保险费。

国家鼓励生产经营单位投保安全生产责任保险；属于国家规定的高危行业、领域的生产经营单位，应当投保安全生产责任保险。具体范围和实施办法由国务院应急管理部门会同国务院财政部门、国务院保险监督管理机构和相关行业主管部门制定。

2. **《刑法》**（2024年12月29日）

第135条 安全生产设施或者安全生产条件不符合国家规定，因而发生重大伤亡事故或者造成其他严重后果的，对直接负责的主管人员和其他直接责任人员，处三年以下有期徒刑或者拘役；情节特别恶劣的，处三年以上七年以下有期徒刑。

3. **《职业病防治法》**（2018年12月29日）

第5条 用人单位应当建立、健全职业病防治责任制，加强对职业病防治的管理，提高职业病防治水平，对本单位产生的职业病危害承担责任。

第7条　用人单位必须依法参加工伤保险。

国务院和县级以上地方人民政府劳动保障行政部门应当加强对工伤保险的监督管理，确保劳动者依法享受工伤保险待遇。

第47条　用人单位应当如实提供职业病诊断、鉴定所需的劳动者职业史和职业病危害接触史、工作场所职业病危害因素检测结果等资料；卫生行政部门应当监督检查和督促用人单位提供上述资料；劳动者和有关机构也应当提供与职业病诊断、鉴定有关的资料。

职业病诊断、鉴定机构需要了解工作场所职业病危害因素情况时，可以对工作场所进行现场调查，也可以向卫生行政部门提出，卫生行政部门应当在十日内组织现场调查。用人单位不得拒绝、阻挠。

第48条　职业病诊断、鉴定过程中，用人单位不提供工作场所职业病危害因素检测结果等资料的，诊断、鉴定机构应当结合劳动者的临床表现、辅助检查结果和劳动者的职业史、职业病危害接触史，并参考劳动者的自述、卫生行政部门提供的日常监督检查信息等，作出职业病诊断、鉴定结论。

劳动者对用人单位提供的工作场所职业病危害因素检测结果等资料有异议，或者因劳动者的用人单位解散、破产，无用人单位提供上述资料的，诊断、鉴定机构应当提请卫生行政部门进行调查，卫生行政部门应当自接到申请之日起三十日内对存在异议的资料或者工作场所职业病危害因素情况作出判定；有关部门应当配合。

第49条　职业病诊断、鉴定过程中，在确认劳动者职业史、职业病危害接触史时，当事人对劳动关系、工种、工作岗位或者在岗时间有争议的，可以向当地的劳动人事争议仲裁委员会申请仲裁；接到申请的劳动人事争议仲裁委员会应当受理，并在三十日内作出裁决。

当事人在仲裁过程中对自己提出的主张，有责任提供证据。劳动者无法提供由用人单位掌握管理的与仲裁主张有关的证据的，仲裁庭应当要求用人单位在指定期限内提供；用人单位在指定期限内不提供的，应当承担不利后果。

劳动者对仲裁裁决不服的，可以依法向人民法院提起诉讼。

用人单位对仲裁裁决不服的，可以在职业病诊断、鉴定程序结束之日起十五日内依法向人民法院提起诉讼；诉讼期间，劳动者的治疗费用按照职业病待遇规定的途径支付。

第 52 条　当事人对职业病诊断有异议的，可以向作出诊断的医疗卫生机构所在地地方人民政府卫生行政部门申请鉴定。

职业病诊断争议由设区的市级以上地方人民政府卫生行政部门根据当事人的申请，组织职业病诊断鉴定委员会进行鉴定。

当事人对设区的市级职业病诊断鉴定委员会的鉴定结论不服的，可以向省、自治区、直辖市人民政府卫生行政部门申请再鉴定。

第 53 条　职业病诊断鉴定委员会由相关专业的专家组成。

省、自治区、直辖市人民政府卫生行政部门应当设立相关的专家库，需要对职业病争议作出诊断鉴定时，由当事人或者当事人委托有关卫生行政部门从专家库中以随机抽取的方式确定参加诊断鉴定委员会的专家。

职业病诊断鉴定委员会应当按照国务院卫生行政部门颁布的职业病诊断标准和职业病诊断、鉴定办法进行职业病诊断鉴定，向当事人出具职业病诊断鉴定书。职业病诊断、鉴定费用由用人单位承担。

第 54 条　职业病诊断鉴定委员会组成人员应当遵守职业道德，客观、公正地进行诊断鉴定，并承担相应的责任。职业病诊断鉴定委员会组成人员不得私下接触当事人，不得收受当事人的财物或者其他好处，与当事人有利害关系的，应当回避。

人民法院受理有关案件需要进行职业病鉴定时，应当从省、自治区、直辖市人民政府卫生行政部门依法设立的相关的专家库中选取参加鉴定的专家。

第55条　医疗卫生机构发现疑似职业病病人时，应当告知劳动者本人并及时通知用人单位。

用人单位应当及时安排对疑似职业病病人进行诊断；在疑似职业病病人诊断或者医学观察期间，不得解除或者终止与其订立的劳动合同。

疑似职业病病人在诊断、医学观察期间的费用，由用人单位承担。

第56条　用人单位应当保障职业病病人依法享受国家规定的职业病待遇。

用人单位应当按照国家有关规定，安排职业病病人进行治疗、康复和定期检查。

用人单位对不适宜继续从事原工作的职业病病人，应当调离原岗位，并妥善安置。

用人单位对从事接触职业病危害的作业的劳动者，应当给予适当岗位津贴。

第57条　职业病病人的诊疗、康复费用，伤残以及丧失劳动能力的职业病病人的社会保障，按照国家有关工伤保险的规定执行。

第58条　职业病病人除依法享有工伤保险外，依照有关民事法律，尚有获得赔偿的权利的，有权向用人单位提出赔偿要求。

第59条　劳动者被诊断患有职业病，但用人单位没有依法参加工伤保险的，其医疗和生活保障由该用人单位承担。

第60条　职业病病人变动工作单位，其依法享有的待遇不变。

用人单位在发生分立、合并、解散、破产等情形时，应当对从事接触职业病危害的作业的劳动者进行健康检查，并按照国家有关规定妥善安置职业病病人。

第61条 用人单位已经不存在或者无法确认劳动关系的职业病病人，可以向地方人民政府医疗保障、民政部门申请医疗救助和生活等方面的救助。

地方各级人民政府应当根据本地区的实际情况，采取其他措施，使前款规定的职业病病人获得医疗救治。

● 行政法规及文件

4. **《使用有毒物品作业场所劳动保护条例》**（2024年12月6日）

第二章 作业场所的预防措施

第11条 用人单位的设立，应当符合有关法律、行政法规规定的设立条件，并依法办理有关手续，取得营业执照。

用人单位的使用有毒物品作业场所，除应当符合职业病防治法规定的职业卫生要求外，还必须符合下列要求：

（一）作业场所与生活场所分开，作业场所不得住人；

（二）有害作业与无害作业分开，高毒作业场所与其他作业场所隔离；

（三）设置有效的通风装置；可能突然泄漏大量有毒物品或者易造成急性中毒的作业场所，设置自动报警装置和事故通风设施；

（四）高毒作业场所设置应急撤离通道和必要的泄险区。

第12条 使用有毒物品作业场所应当设置黄色区域警示线、警示标识和中文警示说明。警示说明应当载明产生职业中毒危害的种类、后果、预防以及应急救治措施等内容。

高毒作业场所应当设置红色区域警示线、警示标识和中文警示说明，并设置通讯报警设备。

第13条 新建、扩建、改建的建设项目和技术改造、技术引进项目（以下统称建设项目），可能产生职业中毒危害的，应当依照职业病防治法的规定进行职业中毒危害预评价；可能产生职业中毒危害的建设项目的职业中毒危害防护设施应当与主体工程同时设计，同时施工，同时投入生产和使用；建设项目竣工验收前，应当进行职业中毒危害控制效果评价；建设项目的职业中毒危害防护设施经依法组织验收合格后，方可投入生产和使用。

可能产生职业中毒危害的建设项目的职业中毒危害防护设施设计应当符合国家职业卫生标准和卫生要求。

第14条 用人单位应当按照国务院卫生行政部门的规定，向卫生行政部门及时、如实申报存在职业中毒危害项目。

从事使用高毒物品作业的用人单位，在申报使用高毒物品作业项目时，应当向卫生行政部门提交下列有关资料：

（一）职业中毒危害控制效果评价报告；

（二）职业卫生管理制度和操作规程等材料；

（三）职业中毒事故应急救援预案。

从事使用高毒物品作业的用人单位变更所使用的高毒物品品种的，应当依照前款规定向原受理申报的卫生行政部门重新申报。

第15条 用人单位变更名称、法定代表人或者负责人的，应当向原受理申报的卫生行政部门备案。

第16条 从事使用高毒物品作业的用人单位，应当配备应急救援人员和必要的应急救援器材、设备，制定事故应急救援预案，并根据实际情况变化对应急救援预案适时进行修订，定期组织演练。事故应急救援预案和演练记录应当报当地卫生行政部门、应急管理部门和公安部门备案。

第三章　劳动过程的防护

第17条　用人单位应当依照职业病防治法的有关规定，采取有效的职业卫生防护管理措施，加强劳动过程中的防护与管理。

从事使用高毒物品作业的用人单位，应当配备专职的或者兼职的职业卫生医师和护士；不具备配备专职的或者兼职的职业卫生医师和护士条件的，应当与依法取得资质认证的职业卫生技术服务机构签订合同，由其提供职业卫生服务。

第18条　用人单位应当与劳动者订立劳动合同，将工作过程中可能产生的职业中毒危害及其后果、职业中毒危害防护措施和待遇等如实告知劳动者，并在劳动合同中写明，不得隐瞒或者欺骗。

劳动者在已订立劳动合同期间因工作岗位或者工作内容变更，从事劳动合同中未告知的存在职业中毒危害的作业时，用人单位应当依照前款规定，如实告知劳动者，并协商变更原劳动合同有关条款。

用人单位违反前两款规定的，劳动者有权拒绝从事存在职业中毒危害的作业，用人单位不得因此单方面解除或者终止与劳动者所订立的劳动合同。

第19条　用人单位有关管理人员应当熟悉有关职业病防治的法律、法规以及确保劳动者安全使用有毒物品作业的知识。

用人单位应当对劳动者进行上岗前的职业卫生培训和在岗期间的定期职业卫生培训，普及有关职业卫生知识，督促劳动者遵守有关法律、法规和操作规程，指导劳动者正确使用职业中毒危害防护设备和个人使用的职业中毒危害防护用品。

劳动者经培训考核合格，方可上岗作业。

第20条　用人单位应当确保职业中毒危害防护设备、应急救援设施、通讯报警装置处于正常适用状态，不得擅自拆除或者停止运行。

用人单位应当对前款所列设施进行经常性的维护、检修，定期检测其性能和效果，确保其处于良好运行状态。

职业中毒危害防护设备、应急救援设施和通讯报警装置处于不正常状态时，用人单位应当立即停止使用有毒物品作业；恢复正常状态后，方可重新作业。

第21条　用人单位应当为从事使用有毒物品作业的劳动者提供符合国家职业卫生标准的防护用品，并确保劳动者正确使用。

第22条　有毒物品必须附具说明书，如实载明产品特性、主要成分、存在的职业中毒危害因素、可能产生的危害后果、安全使用注意事项、职业中毒危害防护以及应急救治措施等内容；没有说明书或者说明书不符合要求的，不得向用人单位销售。

用人单位有权向生产、经营有毒物品的单位索取说明书。

第23条　有毒物品的包装应当符合国家标准，并以易于劳动者理解的方式加贴或者拴挂有毒物品安全标签。有毒物品的包装必须有醒目的警示标识和中文警示说明。

经营、使用有毒物品的单位，不得经营、使用没有安全标签、警示标识和中文警示说明的有毒物品。

第24条　用人单位维护、检修存在高毒物品的生产装置，必须事先制订维护、检修方案，明确职业中毒危害防护措施，确保维护、检修人员的生命安全和身体健康。

维护、检修存在高毒物品的生产装置，必须严格按照维护、检修方案和操作规程进行。维护、检修现场应当有专人监护，并设置警示标志。

第25条　需要进入存在高毒物品的设备、容器或者狭窄封闭场所作业时，用人单位应当事先采取下列措施：

（一）保持作业场所良好的通风状态，确保作业场所职业中毒危害因素浓度符合国家职业卫生标准；

（二）为劳动者配备符合国家职业卫生标准的防护用品；

（三）设置现场监护人员和现场救援设备。

未采取前款规定措施或者采取的措施不符合要求的，用人单位不得安排劳动者进入存在高毒物品的设备、容器或者狭窄封闭场所作业。

第26条　用人单位应当按照国务院卫生行政部门的规定，定期对使用有毒物品作业场所职业中毒危害因素进行检测、评价。检测、评价结果存入用人单位职业卫生档案，定期向所在地卫生行政部门报告并向劳动者公布。

从事使用高毒物品作业的用人单位应当至少每一个月对高毒作业场所进行一次职业中毒危害因素检测；至少每半年进行一次职业中毒危害控制效果评价。

高毒作业场所职业中毒危害因素不符合国家职业卫生标准和卫生要求时，用人单位必须立即停止高毒作业，并采取相应的治理措施；经治理，职业中毒危害因素符合国家职业卫生标准和卫生要求的，方可重新作业。

第27条　从事使用高毒物品作业的用人单位应当设置淋浴间和更衣室，并设置清洗、存放或者处理从事使用高毒物品作业劳动者的工作服、工作鞋帽等物品的专用间。

劳动者结束作业时，其使用的工作服、工作鞋帽等物品必须存放在高毒作业区域内，不得穿戴到非高毒作业区域。

第28条　用人单位应当按照规定对从事使用高毒物品作业的劳动者进行岗位轮换。

用人单位应当为从事使用高毒物品作业的劳动者提供岗位津贴。

第29条　用人单位转产、停产、停业或者解散、破产的，应当采取有效措施，妥善处理留存或者残留有毒物品的设备、包装物和容器。

第30条　用人单位应当对本单位执行本条例规定的情况进行经常性的监督检查；发现问题，应当及时依照本条例规定的要求进行处理。

第四章　职业健康监护

第31条　用人单位应当组织从事使用有毒物品作业的劳动者进行上岗前职业健康检查。

用人单位不得安排未经上岗前职业健康检查的劳动者从事使用有毒物品的作业，不得安排有职业禁忌的劳动者从事其所禁忌的作业。

第32条　用人单位应当对从事使用有毒物品作业的劳动者进行定期职业健康检查。

用人单位发现有职业禁忌或者有与所从事职业相关的健康损害的劳动者，应当将其及时调离原工作岗位，并妥善安置。

用人单位对需要复查和医学观察的劳动者，应当按照体检机构的要求安排其复查和医学观察。

第33条　用人单位应当对从事使用有毒物品作业的劳动者进行离岗时的职业健康检查；对离岗时未进行职业健康检查的劳动者，不得解除或者终止与其订立的劳动合同。

用人单位发生分立、合并、解散、破产等情形的，应当对从事使用有毒物品作业的劳动者进行健康检查，并按照国家有关规定妥善安置职业病病人。

第34条　用人单位对受到或者可能受到急性职业中毒危害的劳动者，应当及时组织进行健康检查和医学观察。

第35条　劳动者职业健康检查和医学观察的费用，由用人单位承担。

第36条　用人单位应当建立职业健康监护档案。

职业健康监护档案应当包括下列内容：

（一）劳动者的职业史和职业中毒危害接触史；

（二）相应作业场所职业中毒危害因素监测结果；

（三）职业健康检查结果及处理情况；

（四）职业病诊疗等劳动者健康资料。

5.《建设工程安全生产管理条例》（2003 年 11 月 24 日）

第一章　总　　则

第 1 条　为了加强建设工程安全生产监督管理，保障人民群众生命和财产安全，根据《中华人民共和国建筑法》、《中华人民共和国安全生产法》，制定本条例。

第 2 条　在中华人民共和国境内从事建设工程的新建、扩建、改建和拆除等有关活动及实施对建设工程安全生产的监督管理，必须遵守本条例。

本条例所称建设工程，是指土木工程、建筑工程、线路管道和设备安装工程及装修工程。

第 3 条　建设工程安全生产管理，坚持安全第一、预防为主的方针。

第 4 条　建设单位、勘察单位、设计单位、施工单位、工程监理单位及其他与建设工程安全生产有关的单位，必须遵守安全生产法律、法规的规定，保证建设工程安全生产，依法承担建设工程安全生产责任。

第 5 条　国家鼓励建设工程安全生产的科学技术研究和先进技术的推广应用，推进建设工程安全生产的科学管理。

第二章　建设单位的安全责任

第 6 条　建设单位应当向施工单位提供施工现场及毗邻区域内供水、排水、供电、供气、供热、通信、广播电视等地下管线资料，气象和水文观测资料，相邻建筑物和构筑物、地下工程的有关资料，并保证资料的真实、准确、完整。

建设单位因建设工程需要，向有关部门或者单位查询前款规定的资料时，有关部门或者单位应当及时提供。

第7条　建设单位不得对勘察、设计、施工、工程监理等单位提出不符合建设工程安全生产法律、法规和强制性标准规定的要求，不得压缩合同约定的工期。

第8条　建设单位在编制工程概算时，应当确定建设工程安全作业环境及安全施工措施所需费用。

第9条　建设单位不得明示或者暗示施工单位购买、租赁、使用不符合安全施工要求的安全防护用具、机械设备、施工机具及配件、消防设施和器材。

第10条　建设单位在申请领取施工许可证时，应当提供建设工程有关安全施工措施的资料。

依法批准开工报告的建设工程，建设单位应当自开工报告批准之日起15日内，将保证安全施工的措施报送建设工程所在地的县级以上地方人民政府建设行政主管部门或者其他有关部门备案。

第11条　建设单位应当将拆除工程发包给具有相应资质等级的施工单位。

建设单位应当在拆除工程施工15日前，将下列资料报送建设工程所在地的县级以上地方人民政府建设行政主管部门或者其他有关部门备案：

（一）施工单位资质等级证明；

（二）拟拆除建筑物、构筑物及可能危及毗邻建筑的说明；

（三）拆除施工组织方案；

（四）堆放、清除废弃物的措施。

实施爆破作业的，应当遵守国家有关民用爆炸物品管理的规定。

第三章　勘察、设计、工程监理及其他有关单位的安全责任

第12条　勘察单位应当按照法律、法规和工程建设强制性标准进行勘察，提供的勘察文件应当真实、准确，满足建设工程

安全生产的需要。

勘察单位在勘察作业时，应当严格执行操作规程，采取措施保证各类管线、设施和周边建筑物、构筑物的安全。

第13条　设计单位应当按照法律、法规和工程建设强制性标准进行设计，防止因设计不合理导致生产安全事故的发生。

设计单位应当考虑施工安全操作和防护的需要，对涉及施工安全的重点部位和环节在设计文件中注明，并对防范生产安全事故提出指导意见。

采用新结构、新材料、新工艺的建设工程和特殊结构的建设工程，设计单位应当在设计中提出保障施工作业人员安全和预防生产安全事故的措施建议。

设计单位和注册建筑师等注册执业人员应当对其设计负责。

第14条　工程监理单位应当审查施工组织设计中的安全技术措施或者专项施工方案是否符合工程建设强制性标准。

工程监理单位在实施监理过程中，发现存在安全事故隐患的，应当要求施工单位整改；情况严重的，应当要求施工单位暂时停止施工，并及时报告建设单位。施工单位拒不整改或者不停止施工的，工程监理单位应当及时向有关主管部门报告。

工程监理单位和监理工程师应当按照法律、法规和工程建设强制性标准实施监理，并对建设工程安全生产承担监理责任。

第15条　为建设工程提供机械设备和配件的单位，应当按照安全施工的要求配备齐全有效的保险、限位等安全设施和装置。

第16条　出租的机械设备和施工机具及配件，应当具有生产（制造）许可证、产品合格证。

出租单位应当对出租的机械设备和施工机具及配件的安全性能进行检测，在签订租赁协议时，应当出具检测合格证明。

禁止出租检测不合格的机械设备和施工机具及配件。

第17条　在施工现场安装、拆卸施工起重机械和整体提升脚手架、模板等自升式架设设施，必须由具有相应资质的单位承担。

安装、拆卸施工起重机械和整体提升脚手架、模板等自升式架设设施，应当编制拆装方案、制定安全施工措施，并由专业技术人员现场监督。

施工起重机械和整体提升脚手架、模板等自升式架设设施安装完毕后，安装单位应当自检，出具自检合格证明，并向施工单位进行安全使用说明，办理验收手续并签字。

第18条　施工起重机械和整体提升脚手架、模板等自升式架设设施的使用达到国家规定的检验检测期限的，必须经具有专业资质的检验检测机构检测。经检测不合格的，不得继续使用。

第19条　检验检测机构对检测合格的施工起重机械和整体提升脚手架、模板等自升式架设设施，应当出具安全合格证明文件，并对检测结果负责。

第四章　施工单位的安全责任

第20条　施工单位从事建设工程的新建、扩建、改建和拆除等活动，应当具备国家规定的注册资本、专业技术人员、技术装备和安全生产等条件，依法取得相应等级的资质证书，并在其资质等级许可的范围内承揽工程。

第21条　施工单位主要负责人依法对本单位的安全生产工作全面负责。施工单位应当建立健全安全生产责任制度和安全生产教育培训制度，制定安全生产规章制度和操作规程，保证本单位安全生产条件所需资金的投入，对所承担的建设工程进行定期和专项安全检查，并做好安全检查记录。

施工单位的项目负责人应当由取得相应执业资格的人员担任，对建设工程项目的安全施工负责，落实安全生产责任制度、安全生产规章制度和操作规程，确保安全生产费用的有效使用，并根据工程的特点组织制定安全施工措施，消除安全事故隐患，及时、如实报告生产安全事故。

第22条　施工单位对列入建设工程概算的安全作业环境及安全施工措施所需费用，应当用于施工安全防护用具及设施的采购和更新、安全施工措施的落实、安全生产条件的改善，不得挪作他用。

第23条　施工单位应当设立安全生产管理机构，配备专职安全生产管理人员。

专职安全生产管理人员负责对安全生产进行现场监督检查。发现安全事故隐患，应当及时向项目负责人和安全生产管理机构报告；对于违章指挥、违章操作的，应当立即制止。

专职安全生产管理人员的配备办法由国务院建设行政主管部门会同国务院其他有关部门制定。

第24条　建设工程实行施工总承包的，由总承包单位对施工现场的安全生产负总责。

总承包单位应当自行完成建设工程主体结构的施工。

总承包单位依法将建设工程分包给其他单位的，分包合同中应当明确各自的安全生产方面的权利、义务。总承包单位和分包单位对分包工程的安全生产承担连带责任。

分包单位应当服从总承包单位的安全生产管理，分包单位不服从管理导致生产安全事故的，由分包单位承担主要责任。

第25条　垂直运输机械作业人员、安装拆卸工、爆破作业人员、起重信号工、登高架设作业人员等特种作业人员，必须按照国家有关规定经过专门的安全作业培训，并取得特种作业操作资格证书后，方可上岗作业。

第26条　施工单位应当在施工组织设计中编制安全技术措施和施工现场临时用电方案，对下列达到一定规模的危险性较大的分部分项工程编制专项施工方案，并附具安全验算结果，经施工单位技术负责人、总监理工程师签字后实施，由专职安全生产管理人员进行现场监督：

（一）基坑支护与降水工程；

（二）土方开挖工程；

（三）模板工程；

（四）起重吊装工程；

（五）脚手架工程；

（六）拆除、爆破工程；

（七）国务院建设行政主管部门或者其他有关部门规定的其他危险性较大的工程。

对前款所列工程中涉及深基坑、地下暗挖工程、高大模板工程的专项施工方案，施工单位还应当组织专家进行论证、审查。

本条第一款规定的达到一定规模的危险性较大工程的标准，由国务院建设行政主管部门会同国务院其他有关部门制定。

第27条　建设工程施工前，施工单位负责项目管理的技术人员应当对有关安全施工的技术要求向施工作业班组、作业人员作出详细说明，并由双方签字确认。

第28条　施工单位应当在施工现场入口处、施工起重机械、临时用电设施、脚手架、出入通道口、楼梯口、电梯井口、孔洞口、桥梁口、隧道口、基坑边沿、爆破物及有害危险气体和液体存放处等危险部位，设置明显的安全警示标志。安全警示标志必须符合国家标准。

施工单位应当根据不同施工阶段和周围环境及季节、气候的变化，在施工现场采取相应的安全施工措施。施工现场暂时停止施工的，施工单位应当做好现场防护，所需费用由责任方承担，或者按照合同约定执行。

第29条　施工单位应当将施工现场的办公、生活区与作业区分开设置，并保持安全距离；办公、生活区的选址应当符合安全性要求。职工的膳食、饮水、休息场所等应当符合卫生标准。施工单位不得在尚未竣工的建筑物内设置员工集体宿舍。

施工现场临时搭建的建筑物应当符合安全使用要求。施工现场使用的装配式活动房屋应当具有产品合格证。

第30条　施工单位对因建设工程施工可能造成损害的毗邻建筑物、构筑物和地下管线等，应当采取专项防护措施。

施工单位应当遵守有关环境保护法律、法规的规定，在施工现场采取措施，防止或者减少粉尘、废气、废水、固体废物、噪声、振动和施工照明对人和环境的危害和污染。

在城市市区内的建设工程，施工单位应当对施工现场实行封闭围挡。

第31条　施工单位应当在施工现场建立消防安全责任制度，确定消防安全责任人，制定用火、用电、使用易燃易爆材料等各项消防安全管理制度和操作规程，设置消防通道、消防水源，配备消防设施和灭火器材，并在施工现场入口处设置明显标志。

第32条　施工单位应当向作业人员提供安全防护用具和安全防护服装，并书面告知危险岗位的操作规程和违章操作的危害。

作业人员有权对施工现场的作业条件、作业程序和作业方式中存在的安全问题提出批评、检举和控告，有权拒绝违章指挥和强令冒险作业。

在施工中发生危及人身安全的紧急情况时，作业人员有权立即停止作业或者在采取必要的应急措施后撤离危险区域。

第33条　作业人员应当遵守安全施工的强制性标准、规章制度和操作规程，正确使用安全防护用具、机械设备等。

第34条　施工单位采购、租赁的安全防护用具、机械设备、施工机具及配件，应当具有生产（制造）许可证、产品合格证，并在进入施工现场前进行查验。

施工现场的安全防护用具、机械设备、施工机具及配件必须由专人管理，定期进行检查、维修和保养，建立相应的资料档案，并按照国家有关规定及时报废。

第 35 条 施工单位在使用施工起重机械和整体提升脚手架、模板等自升式架设设施前，应当组织有关单位进行验收，也可以委托具有相应资质的检验检测机构进行验收；使用承租的机械设备和施工机具及配件的，由施工总承包单位、分包单位、出租单位和安装单位共同进行验收。验收合格的方可使用。

《特种设备安全监察条例》规定的施工起重机械，在验收前应当经有相应资质的检验检测机构监督检验合格。

施工单位应当自施工起重机械和整体提升脚手架、模板等自升式架设设施验收合格之日起 30 日内，向建设行政主管部门或者其他有关部门登记。登记标志应当置于或者附着于该设备的显著位置。

第 36 条 施工单位的主要负责人、项目负责人、专职安全生产管理人员应当经建设行政主管部门或者其他有关部门考核合格后方可任职。

施工单位应当对管理人员和作业人员每年至少进行一次安全生产教育培训，其教育培训情况记入个人工作档案。安全生产教育培训考核不合格的人员，不得上岗。

第 37 条 作业人员进入新的岗位或者新的施工现场前，应当接受安全生产教育培训。未经教育培训或者教育培训考核不合格的人员，不得上岗作业。

施工单位在采用新技术、新工艺、新设备、新材料时，应当对作业人员进行相应的安全生产教育培训。

第 38 条 施工单位应当为施工现场从事危险作业的人员办理意外伤害保险。

意外伤害保险费由施工单位支付。实行施工总承包的，由总承包单位支付意外伤害保险费。意外伤害保险期限自建设工程开工之日起至竣工验收合格止。

第五章 监督管理

第39条 国务院负责安全生产监督管理的部门依照《中华人民共和国安全生产法》的规定，对全国建设工程安全生产工作实施综合监督管理。

县级以上地方人民政府负责安全生产监督管理的部门依照《中华人民共和国安全生产法》的规定，对本行政区域内建设工程安全生产工作实施综合监督管理。

第40条 国务院建设行政主管部门对全国的建设工程安全生产实施监督管理。国务院铁路、交通、水利等有关部门按照国务院规定的职责分工，负责有关专业建设工程安全生产的监督管理。

县级以上地方人民政府建设行政主管部门对本行政区域内的建设工程安全生产实施监督管理。县级以上地方人民政府交通、水利等有关部门在各自的职责范围内，负责本行政区域内的专业建设工程安全生产的监督管理。

第41条 建设行政主管部门和其他有关部门应当将本条例第十条、第十一条规定的有关资料的主要内容抄送同级负责安全生产监督管理的部门。

第42条 建设行政主管部门在审核发放施工许可证时，应当对建设工程是否有安全施工措施进行审查，对没有安全施工措施的，不得颁发施工许可证。

建设行政主管部门或者其他有关部门对建设工程是否有安全施工措施进行审查时，不得收取费用。

第43条 县级以上人民政府负有建设工程安全生产监督管理职责的部门在各自的职责范围内履行安全监督检查职责时，有权采取下列措施：

（一）要求被检查单位提供有关建设工程安全生产的文件和资料；

（二）进入被检查单位施工现场进行检查；

（三）纠正施工中违反安全生产要求的行为；

（四）对检查中发现的安全事故隐患，责令立即排除；重大安全事故隐患排除前或者排除过程中无法保证安全的，责令从危险区域内撤出作业人员或者暂时停止施工。

第 44 条　建设行政主管部门或者其他有关部门可以将施工现场的监督检查委托给建设工程安全监督机构具体实施。

第 45 条　国家对严重危及施工安全的工艺、设备、材料实行淘汰制度。具体目录由国务院建设行政主管部门会同国务院其他有关部门制定并公布。

第 46 条　县级以上人民政府建设行政主管部门和其他有关部门应当及时受理对建设工程生产安全事故及安全事故隐患的检举、控告和投诉。

第六章　生产安全事故的应急救援和调查处理

第 47 条　县级以上地方人民政府建设行政主管部门应当根据本级人民政府的要求，制定本行政区域内建设工程特大生产安全事故应急救援预案。

第 48 条　施工单位应当制定本单位生产安全事故应急救援预案，建立应急救援组织或者配备应急救援人员，配备必要的应急救援器材、设备，并定期组织演练。

第 49 条　施工单位应当根据建设工程施工的特点、范围，对施工现场易发生重大事故的部位、环节进行监控，制定施工现场生产安全事故应急救援预案。实行施工总承包的，由总承包单位统一组织编制建设工程生产安全事故应急救援预案，工程总承包单位和分包单位按照应急救援预案，各自建立应急救援组织或者配备应急救援人员，配备救援器材、设备，并定期组织演练。

第 50 条　施工单位发生生产安全事故，应当按照国家有关伤亡事故报告和调查处理的规定，及时、如实地向负责安全生产监督管理的部门、建设行政主管部门或者其他有关部门报告；特种设备发生事故的，还应当同时向特种设备安全监督管理部门报告。接到报告的部门应当按照国家有关规定，如实上报。

实行施工总承包的建设工程，由总承包单位负责上报事故。

第 51 条　发生生产安全事故后，施工单位应当采取措施防止事故扩大，保护事故现场。需要移动现场物品时，应当做出标记和书面记录，妥善保管有关证物。

第 52 条　建设工程生产安全事故的调查、对事故责任单位和责任人的处罚与处理，按照有关法律、法规的规定执行。

第七章　法 律 责 任

……

第八章　附　　则

第 69 条　抢险救灾和农民自建低层住宅的安全生产管理，不适用本条例。

第 70 条　军事建设工程的安全生产管理，按照中央军事委员会的有关规定执行。

第 71 条　本条例自 2004 年 2 月 1 日起施行。

● 部门规章及文件

6.《职业健康检查管理办法》（2019 年 2 月 28 日　国家卫生健康委员会令第 2 号）

第 11 条　按照劳动者接触的职业病危害因素，职业健康检查分为以下六类：

（一）接触粉尘类；

（二）接触化学因素类；

（三）接触物理因素类；

（四）接触生物因素类；

（五）接触放射因素类；

（六）其他类（特殊作业等）。

以上每类中包含不同检查项目。职业健康检查机构应当在备案的检查类别和项目范围内开展相应的职业健康检查。

第 12 条　职业健康检查机构开展职业健康检查应当与用人单位签订委托协议书，由用人单位统一组织劳动者进行职业健康检查；也可以由劳动者持单位介绍信进行职业健康检查。

第 13 条　职业健康检查机构应当依据相关技术规范，结合用人单位提交的资料，明确用人单位应当检查的项目和周期。

第 14 条　在职业健康检查中，用人单位应当如实提供以下职业健康检查所需的相关资料，并承担检查费用：

（一）用人单位的基本情况；

（二）工作场所职业病危害因素种类及其接触人员名册、岗位（或工种）、接触时间；

（三）工作场所职业病危害因素定期检测等相关资料。

第 15 条　职业健康检查的项目、周期按照《职业健康监护技术规范》（GBZ 188）执行，放射工作人员职业健康检查按照《放射工作人员职业健康监护技术规范》（GBZ 235）等规定执行。

第 16 条　职业健康检查机构可以在执业登记机关管辖区域内或者省级卫生健康主管部门指定区域内开展外出职业健康检查。外出职业健康检查进行医学影像学检查和实验室检测，必须保证检查质量并满足放射防护和生物安全的管理要求。

第 17 条　职业健康检查机构应当在职业健康检查结束之日起 30 个工作日内将职业健康检查结果，包括劳动者个人职业健康检查报告和用人单位职业健康检查总结报告，书面告知用人单位，用人单位应当将劳动者个人职业健康检查结果及职业健康检查机构的建议等情况书面告知劳动者。

第18条　职业健康检查机构发现疑似职业病病人时，应当告知劳动者本人并及时通知用人单位，同时向所在地卫生健康主管部门报告。发现职业禁忌的，应当及时告知用人单位和劳动者。

第19条　职业健康检查机构要依托现有的信息平台，加强职业健康检查的统计报告工作，逐步实现信息的互联互通和共享。

第20条　职业健康检查机构应当建立职业健康检查档案。职业健康检查档案保存时间应当自劳动者最后一次职业健康检查结束之日起不少于15年。

职业健康检查档案应当包括下列材料：

（一）职业健康检查委托协议书；

（二）用人单位提供的相关资料；

（三）出具的职业健康检查结果总结报告和告知材料；

（四）其他有关材料。

7.《用人单位劳动防护用品管理规范》（2018年1月15日　安监总厅安健〔2018〕3号）

第5条　用人单位应当健全管理制度，加强劳动防护用品配备、发放、使用等管理工作。

第6条　用人单位应当安排专项经费用于配备劳动防护用品，不得以货币或者其他物品替代。该项经费计入生产成本，据实列支。

第7条　用人单位应当为劳动者提供符合国家标准或者行业标准的劳动防护用品。使用进口的劳动防护用品，其防护性能不得低于我国相关标准。

第8条　劳动者在作业过程中，应当按照规章制度和劳动防护用品使用规则，正确佩戴和使用劳动防护用品。

第9条 用人单位使用的劳务派遣工、接纳的实习学生应当纳入本单位人员统一管理，并配备相应的劳动防护用品。对处于作业地点的其他外来人员，必须按照与进行作业的劳动者相同的标准，正确佩戴和使用劳动防护用品。

● 司法解释及文件

8.《最高人民法院关于审理劳动争议案件适用法律问题的解释（二）》（2025年7月31日　法释〔2025〕12号）

第1条 具备合法经营资格的承包人将承包业务转包或者分包给不具备合法经营资格的组织或者个人，该组织或者个人招用的劳动者请求确认承包人为承担用工主体责任单位，承担支付劳动报酬、认定工伤后的工伤保险待遇等责任的，人民法院依法予以支持。

● 案例指引

钱某与快递公司经济补偿金纠纷案（2019年度无锡法院劳动争议审判典型案例之十）①

裁判摘要：《劳动法》规定，用人单位必须为每一位劳动者提供符合国家规定的劳动安全卫生条件和必要的劳动防护用品，保护劳动者在生产过程中的安全和健康，确保安全生产。用人单位未提供相应劳动保护和劳动条件的，劳动者可以解除劳动合同，并且用人单位应当向劳动者支付经济补偿。

第五十五条　特种作业的上岗要求

从事特种作业的劳动者必须经过专门培训并取得特种作业资格。

① 载微信公众号“无锡市中级人民法院”，https://mp.weixin.qq.com/s/S5Bx8qrWkgRCHbDXHKGRWQ，2024年11月20日访问。

● 部门规章及文件

《特种作业人员安全技术培训考核管理规定》（2015年5月29日国家安全生产监督管理总局令第80号）

第一章　总　　则

第1条　为了规范特种作业人员的安全技术培训考核工作，提高特种作业人员的安全技术水平，防止和减少伤亡事故，根据《安全生产法》、《行政许可法》等有关法律、行政法规，制定本规定。

第2条　生产经营单位特种作业人员的安全技术培训、考核、发证、复审及其监督管理工作，适用本规定。

有关法律、行政法规和国务院对有关特种作业人员管理另有规定的，从其规定。

第3条　本规定所称特种作业，是指容易发生事故，对操作者本人、他人的安全健康及设备、设施的安全可能造成重大危害的作业。特种作业的范围由特种作业目录规定。

本规定所称特种作业人员，是指直接从事特种作业的从业人员。

第4条　特种作业人员应当符合下列条件：

（一）年满18周岁，且不超过国家法定退休年龄；

（二）经社区或者县级以上医疗机构体检健康合格，并无妨碍从事相应特种作业的器质性心脏病、癫痫病、美尼尔氏症、眩晕症、癔病、震颤麻痹症、精神病、痴呆症以及其他疾病和生理缺陷；

（三）具有初中及以上文化程度；

（四）具备必要的安全技术知识与技能；

（五）相应特种作业规定的其他条件。

危险化学品特种作业人员除符合前款第一项、第二项、第四项和第五项规定的条件外，应当具备高中或者相当于高中及以上文化程度。

第 5 条　特种作业人员必须经专门的安全技术培训并考核合格，取得《中华人民共和国特种作业操作证》（以下简称特种作业操作证）后，方可上岗作业。

第 6 条　特种作业人员的安全技术培训、考核、发证、复审工作实行统一监管、分级实施、教考分离的原则。

第 7 条　国家安全生产监督管理总局（以下简称安全监管总局）指导、监督全国特种作业人员的安全技术培训、考核、发证、复审工作；省、自治区、直辖市人民政府安全生产监督管理部门指导、监督本行政区域特种作业人员的安全技术培训工作，负责本行政区域特种作业人员的考核、发证、复审工作；县级以上地方人民政府安全生产监督管理部门负责监督检查本行政区域特种作业人员的安全技术培训和持证上岗工作。

国家煤矿安全监察局（以下简称煤矿安监局）指导、监督全国煤矿特种作业人员（含煤矿矿井使用的特种设备作业人员）的安全技术培训、考核、发证、复审工作；省、自治区、直辖市人民政府负责煤矿特种作业人员考核发证工作的部门或者指定的机构指导、监督本行政区域煤矿特种作业人员的安全技术培训工作，负责本行政区域煤矿特种作业人员的考核、发证、复审工作。

省、自治区、直辖市人民政府安全生产监督管理部门和负责煤矿特种作业人员考核发证工作的部门或者指定的机构（以下统称考核发证机关）可以委托设区的市人民政府安全生产监督管理部门和负责煤矿特种作业人员考核发证工作的部门或者指定的机构实施特种作业人员的考核、发证、复审工作。

第 8 条　对特种作业人员安全技术培训、考核、发证、复审工作中的违法行为，任何单位和个人均有权向安全监管总局、煤矿安监局和省、自治区、直辖市及设区的市人民政府安全生产监督管理部门、负责煤矿特种作业人员考核发证工作的部门或者指定的机构举报。

第二章 培 训

第9条 特种作业人员应当接受与其所从事的特种作业相应的安全技术理论培训和实际操作培训。

已经取得职业高中、技工学校及中专以上学历的毕业生从事与其所学专业相应的特种作业，持学历证明经考核发证机关同意，可以免予相关专业的培训。

跨省、自治区、直辖市从业的特种作业人员，可以在户籍所在地或者从业所在地参加培训。

第10条 对特种作业人员的安全技术培训，具备安全培训条件的生产经营单位应当以自主培训为主，也可以委托具备安全培训条件的机构进行培训。

不具备安全培训条件的生产经营单位，应当委托具备安全培训条件的机构进行培训。

生产经营单位委托其他机构进行特种作业人员安全技术培训的，保证安全技术培训的责任仍由本单位负责。

第11条 从事特种作业人员安全技术培训的机构（以下统称培训机构），应当制定相应的培训计划、教学安排，并按照安全监管总局、煤矿安监局制定的特种作业人员培训大纲和煤矿特种作业人员培训大纲进行特种作业人员的安全技术培训。

第三章 考 核 发 证

第12条 特种作业人员的考核包括考试和审核两部分。考试由考核发证机关或其委托的单位负责；审核由考核发证机关负责。

安全监管总局、煤矿安监局分别制定特种作业人员、煤矿特种作业人员的考核标准，并建立相应的考试题库。

考核发证机关或其委托的单位应当按照安全监管总局、煤矿安监局统一制定的考核标准进行考核。

第 13 条　参加特种作业操作资格考试的人员，应当填写考试申请表，由申请人或者申请人的用人单位持学历证明或者培训机构出具的培训证明向申请人户籍所在地或者从业所在地的考核发证机关或其委托的单位提出申请。

考核发证机关或其委托的单位收到申请后，应当在 60 日内组织考试。

特种作业操作资格考试包括安全技术理论考试和实际操作考试两部分。考试不及格的，允许补考 1 次。经补考仍不及格的，重新参加相应的安全技术培训。

第 14 条　考核发证机关委托承担特种作业操作资格考试的单位应当具备相应的场所、设施、设备等条件，建立相应的管理制度，并公布收费标准等信息。

第 15 条　考核发证机关或其委托承担特种作业操作资格考试的单位，应当在考试结束后 10 个工作日内公布考试成绩。

第 16 条　符合本规定第四条规定并经考试合格的特种作业人员，应当向其户籍所在地或者从业所在地的考核发证机关申请办理特种作业操作证，并提交身份证复印件、学历证书复印件、体检证明、考试合格证明等材料。

第 17 条　收到申请的考核发证机关应当在 5 个工作日内完成对特种作业人员所提交申请材料的审查，作出受理或者不予受理的决定。能够当场作出受理决定的，应当当场作出受理决定；申请材料不齐全或者不符合要求的，应当当场或者在 5 个工作日内一次告知申请人需要补正的全部内容，逾期不告知的，视为自收到申请材料之日起即已被受理。

第 18 条　对已经受理的申请，考核发证机关应当在 20 个工作日内完成审核工作。符合条件的，颁发特种作业操作证；不符合条件的，应当说明理由。

第19条　特种作业操作证有效期为6年，在全国范围内有效。

特种作业操作证由安全监管总局统一式样、标准及编号。

第20条　特种作业操作证遗失的，应当向原考核发证机关提出书面申请，经原考核发证机关审查同意后，予以补发。

特种作业操作证所记载的信息发生变化或者损毁的，应当向原考核发证机关提出书面申请，经原考核发证机关审查确认后，予以更换或者更新。

第四章　复　　审

第21条　特种作业操作证每3年复审1次。

特种作业人员在特种作业操作证有效期内，连续从事本工种10年以上，严格遵守有关安全生产法律法规的，经原考核发证机关或者从业所在地考核发证机关同意，特种作业操作证的复审时间可以延长至每6年1次。

第22条　特种作业操作证需要复审的，应当在期满前60日内，由申请人或者申请人的用人单位向原考核发证机关或者从业所在地考核发证机关提出申请，并提交下列材料：

（一）社区或者县级以上医疗机构出具的健康证明；

（二）从事特种作业的情况；

（三）安全培训考试合格记录。

特种作业操作证有效期届满需要延期换证的，应当按照前款的规定申请延期复审。

第23条　特种作业操作证申请复审或者延期复审前，特种作业人员应当参加必要的安全培训并考试合格。

安全培训时间不少于8个学时，主要培训法律、法规、标准、事故案例和有关新工艺、新技术、新装备等知识。

第24条　申请复审的，考核发证机关应当在收到申请之日起20个工作日内完成复审工作。复审合格的，由考核发证机关签章、登记，予以确认；不合格的，说明理由。

申请延期复审的，经复审合格后，由考核发证机关重新颁发特种作业操作证。

第25条 特种作业人员有下列情形之一的，复审或者延期复审不予通过：

（一）健康体检不合格的；

（二）违章操作造成严重后果或者有2次以上违章行为，并经查证确实的；

（三）有安全生产违法行为，并给予行政处罚的；

（四）拒绝、阻碍安全生产监管监察部门监督检查的；

（五）未按规定参加安全培训，或者考试不合格的；

（六）具有本规定第三十条、第三十一条规定情形的。

第26条 特种作业操作证复审或者延期复审符合本规定第二十五条第二项、第三项、第四项、第五项情形的，按照本规定经重新安全培训考试合格后，再办理复审或者延期复审手续。

再复审、延期复审仍不合格，或者未按期复审的，特种作业操作证失效。

第27条 申请人对复审或者延期复审有异议的，可以依法申请行政复议或者提起行政诉讼。

第五章 监 督 管 理

第28条 考核发证机关或其委托的单位及其工作人员应当忠于职守、坚持原则、廉洁自律，按照法律、法规、规章的规定进行特种作业人员的考核、发证、复审工作，接受社会的监督。

第29条 考核发证机关应当加强对特种作业人员的监督检查，发现其具有本规定第三十条规定情形的，及时撤销特种作业操作证；对依法应当给予行政处罚的安全生产违法行为，按照有关规定依法对生产经营单位及其特种作业人员实施行政处罚。

考核发证机关应当建立特种作业人员管理信息系统，方便用人单位和社会公众查询；对于注销特种作业操作证的特种作业人员，应当及时向社会公告。

第30条　有下列情形之一的，考核发证机关应当撤销特种作业操作证：

（一）超过特种作业操作证有效期未延期复审的；

（二）特种作业人员的身体条件已不适合继续从事特种作业的；

（三）对发生生产安全事故负有责任的；

（四）特种作业操作证记载虚假信息的；

（五）以欺骗、贿赂等不正当手段取得特种作业操作证的。

特种作业人员违反前款第四项、第五项规定的，3年内不得再次申请特种作业操作证。

第31条　有下列情形之一的，考核发证机关应当注销特种作业操作证：

（一）特种作业人员死亡的；

（二）特种作业人员提出注销申请的；

（三）特种作业操作证被依法撤销的。

第32条　离开特种作业岗位6个月以上的特种作业人员，应当重新进行实际操作考试，经确认合格后方可上岗作业。

第33条　省、自治区、直辖市人民政府安全生产监督管理部门和负责煤矿特种作业人员考核发证工作的部门或者指定的机构应当每年分别向安全监管总局、煤矿安监局报告特种作业人员的考核发证情况。

第34条　生产经营单位应当加强对本单位特种作业人员的管理，建立健全特种作业人员培训、复审档案，做好申报、培训、考核、复审的组织工作和日常的检查工作。

第35条　特种作业人员在劳动合同期满后变动工作单位的，

原工作单位不得以任何理由扣押其特种作业操作证。

跨省、自治区、直辖市从业的特种作业人员应当接受从业所在地考核发证机关的监督管理。

第 36 条　生产经营单位不得印制、伪造、倒卖特种作业操作证，或者使用非法印制、伪造、倒卖的特种作业操作证。

特种作业人员不得伪造、涂改、转借、转让、冒用特种作业操作证或者使用伪造的特种作业操作证。

第六章　罚　　则

第 37 条　考核发证机关或其委托的单位及其工作人员在特种作业人员考核、发证和复审工作中滥用职权、玩忽职守、徇私舞弊的，依法给予行政处分；构成犯罪的，依法追究刑事责任。

第 38 条　生产经营单位未建立健全特种作业人员档案的，给予警告，并处 1 万元以下的罚款。

第 39 条　生产经营单位使用未取得特种作业操作证的特种作业人员上岗作业的，责令限期改正，可以处 5 万元以下的罚款；逾期未改正的，责令停产停业整顿，并处 5 万元以上 10 万元以下的罚款，对直接负责的主管人员和其他直接责任人员处 1 万元以上 2 万元以下的罚款。

煤矿企业使用未取得特种作业操作证的特种作业人员上岗作业的，依照《国务院关于预防煤矿生产安全事故的特别规定》的规定处罚。

第 40 条　生产经营单位非法印制、伪造、倒卖特种作业操作证，或者使用非法印制、伪造、倒卖的特种作业操作证的，给予警告，并处 1 万元以上 3 万元以下的罚款；构成犯罪的，依法追究刑事责任。

第 41 条　特种作业人员伪造、涂改特种作业操作证或者使用伪造的特种作业操作证的，给予警告，并处 1000 元以上 5000 元以下的罚款。

特种作业人员转借、转让、冒用特种作业操作证的，给予警告，并处2000元以上1万元以下的罚款。

第七章　附　　则

第42条　特种作业人员培训、考试的收费标准，由省、自治区、直辖市人民政府安全生产监督管理部门会同负责煤矿特种作业人员考核发证工作的部门或者指定的机构统一制定，报同级人民政府物价、财政部门批准后执行，证书工本费由考核发证机关列入同级财政预算。

第43条　省、自治区、直辖市人民政府安全生产监督管理部门和负责煤矿特种作业人员考核发证工作的部门或者指定的机构可以结合本地区实际，制定实施细则，报安全监管总局、煤矿安监局备案。

第44条　本规定自2010年7月1日起施行。1999年7月12日原国家经贸委发布的《特种作业人员安全技术培训考核管理办法》（原国家经贸委令第13号）同时废止。

第五十六条　劳动者在安全生产中的权利和义务

劳动者在劳动过程中必须严格遵守安全操作规程。

劳动者对用人单位管理人员违章指挥、强令冒险作业，有权拒绝执行；对危害生命安全和身体健康的行为，有权提出批评、检举和控告。

● 法　律

1.《矿山安全法》（2009年8月27日）

第二章　矿山建设的安全保障

第6条　矿山建设工程的安全设施必须和主体工程同时设计、同时施工、同时投入生产和使用。

第7条　矿山建设工程的设计文件，必须符合矿山安全规程和行业技术规范，并按照国家规定经管理矿山企业的主管部门批准；不符合矿山安全规程和行业技术规范的，不得批准。

矿山建设工程安全设施的设计必须有劳动行政主管部门参加审查。

矿山安全规程和行业技术规范，由国务院管理矿山企业的主管部门制定。

第9条 矿山设计下列项目必须符合矿山安全规程和行业技术规范：

（一）矿井的通风系统和供风量、风质、风速；

（二）露天矿的边坡角和台阶的宽度、高度；

（三）供电系统；

（四）提升、运输系统；

（五）防水、排水系统和防火、灭火系统；

（六）防瓦斯系统和防尘系统；

（七）有关矿山安全的其他项目。

第10条 每个矿井必须有两个以上能行人的安全出口，出口之间的直线水平距离必须符合矿山安全规程和行业技术规范。

第11条 矿山必须有与外界相通的、符合安全要求的运输和通讯设施。

第12条 矿山建设工程必须按照管理矿山企业的主管部门批准的设计文件施工。

矿山建设工程安全设施竣工后，由管理矿山企业的主管部门验收，并须有劳动行政主管部门参加；不符合矿山安全规程和行业技术规范的，不得验收，不得投入生产。

第三章 矿山开采的安全保障

第13条 矿山开采必须具备保障安全生产的条件，执行开采不同矿种的矿山安全规程和行业技术规范。

第14条 矿山设计规定保留的矿柱、岩柱，在规定的期限内，应当予以保护，不得开采或者毁坏。

第15条　矿山使用的有特殊安全要求的设备、器材、防护用品和安全检测仪器，必须符合国家安全标准或者行业安全标准；不符合国家安全标准或者行业安全标准的，不得使用。

第16条　矿山企业必须对机电设备及其防护装置、安全检测仪器，定期检查、维修，保证使用安全。

第17条　矿山企业必须对作业场所中的有毒有害物质和井下空气含氧量进行检测，保证符合安全要求。

第18条　矿山企业必须对下列危害安全的事故隐患采取预防措施：

（一）冒顶、片帮、边坡滑落和地表塌陷；

（二）瓦斯爆炸、煤尘爆炸；

（三）冲击地压、瓦斯突出、井喷；

（四）地面和井下的火灾、水害；

（五）爆破器材和爆破作业发生的危害；

（六）粉尘、有毒有害气体、放射性物质和其他有害物质引起的危害；

（七）其他危害。

第19条　矿山企业对使用机械、电气设备，排土场矸石山、尾矿库和矿山闭坑后可能引起的危害，应当采取预防措施。

第四章　矿山企业的安全管理

第20条　矿山企业必须建立、健全安全生产责任制。

矿长对本企业的安全生产工作负责。

第21条　矿长应当定期向职工代表大会或者职工大会报告安全生产工作，发挥职工代表大会的监督作用。

第22条　矿山企业职工必须遵守有关矿山安全的法律、法规和企业规章制度。

矿山企业职工有权对危害安全的行为，提出批评、检举和控告。

第23条　矿山企业工会依法维护职工生产安全的合法权益，组织职工对矿山安全工作进行监督。

第24条　矿山企业违反有关安全的法律、法规，工会有权要求企业行政方面或者有关部门认真处理。

矿山企业召开讨论有关安全生产的会议，应当有工会代表参加，工会有权提出意见和建议。

第25条　矿山企业工会发现企业行政方面违章指挥、强令工人冒险作业或者生产过程中发现明显重大事故隐患和职业危害，有权提出解决的建议；发现危及职工生命安全的情况时，有权向矿山企业行政方面建议组织职工撤离危险现场，矿山企业行政方面必须及时作出处理决定。

第26条　矿山企业必须对职工进行安全教育、培训；未经安全教育、培训的，不得上岗作业。

矿山企业安全生产的特种作业人员必须接受专门培训，经考核合格取得操作资格证书的，方可上岗作业。

第27条　矿长必须经过考核，具备安全专业知识，具有领导安全生产和处理矿山事故的能力。

矿山企业安全工作人员必须具备必要的安全专业知识和矿山安全工作经验。

第28条　矿山企业必须向职工发放保障安全生产所需的劳动防护用品。

第29条　矿山企业不得录用未成年人从事矿山井下劳动。

矿山企业对女职工按照国家规定实行特殊劳动保护，不得分配女职工从事矿山井下劳动。

第30条　矿山企业必须制定矿山事故防范措施，并组织落实。

第31条　矿山企业应当建立由专职或者兼职人员组成的救护和医疗急救组织，配备必要的装备、器材和药物。

第32条　矿山企业必须从矿产品销售额中按照国家规定提取安全技术措施专项费用。安全技术措施专项费用必须全部用于改善矿山安全生产条件，不得挪作他用。

第五章　矿山安全的监督和管理

第33条　县级以上各级人民政府劳动行政主管部门对矿山安全工作行使下列监督职责：

（一）检查矿山企业和管理矿山企业的主管部门贯彻执行矿山安全法律、法规的情况；

（二）参加矿山建设工程安全设施的设计审查和竣工验收；

（三）检查矿山劳动条件和安全状况；

（四）检查矿山企业职工安全教育、培训工作；

（五）监督矿山企业提取和使用安全技术措施专项费用的情况；

（六）参加并监督矿山事故的调查和处理；

（七）法律、行政法规规定的其他监督职责。

第34条　县级以上人民政府管理矿山企业的主管部门对矿山安全工作行使下列管理职责：

（一）检查矿山企业贯彻执行矿山安全法律、法规的情况；

（二）审查批准矿山建设工程安全设施的设计；

（三）负责矿山建设工程安全设施的竣工验收；

（四）组织矿长和矿山企业安全工作人员的培训工作；

（五）调查和处理重大矿山事故；

（六）法律、行政法规规定的其他管理职责。

第35条　劳动行政主管部门的矿山安全监督人员有权进入矿山企业，在现场检查安全状况；发现有危及职工安全的紧急险情时，应当要求矿山企业立即处理。

2.《安全生产法》（2021年6月10日）

第三章　从业人员的安全生产权利义务

第52条　生产经营单位与从业人员订立的劳动合同，应当载明有关保障从业人员劳动安全、防止职业危害的事项，以及依法为从业人员办理工伤保险的事项。

生产经营单位不得以任何形式与从业人员订立协议，免除或者减轻其对从业人员因生产安全事故伤亡依法应承担的责任。

第 53 条　生产经营单位的从业人员有权了解其作业场所和工作岗位存在的危险因素、防范措施及事故应急措施，有权对本单位的安全生产工作提出建议。

第 54 条　从业人员有权对本单位安全生产工作中存在的问题提出批评、检举、控告；有权拒绝违章指挥和强令冒险作业。

生产经营单位不得因从业人员对本单位安全生产工作提出批评、检举、控告或者拒绝违章指挥、强令冒险作业而降低其工资、福利等待遇或者解除与其订立的劳动合同。

第 55 条　从业人员发现直接危及人身安全的紧急情况时，有权停止作业或者在采取可能的应急措施后撤离作业场所。

生产经营单位不得因从业人员在前款紧急情况下停止作业或者采取紧急撤离措施而降低其工资、福利等待遇或者解除与其订立的劳动合同。

第 56 条　生产经营单位发生生产安全事故后，应当及时采取措施救治有关人员。

因生产安全事故受到损害的从业人员，除依法享有工伤保险外，依照有关民事法律尚有获得赔偿的权利的，有权提出赔偿要求。

第 57 条　从业人员在作业过程中，应当严格落实岗位安全责任，遵守本单位的安全生产规章制度和操作规程，服从管理，正确佩戴和使用劳动防护用品。

第 58 条　从业人员应当接受安全生产教育和培训，掌握本职工作所需的安全生产知识，提高安全生产技能，增强事故预防和应急处理能力。

第59条　从业人员发现事故隐患或者其他不安全因素，应当立即向现场安全生产管理人员或者本单位负责人报告；接到报告的人员应当及时予以处理。

第60条　工会有权对建设项目的安全设施与主体工程同时设计、同时施工、同时投入生产和使用进行监督，提出意见。

工会对生产经营单位违反安全生产法律、法规，侵犯从业人员合法权益的行为，有权要求纠正；发现生产经营单位违章指挥、强令冒险作业或者发现事故隐患时，有权提出解决的建议，生产经营单位应当及时研究答复；发现危及从业人员生命安全的情况时，有权向生产经营单位建议组织从业人员撤离危险场所，生产经营单位必须立即作出处理。

工会有权依法参加事故调查，向有关部门提出处理意见，并要求追究有关人员的责任。

第61条　生产经营单位使用被派遣劳动者的，被派遣劳动者享有本法规定的从业人员的权利，并应当履行本法规定的从业人员的义务。

● 行政法规及文件

3.《使用有毒物品作业场所劳动保护条例》（2024年12月6日）

第五章　劳动者的权利与义务

第37条　从事使用有毒物品作业的劳动者在存在威胁生命安全或者身体健康危险的情况下，有权通知用人单位并从使用有毒物品造成的危险现场撤离。

用人单位不得因劳动者依据前款规定行使权利，而取消或者减少劳动者在正常工作时享有的工资、福利待遇。

第38条　劳动者享有下列职业卫生保护权利：

（一）获得职业卫生教育、培训；

（二）获得职业健康检查、职业病诊疗、康复等职业病防治服务；

（三）了解工作场所产生或者可能产生的职业中毒危害因素、危害后果和应当采取的职业中毒危害防护措施；

（四）要求用人单位提供符合防治职业病要求的职业中毒危害防护设施和个人使用的职业中毒危害防护用品，改善工作条件；

（五）对违反职业病防治法律、法规，危及生命、健康的行为提出批评、检举和控告；

（六）拒绝违章指挥和强令进行没有职业中毒危害防护措施的作业；

（七）参与用人单位职业卫生工作的民主管理，对职业病防治工作提出意见和建议。

用人单位应当保障劳动者行使前款所列权利。禁止因劳动者依法行使正当权利而降低其工资、福利等待遇或者解除、终止与其订立的劳动合同。

第39条　劳动者有权在正式上岗前从用人单位获得下列资料：

（一）作业场所使用的有毒物品的特性、有害成分、预防措施、教育和培训资料；

（二）有毒物品的标签、标识及有关资料；

（三）有毒物品安全使用说明书；

（四）可能影响安全使用有毒物品的其他有关资料。

第40条　劳动者有权查阅、复印其本人职业健康监护档案。

劳动者离开用人单位时，有权索取本人健康监护档案复印件；用人单位应当如实、无偿提供，并在所提供的复印件上签章。

第41条　用人单位按照国家规定参加工伤保险的，患职业病的劳动者有权按照国家有关工伤保险的规定，享受下列工伤保险待遇：

（一）医疗费：因患职业病进行诊疗所需费用，由工伤保险基金按照规定标准支付；

（二）住院伙食补助费：由用人单位按照当地因公出差伙食标准的一定比例支付；

（三）康复费：由工伤保险基金按照规定标准支付；

（四）残疾用具费：因残疾需要配置辅助器具的，所需费用由工伤保险基金按照普及型辅助器具标准支付；

（五）停工留薪期待遇：原工资、福利待遇不变，由用人单位支付；

（六）生活护理补助费：经评残并确认需要生活护理的，生活护理补助费由工伤保险基金按照规定标准支付；

（七）一次性伤残补助金：经鉴定为十级至一级伤残的，按照伤残等级享受相当于6个月至24个月的本人工资的一次性伤残补助金，由工伤保险基金支付；

（八）伤残津贴：经鉴定为四级至一级伤残的，按照规定享受相当于本人工资75%至90%的伤残津贴，由工伤保险基金支付；

（九）死亡补助金：因职业中毒死亡的，由工伤保险基金按照不低于48个月的统筹地区上年度职工月平均工资的标准一次支付；

（十）丧葬补助金：因职业中毒死亡的，由工伤保险基金按照6个月的统筹地区上年度职工月平均工资的标准一次支付；

（十一）供养亲属抚恤金：因职业中毒死亡的，对由死者生前提供主要生活来源的亲属由工伤保险基金支付抚恤金：对其配偶每月按照统筹地区上年度职工月平均工资的40%发给，对其生前供养的直系亲属每人每月按照统筹地区上年度职工月平均工资的30%发给；

（十二）国家规定的其他工伤保险待遇。

本条例施行后，国家对工伤保险待遇的项目和标准作出调整时，从其规定。

第 42 条　用人单位未参加工伤保险的，其劳动者从事有毒物品作业患职业病的，用人单位应当按照国家有关工伤保险规定的项目和标准，保证劳动者享受工伤待遇。

第 43 条　用人单位无营业执照以及被依法吊销营业执照，其劳动者从事使用有毒物品作业患职业病的，应当按照国家有关工伤保险规定的项目和标准，给予劳动者一次性赔偿。

第 44 条　用人单位分立、合并的，承继单位应当承担由原用人单位对患职业病的劳动者承担的补偿责任。

用人单位解散、破产的，应当依法从其清算财产中优先支付患职业病的劳动者的补偿费用。

第 45 条　劳动者除依法享有工伤保险外，依照有关民事法律的规定，尚有获得赔偿的权利的，有权向用人单位提出赔偿要求。

第 46 条　劳动者应当学习和掌握相关职业卫生知识，遵守有关劳动保护的法律、法规和操作规程，正确使用和维护职业中毒危害防护设施及其用品；发现职业中毒事故隐患时，应当及时报告。

作业场所出现使用有毒物品产生的危险时，劳动者应当采取必要措施，按照规定正确使用防护设施，将危险加以消除或者减少到最低限度。

第五十七条　伤亡事故和职业病的统计、报告、处理

国家建立伤亡事故和职业病统计报告和处理制度。县级以上各级人民政府劳动行政部门、有关部门和用人单位应当依法对劳动者在劳动过程中发生的伤亡事故和劳动者的职业病状况，进行统计、报告和处理。

● 法　律

1.《矿山安全法》（2009 年 8 月 27 日）

第 36 条　发生矿山事故，矿山企业必须立即组织抢救，防止事故扩大，减少人员伤亡和财产损失，对伤亡事故必须立即如实报告劳动行政主管部门和管理矿山企业的主管部门。

第 37 条　发生一般矿山事故，由矿山企业负责调查和处理。

发生重大矿山事故，由政府及其有关部门、工会和矿山企业按照行政法规的规定进行调查和处理。

第 38 条　矿山企业对矿山事故中伤亡的职工按照国家规定给予抚恤或者补偿。

第 39 条　矿山事故发生后，应当尽快消除现场危险，查明事故原因，提出防范措施。现场危险消除后，方可恢复生产。

2.《安全生产法》（2021 年 6 月 10 日）

第 83 条　生产经营单位发生生产安全事故后，事故现场有关人员应当立即报告本单位负责人。

单位负责人接到事故报告后，应当迅速采取有效措施，组织抢救，防止事故扩大，减少人员伤亡和财产损失，并按照国家有关规定立即如实报告当地负有安全生产监督管理职责的部门，不得隐瞒不报、谎报或者迟报，不得故意破坏事故现场、毁灭有关证据。

第 84 条　负有安全生产监督管理职责的部门接到事故报告后，应当立即按照国家有关规定上报事故情况。负有安全生产监督管理职责的部门和有关地方人民政府对事故情况不得隐瞒不报、谎报或者迟报。

第 85 条　有关地方人民政府和负有安全生产监督管理职责的部门的负责人接到生产安全事故报告后，应当按照生产安全事故应急救援预案的要求立即赶到事故现场，组织事故抢救。

参与事故抢救的部门和单位应当服从统一指挥，加强协同联动，采取有效的应急救援措施，并根据事故救援的需要采取警戒、疏散等措施，防止事故扩大和次生灾害的发生，减少人员伤亡和财产损失。

事故抢救过程中应当采取必要措施，避免或者减少对环境造成的危害。

任何单位和个人都应当支持、配合事故抢救，并提供一切便利条件。

第 86 条　事故调查处理应当按照科学严谨、依法依规、实事求是、注重实效的原则，及时、准确地查清事故原因，查明事故性质和责任，评估应急处置工作，总结事故教训，提出整改措施，并对事故责任单位和人员提出处理建议。事故调查报告应当依法及时向社会公布。事故调查和处理的具体办法由国务院制定。

事故发生单位应当及时全面落实整改措施，负有安全生产监督管理职责的部门应当加强监督检查。

负责事故调查处理的国务院有关部门和地方人民政府应当在批复事故调查报告后一年内，组织有关部门对事故整改和防范措施落实情况进行评估，并及时向社会公开评估结果；对不履行职责导致事故整改和防范措施没有落实的有关单位和人员，应当按照有关规定追究责任。

第 87 条　生产经营单位发生生产安全事故，经调查确定为责任事故的，除了应当查明事故单位的责任并依法予以追究外，还应当查明对安全生产的有关事项负有审查批准和监督职责的行政部门的责任，对有失职、渎职行为的，依照本法第九十条的规定追究法律责任。

第 88 条　任何单位和个人不得阻挠和干涉对事故的依法调查处理。

第 89 条　县级以上地方各级人民政府应急管理部门应当定期统计分析本行政区域内发生生产安全事故的情况，并定期向社会公布。

3.《职业病防治法》(2018 年 12 月 29 日)

第 50 条　用人单位和医疗卫生机构发现职业病病人或者疑似职业病病人时，应当及时向所在地卫生行政部门报告。确诊为职业病的，用人单位还应当向所在地劳动保障行政部门报告。接到报告的部门应当依法作出处理。

第 51 条　县级以上地方人民政府卫生行政部门负责本行政区域内的职业病统计报告的管理工作，并按照规定上报。

第 62 条　县级以上人民政府职业卫生监督管理部门依照职业病防治法律、法规、国家职业卫生标准和卫生要求，依据职责划分，对职业病防治工作进行监督检查。

第 63 条　卫生行政部门履行监督检查职责时，有权采取下列措施：

(一) 进入被检查单位和职业病危害现场，了解情况，调查取证；

(二) 查阅或者复制与违反职业病防治法律、法规的行为有关的资料和采集样品；

(三) 责令违反职业病防治法律、法规的单位和个人停止违法行为。

第 64 条　发生职业病危害事故或者有证据证明危害状态可能导致职业病危害事故发生时，卫生行政部门可以采取下列临时控制措施：

(一) 责令暂停导致职业病危害事故的作业；

(二) 封存造成职业病危害事故或者可能导致职业病危害事故发生的材料和设备；

(三) 组织控制职业病危害事故现场。

在职业病危害事故或者危害状态得到有效控制后，卫生行政部门应当及时解除控制措施。

● 行政法规及文件

4.《生产安全事故报告和调查处理条例》（2007年4月9日）

第一章 总 则

第1条 为了规范生产安全事故的报告和调查处理，落实生产安全事故责任追究制度，防止和减少生产安全事故，根据《中华人民共和国安全生产法》和有关法律，制定本条例。

第2条 生产经营活动中发生的造成人身伤亡或者直接经济损失的生产安全事故的报告和调查处理，适用本条例；环境污染事故、核设施事故、国防科研生产事故的报告和调查处理不适用本条例。

第3条 根据生产安全事故（以下简称事故）造成的人员伤亡或者直接经济损失，事故一般分为以下等级：

（一）特别重大事故，是指造成30人以上死亡，或者100人以上重伤（包括急性工业中毒，下同），或者1亿元以上直接经济损失的事故；

（二）重大事故，是指造成10人以上30人以下死亡，或者50人以上100人以下重伤，或者5000万元以上1亿元以下直接经济损失的事故；

（三）较大事故，是指造成3人以上10人以下死亡，或者10人以上50人以下重伤，或者1000万元以上5000万元以下直接经济损失的事故；

（四）一般事故，是指造成3人以下死亡，或者10人以下重伤，或者1000万元以下直接经济损失的事故。

国务院安全生产监督管理部门可以会同国务院有关部门，制定事故等级划分的补充性规定。

本条第一款所称的“以上”包括本数，所称的“以下”不包括本数。

第4条 事故报告应当及时、准确、完整，任何单位和个人对事故不得迟报、漏报、谎报或者瞒报。

事故调查处理应当坚持实事求是、尊重科学的原则，及时、准确地查清事故经过、事故原因和事故损失，查明事故性质，认定事故责任，总结事故教训，提出整改措施，并对事故责任者依法追究责任。

第 5 条 县级以上人民政府应当依照本条例的规定，严格履行职责，及时、准确地完成事故调查处理工作。

事故发生地有关地方人民政府应当支持、配合上级人民政府或者有关部门的事故调查处理工作，并提供必要的便利条件。

参加事故调查处理的部门和单位应当互相配合，提高事故调查处理工作的效率。

第 6 条 工会依法参加事故调查处理，有权向有关部门提出处理意见。

第 7 条 任何单位和个人不得阻挠和干涉对事故的报告和依法调查处理。

第 8 条 对事故报告和调查处理中的违法行为，任何单位和个人有权向安全生产监督管理部门、监察机关或者其他有关部门举报，接到举报的部门应当依法及时处理。

第二章 事 故 报 告

第 9 条 事故发生后，事故现场有关人员应当立即向本单位负责人报告；单位负责人接到报告后，应当于 1 小时内向事故发生地县级以上人民政府安全生产监督管理部门和负有安全生产监督管理职责的有关部门报告。

情况紧急时，事故现场有关人员可以直接向事故发生地县级以上人民政府安全生产监督管理部门和负有安全生产监督管理职责的有关部门报告。

第 10 条 安全生产监督管理部门和负有安全生产监督管理职责的有关部门接到事故报告后，应当依照下列规定上报事故情况，并通知公安机关、劳动保障行政部门、工会和人民检察院：

（一）特别重大事故、重大事故逐级上报至国务院安全生产监督管理部门和负有安全生产监督管理职责的有关部门；

（二）较大事故逐级上报至省、自治区、直辖市人民政府安全生产监督管理部门和负有安全生产监督管理职责的有关部门；

（三）一般事故上报至设区的市级人民政府安全生产监督管理部门和负有安全生产监督管理职责的有关部门。

安全生产监督管理部门和负有安全生产监督管理职责的有关部门依照前款规定上报事故情况，应当同时报告本级人民政府。国务院安全生产监督管理部门和负有安全生产监督管理职责的有关部门以及省级人民政府接到发生特别重大事故、重大事故的报告后，应当立即报告国务院。

必要时，安全生产监督管理部门和负有安全生产监督管理职责的有关部门可以越级上报事故情况。

第11条　安全生产监督管理部门和负有安全生产监督管理职责的有关部门逐级上报事故情况，每级上报的时间不得超过2小时。

第12条　报告事故应当包括下列内容：

（一）事故发生单位概况；

（二）事故发生的时间、地点以及事故现场情况；

（三）事故的简要经过；

（四）事故已经造成或者可能造成的伤亡人数（包括下落不明的人数）和初步估计的直接经济损失；

（五）已经采取的措施；

（六）其他应当报告的情况。

第13条　事故报告后出现新情况的，应当及时补报。

自事故发生之日起30日内，事故造成的伤亡人数发生变化的，应当及时补报。道路交通事故、火灾事故自发生之日起7日内，事故造成的伤亡人数发生变化的，应当及时补报。

第14条　事故发生单位负责人接到事故报告后，应当立即启动事故相应应急预案，或者采取有效措施，组织抢救，防止事故扩大，减少人员伤亡和财产损失。

第15条　事故发生地有关地方人民政府、安全生产监督管理部门和负有安全生产监督管理职责的有关部门接到事故报告后，其负责人应当立即赶赴事故现场，组织事故救援。

第16条　事故发生后，有关单位和人员应当妥善保护事故现场以及相关证据，任何单位和个人不得破坏事故现场、毁灭相关证据。

因抢救人员、防止事故扩大以及疏通交通等原因，需要移动事故现场物件的，应当做出标志，绘制现场简图并做出书面记录，妥善保存现场重要痕迹、物证。

第17条　事故发生地公安机关根据事故的情况，对涉嫌犯罪的，应当依法立案侦查，采取强制措施和侦查措施。犯罪嫌疑人逃匿的，公安机关应当迅速追捕归案。

第18条　安全生产监督管理部门和负有安全生产监督管理职责的有关部门应当建立值班制度，并向社会公布值班电话，受理事故报告和举报。

第三章　事 故 调 查

第19条　特别重大事故由国务院或者国务院授权有关部门组织事故调查组进行调查。

重大事故、较大事故、一般事故分别由事故发生地省级人民政府、设区的市级人民政府、县级人民政府负责调查。省级人民政府、设区的市级人民政府、县级人民政府可以直接组织事故调查组进行调查，也可以授权或者委托有关部门组织事故调查组进行调查。

未造成人员伤亡的一般事故，县级人民政府也可以委托事故发生单位组织事故调查组进行调查。

第 20 条　上级人民政府认为必要时，可以调查由下级人民政府负责调查的事故。

自事故发生之日起 30 日内（道路交通事故、火灾事故自发生之日起 7 日内），因事故伤亡人数变化导致事故等级发生变化，依照本条例规定应当由上级人民政府负责调查的，上级人民政府可以另行组织事故调查组进行调查。

第 21 条　特别重大事故以下等级事故，事故发生地与事故发生单位不在同一个县级以上行政区域的，由事故发生地人民政府负责调查，事故发生单位所在地人民政府应当派人参加。

第 22 条　事故调查组的组成应当遵循精简、效能的原则。

根据事故的具体情况，事故调查组由有关人民政府、安全生产监督管理部门、负有安全生产监督管理职责的有关部门、监察机关、公安机关以及工会派人组成，并应当邀请人民检察院派人参加。

事故调查组可以聘请有关专家参与调查。

第 23 条　事故调查组成员应当具有事故调查所需要的知识和专长，并与所调查的事故没有直接利害关系。

第 24 条　事故调查组组长由负责事故调查的人民政府指定。事故调查组组长主持事故调查组的工作。

第 25 条　事故调查组履行下列职责：

（一）查明事故发生的经过、原因、人员伤亡情况及直接经济损失；

（二）认定事故的性质和事故责任；

（三）提出对事故责任者的处理建议；

（四）总结事故教训，提出防范和整改措施；

（五）提交事故调查报告。

第26条　事故调查组有权向有关单位和个人了解与事故有关的情况，并要求其提供相关文件、资料，有关单位和个人不得拒绝。

事故发生单位的负责人和有关人员在事故调查期间不得擅离职守，并应当随时接受事故调查组的询问，如实提供有关情况。

事故调查中发现涉嫌犯罪的，事故调查组应当及时将有关材料或者其复印件移交司法机关处理。

第27条　事故调查中需要进行技术鉴定的，事故调查组应当委托具有国家规定资质的单位进行技术鉴定。必要时，事故调查组可以直接组织专家进行技术鉴定。技术鉴定所需时间不计入事故调查期限。

第28条　事故调查组成员在事故调查工作中应当诚信公正、恪尽职守，遵守事故调查组的纪律，保守事故调查的秘密。

未经事故调查组组长允许，事故调查组成员不得擅自发布有关事故的信息。

第29条　事故调查组应当自事故发生之日起60日内提交事故调查报告；特殊情况下，经负责事故调查的人民政府批准，提交事故调查报告的期限可以适当延长，但延长的期限最长不超过60日。

第30条　事故调查报告应当包括下列内容：

（一）事故发生单位概况；

（二）事故发生经过和事故救援情况；

（三）事故造成的人员伤亡和直接经济损失；

（四）事故发生的原因和事故性质；

（五）事故责任的认定以及对事故责任者的处理建议；

（六）事故防范和整改措施。

事故调查报告应当附具有关证据材料。事故调查组成员应当在事故调查报告上签名。

第31条　事故调查报告报送负责事故调查的人民政府后，事故调查工作即告结束。事故调查的有关资料应当归档保存。

第四章　事故处理

第32条　重大事故、较大事故、一般事故，负责事故调查的人民政府应当自收到事故调查报告之日起15日内做出批复；特别重大事故，30日内做出批复，特殊情况下，批复时间可以适当延长，但延长的时间最长不超过30日。

有关机关应当按照人民政府的批复，依照法律、行政法规规定的权限和程序，对事故发生单位和有关人员进行行政处罚，对负有事故责任的国家工作人员进行处分。

事故发生单位应当按照负责事故调查的人民政府的批复，对本单位负有事故责任的人员进行处理。

负有事故责任的人员涉嫌犯罪的，依法追究刑事责任。

第33条　事故发生单位应当认真吸取事故教训，落实防范和整改措施，防止事故再次发生。防范和整改措施的落实情况应当接受工会和职工的监督。

安全生产监督管理部门和负有安全生产监督管理职责的有关部门应当对事故发生单位落实防范和整改措施的情况进行监督检查。

第34条　事故处理的情况由负责事故调查的人民政府或者其授权的有关部门、机构向社会公布，依法应当保密的除外。

第五章　法律责任

第35条　事故发生单位主要负责人有下列行为之一的，处上一年年收入40%至80%的罚款；属于国家工作人员的，并依法给予处分；构成犯罪的，依法追究刑事责任：

（一）不立即组织事故抢救的；

（二）迟报或者漏报事故的；

（三）在事故调查处理期间擅离职守的。

第36条　事故发生单位及其有关人员有下列行为之一的，对事故发生单位处100万元以上500万元以下的罚款；对主要负责人、直接负责的主管人员和其他直接责任人员处上一年年收入60%至100%的罚款；属于国家工作人员的，并依法给予处分；构成违反治安管理行为的，由公安机关依法给予治安管理处罚；构成犯罪的，依法追究刑事责任：

（一）谎报或者瞒报事故的；

（二）伪造或者故意破坏事故现场的；

（三）转移、隐匿资金、财产，或者销毁有关证据、资料的；

（四）拒绝接受调查或者拒绝提供有关情况和资料的；

（五）在事故调查中作伪证或者指使他人作伪证的；

（六）事故发生后逃匿的。

第37条　事故发生单位对事故发生负有责任的，依照下列规定处以罚款：

（一）发生一般事故的，处10万元以上20万元以下的罚款；

（二）发生较大事故的，处20万元以上50万元以下的罚款；

（三）发生重大事故的，处50万元以上200万元以下的罚款；

（四）发生特别重大事故的，处200万元以上500万元以下的罚款。

第38条　事故发生单位主要负责人未依法履行安全生产管理职责，导致事故发生的，依照下列规定处以罚款；属于国家工作人员的，并依法给予处分；构成犯罪的，依法追究刑事责任：

（一）发生一般事故的，处上一年年收入30%的罚款；

（二）发生较大事故的，处上一年年收入40%的罚款；

（三）发生重大事故的，处上一年年收入60%的罚款；

（四）发生特别重大事故的，处上一年年收入80%的罚款。

第39条　有关地方人民政府、安全生产监督管理部门和负有安全生产监督管理职责的有关部门有下列行为之一的，对直接负责的主管人员和其他直接责任人员依法给予处分；构成犯罪的，依法追究刑事责任：

（一）不立即组织事故抢救的；

（二）迟报、漏报、谎报或者瞒报事故的；

（三）阻碍、干涉事故调查工作的；

（四）在事故调查中作伪证或者指使他人作伪证的。

第 40 条　事故发生单位对事故发生负有责任的，由有关部门依法暂扣或者吊销其有关证照；对事故发生单位负有事故责任的有关人员，依法暂停或者撤销其与安全生产有关的执业资格、岗位证书；事故发生单位主要负责人受到刑事处罚或者撤职处分的，自刑罚执行完毕或者受处分之日起，5 年内不得担任任何生产经营单位的主要负责人。

为发生事故的单位提供虚假证明的中介机构，由有关部门依法暂扣或者吊销其有关证照及其相关人员的执业资格；构成犯罪的，依法追究刑事责任。

第 41 条　参与事故调查的人员在事故调查中有下列行为之一的，依法给予处分；构成犯罪的，依法追究刑事责任：

（一）对事故调查工作不负责任，致使事故调查工作有重大疏漏的；

（二）包庇、袒护负有事故责任的人员或者借机打击报复的。

第 42 条　违反本条例规定，有关地方人民政府或者有关部门故意拖延或者拒绝落实经批复的对事故责任人的处理意见的，由监察机关对有关责任人员依法给予处分。

第 43 条　本条例规定的罚款的行政处罚，由安全生产监督管理部门决定。

法律、行政法规对行政处罚的种类、幅度和决定机关另有规定的，依照其规定。

第六章 附 则

第44条 没有造成人员伤亡，但是社会影响恶劣的事故，国务院或者有关地方人民政府认为需要调查处理的，依照本条例的有关规定执行。

国家机关、事业单位、人民团体发生的事故的报告和调查处理，参照本条例的规定执行。

第45条 特别重大事故以下等级事故的报告和调查处理，有关法律、行政法规或者国务院另有规定的，依照其规定。

第46条 本条例自2007年6月1日起施行。国务院1989年3月29日公布的《特别重大事故调查程序暂行规定》和1991年2月22日公布的《企业职工伤亡事故报告和处理规定》同时废止。

● 部门规章及文件

5.《用人单位职业病危害因素定期检测管理规范》（2015年2月28日 安监总厅安健〔2015〕16号）

第4条 用人单位应当建立职业病危害因素定期检测制度，每年至少委托具备资质的职业卫生技术服务机构对其存在职业病危害因素的工作场所进行一次全面检测。法律法规另有规定的，按其规定执行。

第5条 用人单位应当将职业病危害因素定期检测工作纳入年度职业病防治计划和实施方案，明确责任部门或责任人，所需检测费用纳入年度经费预算予以保障。

第6条 用人单位应当建立职业病危害因素定期检测档案，并纳入其职业卫生档案体系。

第7条 用人单位在与职业卫生技术服务机构签订定期检测合同前，应当对职业卫生技术服务机构的资质、计量认证范围等事项进行核对，并将相关资质证书复印存档。

定期检测范围应当包含用人单位产生职业病危害的全部工作场所，用人单位不得要求职业卫生技术服务机构仅对部分职业病危害因素或部分工作场所进行指定检测。

第8条　用人单位与职业卫生技术服务机构签订委托协议后，应将其生产工艺流程、产生职业病危害的原辅材料和设备、职业病防护设施、劳动工作制度等与检测有关的情况告知职业卫生技术服务机构。

用人单位应当在确保正常生产的状况下，配合职业卫生技术服务机构做好采样前的现场调查和工作日写实工作，并由陪同人员在技术服务机构现场记录表上签字确认。

第9条　职业卫生技术服务机构对用人单位工作场所进行现场调查后，结合用人单位提供的相关材料，制定现场采样和检测计划，用人单位主要负责人按照国家有关采样规范确认无误后，应当在现场采样和检测计划上签字。

第10条　职业卫生技术服务机构在进行现场采样检测时，用人单位应当保证生产过程处于正常状态，不得故意减少生产负荷或停产、停机。用人单位因故需要停产、停机或减负运行的，应当及时通知技术服务机构变更现场采样和检测计划。

用人单位应当对技术服务机构现场采样检测过程进行拍照或摄像留证。

第11条　采样检测结束时，用人单位陪同人员应当对现场采样检测记录进行确认并签字。

第12条　用人单位与职业卫生技术服务机构应当互相监督，保证采样检测符合以下要求：

（一）采用定点采样时，选择空气中有害物质浓度最高、劳动者接触时间最长的工作地点采样；采用个体采样时，选择接触有害物质浓度最高和接触时间最长的劳动者采样；

（二）空气中有害物质浓度随季节发生变化的工作场所，选择空气中有害物质浓度最高的时节为重点采样时段；同时风速、风向、温度、湿度等气象条件应满足采样要求；

（三）在工作周内，应当将有害物质浓度最高的工作日选择为重点采样日；在工作日内，应当将有害物质浓度最高的时段选择为重点采样时段；

（四）高温测量时，对于常年从事接触高温作业的，测量夏季最热月份湿球黑球温度；不定期接触高温作业的，测量工期内最热月份湿球黑球温度；从事室外作业的，测量夏季最热月份晴天有太阳辐射时湿球黑球温度。

第13条　用人单位在委托职业卫生技术服务机构进行定期检测过程中不得有下列行为：

（一）委托不具备相应资质的职业卫生技术服务机构检测；

（二）隐瞒生产所使用的原辅材料成分及用量、生产工艺与布局等有关情况；

（三）要求职业卫生技术服务机构在异常气象条件、减少生产负荷、开工时间不足等不能反映真实结果的状态下进行采样检测；

（四）要求职业卫生技术服务机构更改采样检测数据；

（五）要求职业卫生技术服务机构对指定地点或指定职业病危害因素进行采样检测；

（六）以拒付少付检测费用等不正当手段干扰职业卫生技术服务机构正常采样检测工作；

（七）妨碍正常采样检测工作，影响检测结果真实性的其他行为。

第14条　用人单位应当要求职业卫生技术服务机构及时提供定期检测报告，定期检测报告经用人单位主要负责人审阅签字后归档。

在收到定期检测报告后一个月之内，用人单位应当将定期检测结果向所在地安全生产监督管理部门报告。

第15条　定期检测结果中职业病危害因素浓度或强度超过职业接触限值的，职业卫生技术服务机构应提出相应整改建议。用人单位应结合本单位的实际情况，制定切实有效的整改方案，立即进行整改。整改落实情况应有明确的记录并存入职业卫生档案备查。

第16条　用人单位应当及时在工作场所公告栏向劳动者公布定期检测结果和相应的防护措施。

第17条　安全生产监管部门应当加强对用人单位职业病危害因素定期检测工作的监督检查。发现用人单位违反本规范的，依据《职业病防治法》、《工作场所职业卫生监督管理规定》等法律法规及规章的规定予以处罚。

6.《建设项目职业病防护设施“三同时”监督管理办法》（2017年3月9日　国家安全生产监督管理总局令第90号）

第9条　对可能产生职业病危害的建设项目，建设单位应当在建设项目可行性论证阶段进行职业病危害预评价，编制预评价报告。

第10条　建设项目职业病危害预评价报告应当符合职业病防治有关法律、法规、规章和标准的要求，并包括下列主要内容：

（一）建设项目概况，主要包括项目名称、建设地点、建设内容、工作制度、岗位设置及人员数量等；

（二）建设项目可能产生的职业病危害因素及其对工作场所、劳动者健康影响与危害程度的分析与评价；

（三）对建设项目拟采取的职业病防护设施和防护措施进行分析、评价，并提出对策与建议；

（四）评价结论，明确建设项目的职业病危害风险类别及拟采取的职业病防护设施和防护措施是否符合职业病防治有关法律、法规、规章和标准的要求。

第15条　存在职业病危害的建设项目，建设单位应当在施工前按照职业病防治有关法律、法规、规章和标准的要求，进行职业病防护设施设计。

第16条　建设项目职业病防护设施设计应当包括下列内容：

（一）设计依据；

（二）建设项目概况及工程分析；

（三）职业病危害因素分析及危害程度预测；

（四）拟采取的职业病防护设施和应急救援设施的名称、规格、型号、数量、分布，并对防控性能进行分析；

（五）辅助用室及卫生设施的设置情况；

（六）对预评价报告中拟采取的职业病防护设施、防护措施及对策措施采纳情况的说明；

（七）职业病防护设施和应急救援设施投资预算明细表；

（八）职业病防护设施和应急救援设施可以达到的预期效果及评价。

第21条　建设项目职业病防护设施建设期间，建设单位应当对其进行经常性的检查，对发现的问题及时进行整改。

第22条　建设项目投入生产或者使用前，建设单位应当依照职业病防治有关法律、法规、规章和标准要求，采取下列职业病危害防治管理措施：

（一）设置或者指定职业卫生管理机构，配备专职或者兼职的职业卫生管理人员；

（二）制定职业病防治计划和实施方案；

（三）建立、健全职业卫生管理制度和操作规程；

（四）建立、健全职业卫生档案和劳动者健康监护档案；

（五）实施由专人负责的职业病危害因素日常监测，并确保监测系统处于正常运行状态；

（六）对工作场所进行职业病危害因素检测、评价；

（七）建设单位的主要负责人和职业卫生管理人员应当接受职业卫生培训，并组织劳动者进行上岗前的职业卫生培训；

（八）按照规定组织从事接触职业病危害作业的劳动者进行上岗前职业健康检查，并将检查结果书面告知劳动者；

（九）在醒目位置设置公告栏，公布有关职业病危害防治的规章制度、操作规程、职业病危害事故应急救援措施和工作场所职业病危害因素检测结果。对产生严重职业病危害的作业岗位，应当在其醒目位置，设置警示标识和中文警示说明；

（十）为劳动者个人提供符合要求的职业病防护用品；

（十一）建立、健全职业病危害事故应急救援预案；

（十二）职业病防治有关法律、法规、规章和标准要求的其他管理措施。

第七章　女职工和未成年工特殊保护

第五十八条　女职工和未成年工的特殊劳动保护

国家对女职工和未成年工实行特殊劳动保护。

未成年工是指年满16周岁未满18周岁的劳动者。

● 法　律

1.《妇女权益保障法》（2022年10月30日）

第47条　用人单位应当根据妇女的特点，依法保护妇女在工作和劳动时的安全、健康以及休息的权利。

妇女在经期、孕期、产期、哺乳期受特殊保护。

2.《未成年人保护法》（2024年4月26日）

第61条　任何组织或者个人不得招用未满十六周岁未成年人，国家另有规定的除外。

营业性娱乐场所、酒吧、互联网上网服务营业场所等不适宜未成年人活动的场所不得招用已满十六周岁的未成年人。

招用已满十六周岁未成年人的单位和个人应当执行国家在工种、劳动时间、劳动强度和保护措施等方面的规定，不得安排其从事过重、有毒、有害等危害未成年人身心健康的劳动或者危险作业。

任何组织或者个人不得组织未成年人进行危害其身心健康的表演等活动。经未成年人的父母或者其他监护人同意，未成年人参与演出、节目制作等活动，活动组织方应当根据国家有关规定，保障未成年人合法权益。

● 行政法规及文件

3. **《女职工劳动保护特别规定》**（2012 年 4 月 28 日）

第 2 条 中华人民共和国境内的国家机关、企业、事业单位、社会团体、个体经济组织以及其他社会组织等用人单位及其女职工，适用本规定。

第 3 条 用人单位应当加强女职工劳动保护，采取措施改善女职工劳动安全卫生条件，对女职工进行劳动安全卫生知识培训。

第 4 条 用人单位应当遵守女职工禁忌从事的劳动范围的规定。用人单位应当将本单位属于女职工禁忌从事的劳动范围的岗位书面告知女职工。

女职工禁忌从事的劳动范围由本规定附录列示。国务院安全生产监督管理部门会同国务院人力资源社会保障行政部门、国务院卫生行政部门根据经济社会发展情况，对女职工禁忌从事的劳动范围进行调整。

第 5 条 用人单位不得因女职工怀孕、生育、哺乳降低其工资、予以辞退、与其解除劳动或者聘用合同。

第 6 条 女职工在孕期不能适应原劳动的，用人单位应当根据医疗机构的证明，予以减轻劳动量或者安排其他能够适应的劳动。

对怀孕7个月以上的女职工，用人单位不得延长劳动时间或者安排夜班劳动，并应当在劳动时间内安排一定的休息时间。

怀孕女职工在劳动时间内进行产前检查，所需时间计入劳动时间。

第7条　女职工生育享受98天产假，其中产前可以休假15天；难产的，增加产假15天；生育多胞胎的，每多生育1个婴儿，增加产假15天。

女职工怀孕未满4个月流产的，享受15天产假；怀孕满4个月流产的，享受42天产假。

第8条　女职工产假期间的生育津贴，对已经参加生育保险的，按照用人单位上年度职工月平均工资的标准由生育保险基金支付；对未参加生育保险的，按照女职工产假前工资的标准由用人单位支付。

女职工生育或者流产的医疗费用，按照生育保险规定的项目和标准，对已经参加生育保险的，由生育保险基金支付；对未参加生育保险的，由用人单位支付。

第9条　对哺乳未满1周岁婴儿的女职工，用人单位不得延长劳动时间或者安排夜班劳动。

用人单位应当在每天的劳动时间内为哺乳期女职工安排1小时哺乳时间；女职工生育多胞胎的，每多哺乳1个婴儿每天增加1小时哺乳时间。

第10条　女职工比较多的用人单位应当根据女职工的需要，建立女职工卫生室、孕妇休息室、哺乳室等设施，妥善解决女职工在生理卫生、哺乳方面的困难。

第11条　在劳动场所，用人单位应当预防和制止对女职工的性骚扰。

第12条　县级以上人民政府人力资源社会保障行政部门、安全生产监督管理部门按照各自职责负责对用人单位遵守本规定的情况进行监督检查。

工会、妇女组织依法对用人单位遵守本规定的情况进行监督。

第13条　用人单位违反本规定第六条第二款、第七条、第九条第一款规定的，由县级以上人民政府人力资源社会保障行政部门责令限期改正，按照受侵害女职工每人1000元以上5000元以下的标准计算，处以罚款。

用人单位违反本规定附录第一条、第二条规定的，由县级以上人民政府安全生产监督管理部门责令限期改正，按照受侵害女职工每人1000元以上5000元以下的标准计算，处以罚款。用人单位违反本规定附录第三条、第四条规定的，由县级以上人民政府安全生产监督管理部门责令限期治理，处5万元以上30万元以下的罚款；情节严重的，责令停止有关作业，或者提请有关人民政府按照国务院规定的权限责令关闭。

第14条　用人单位违反本规定，侵害女职工合法权益的，女职工可以依法投诉、举报、申诉，依法向劳动人事争议调解仲裁机构申请调解仲裁，对仲裁裁决不服的，依法向人民法院提起诉讼。

第15条　用人单位违反本规定，侵害女职工合法权益，造成女职工损害的，依法给予赔偿；用人单位及其直接负责的主管人员和其他直接责任人员构成犯罪的，依法追究刑事责任。

第五十九条　女职工禁忌劳动的范围

禁止安排女职工从事矿山井下、国家规定的第四级体力劳动强度的劳动和其他禁忌从事的劳动。

● 行政法规及文件

《女职工劳动保护特别规定》（2012 年 4 月 28 日）

附录：女职工禁忌从事的劳动范围

一、女职工禁忌从事的劳动范围：

（一）矿山井下作业；

（二）体力劳动强度分级标准中规定的第四级体力劳动强度的作业；

（三）每小时负重 6 次以上、每次负重超过 20 公斤的作业，或者间断负重、每次负重超过 25 公斤的作业。

二、女职工在经期禁忌从事的劳动范围：

（一）冷水作业分级标准中规定的第二级、第三级、第四级冷水作业；

（二）低温作业分级标准中规定的第二级、第三级、第四级低温作业；

（三）体力劳动强度分级标准中规定的第三级、第四级体力劳动强度的作业；

（四）高处作业分级标准中规定的第三级、第四级高处作业。

三、女职工在孕期禁忌从事的劳动范围：

（一）作业场所空气中铅及其化合物、汞及其化合物、苯、镉、铍、砷、氰化物、氮氧化物、一氧化碳、二硫化碳、氯、己内酰胺、氯丁二烯、氯乙烯、环氧乙烷、苯胺、甲醛等有毒物质浓度超过国家职业卫生标准的作业；

（二）从事抗癌药物、己烯雌酚生产，接触麻醉剂气体等的作业；

（三）非密封源放射性物质的操作，核事故与放射事故的应急处置；

（四）高处作业分级标准中规定的高处作业；

（五）冷水作业分级标准中规定的冷水作业；

（六）低温作业分级标准中规定的低温作业；

（七）高温作业分级标准中规定的第三级、第四级的作业；

（八）噪声作业分级标准中规定的第三级、第四级的作业；

（九）体力劳动强度分级标准中规定的第三级、第四级体力劳动强度的作业；

（十）在密闭空间、高压室作业或者潜水作业，伴有强烈振动的作业，或者需要频繁弯腰、攀高、下蹲的作业。

四、女职工在哺乳期禁忌从事的劳动范围：

（一）孕期禁忌从事的劳动范围的第一项、第三项、第九项；

（二）作业场所空气中锰、氟、溴、甲醇、有机磷化合物、有机氯化合物等有毒物质浓度超过国家职业卫生标准的作业。

第六十条　女职工经期的保护

不得安排女职工在经期从事高处、低温、冷水作业和国家规定的第三级体力劳动强度的劳动。

第六十一条　女职工孕期的保护

不得安排女职工在怀孕期间从事国家规定的第三级体力劳动强度的劳动和孕期禁忌从事的劳动。对怀孕7个月以上的女职工，不得安排其延长工作时间和夜班劳动。

● 行政法规及文件

《女职工劳动保护特别规定》（2012年4月28日）

第6条　女职工在孕期不能适应原劳动的，用人单位应当根据医疗机构的证明，予以减轻劳动量或者安排其他能够适应的劳动。

对怀孕7个月以上的女职工，用人单位不得延长劳动时间或者安排夜班劳动，并应当在劳动时间内安排一定的休息时间。

怀孕女职工在劳动时间内进行产前检查，所需时间计入劳动时间。

第六十二条　女职工产期的保护

女职工生育享受不少于 90 天的产假。

● 行政法规及文件

《女职工劳动保护特别规定》（2012 年 4 月 28 日）

第 7 条　女职工生育享受 98 天产假，其中产前可以休假 15 天；难产的，增加产假 15 天；生育多胞胎的，每多生育 1 个婴儿，增加产假 15 天。

女职工怀孕未满 4 个月流产的，享受 15 天产假；怀孕满 4 个月流产的，享受 42 天产假。

第六十三条　女职工哺乳期的保护

不得安排女职工在哺乳未满 1 周岁的婴儿期间从事国家规定的第三级体力劳动强度的劳动和哺乳期禁忌从事的其他劳动，不得安排其延长工作时间和夜班劳动。

第六十四条　未成年工禁忌劳动的范围

不得安排未成年工从事矿山井下、有毒有害、国家规定的第四级体力劳动强度的劳动和其他禁忌从事的劳动。

第六十五条　未成年工定期健康检查

用人单位应当对未成年工定期进行健康检查。

第八章 职业培训

第六十六条 国家发展职业培训事业

国家通过各种途径，采取各种措施，发展职业培训事业，开发劳动者的职业技能，提高劳动者素质，增强劳动者的就业能力和工作能力。

● 法 律

1.《就业促进法》（2015年4月24日）

第五章 职业教育和培训

第44条 国家依法发展职业教育，鼓励开展职业培训，促进劳动者提高职业技能，增强就业能力和创业能力。

第45条 县级以上人民政府根据经济社会发展和市场需求，制定并实施职业能力开发计划。

第46条 县级以上人民政府加强统筹协调，鼓励和支持各类职业院校、职业技能培训机构和用人单位依法开展就业前培训、在职培训、再就业培训和创业培训；鼓励劳动者参加各种形式的培训。

第47条 县级以上地方人民政府和有关部门根据市场需求和产业发展方向，鼓励、指导企业加强职业教育和培训。

职业院校、职业技能培训机构与企业应当密切联系，实行产教结合，为经济建设服务，培养实用人才和熟练劳动者。

企业应当按照国家有关规定提取职工教育经费，对劳动者进行职业技能培训和继续教育培训。

第48条 国家采取措施建立健全劳动预备制度，县级以上地方人民政府对有就业要求的初高中毕业生实行一定期限的职业教育和培训，使其取得相应的职业资格或者掌握一定的职业技能。

第49条 地方各级人民政府鼓励和支持开展就业培训，帮助失业人员提高职业技能，增强其就业能力和创业能力。失业人员参加就业培训的，按照有关规定享受政府培训补贴。

第50条 地方各级人民政府采取有效措施，组织和引导进城就业的农村劳动者参加技能培训，鼓励各类培训机构为进城就业的农村劳动者提供技能培训，增强其就业能力和创业能力。

第51条 国家对从事涉及公共安全、人身健康、生命财产安全等特殊工种的劳动者，实行职业资格证书制度，具体办法由国务院规定。

● 部门规章及文件

2.《住房和城乡建设部关于改进住房和城乡建设领域施工现场专业人员职业培训工作的指导意见》（2019年1月19日 建人〔2019〕9号）

二、完善职业培训体系

按照“谁主管，谁负责”“谁用人，谁负责”原则，坚持统一标准、分类指导和属地管理，构建企业、行业组织、职业院校和社会力量共同参与的施工现场专业人员职业教育培训体系。充分调动企业职业培训工作积极性，鼓励龙头骨干企业建立培训机构，按照职业标准和岗位要求组织开展施工现场专业人员培训。鼓励社会培训机构、职业院校和行业组织按照市场化要求，发挥优势和特色，提供施工现场专业人员培训服务。各培训机构对参训人员的培训结果负责。

三、提升职业培训质量

省级住房和城乡建设主管部门要结合实际，制定本地区施工现场专业人员职业培训工作管理办法，确定施工现场专业人员职业培训机构应当具备的基本条件，及时公布符合条件的培训机构名单，供参训人员自主选择。要将职业培训考核要求与企业岗位用人统一起来，督促指导企业使用具备相应专业知识水平的施工现场专业人员。要加强培训质量管控，完善培训机构评价体系、诚信体系，引导培训机构严格遵循职业标准，按纲施训，促进职业培训质量不断提升。

四、创新考核评价方式

我部将依据职业标准、培训考核评价大纲，结合工程建设项目施工现场实际需求，建立全国统一测试题库，供各地培训机构免费使用。培训机构按照要求完成培训内容后，应组织参训人员进行培训考核，对考核合格者颁发培训合格证书，作为施工现场专业人员培训后具备相应专业知识水平的证明。培训考核信息须按照要求上传住房和城乡建设行业从业人员培训管理信息系统以备查验。

五、加强继续教育

不断完善施工现场专业人员职业标准，研究建立知识更新大纲，强化职业道德、安全生产、工程实践以及新技术、新工艺、新材料、新设备等内容培训，增强职业培训工作的针对性、时效性。探索更加务实高效的继续教育组织形式，积极推广网络教育、远程教育等方式。各省级住房和城乡建设主管部门要落实有关继续教育规定，充分发挥各类人才培养基地、继续教育基地、培训机构作用，开展形式多样的施工现场专业人员继续教育，促进从业人员专业能力提升。

六、优化培训管理服务

各省级住房和城乡建设主管部门要充分利用住房和城乡建设行业从业人员培训管理信息系统，为企业、培训机构和参训人员提供便利服务，规范培训合格证书发放和管理，实现各省（自治区、直辖市）施工现场专业人员培训数据在全国范围内互联互通。要加强指导监督，做好施工现场专业人员培训信息记录、汇总、上传。要全面推行培训合格证书电子化，结合施工现场实名制管理，提高证书管理和使用效率。

3.《人力资源和社会保障部办公厅关于加强技工教育和职业培训教材建设工作的通知》（2017 年 5 月 3 日　人社厅函〔2017〕107 号）

一、统筹推进，大力开发技工教育和职业培训教材

（一）积极开拓技工教育教材新领域。服务产业转型升级和技工院校新专业建设需要，大力开发战略性新兴产业、先进制造业、现代服务业等相关专业教材。以国家技能人才培养标准和一体化课程规范为引领，扩大一体化课程教材规模。充分发挥世界技能大赛的带动作用，做好相关教材开发，推动技工院校在课程设置、教学内容等方面与世界先进标准对接。及时总结企业新型学徒制试点经验，探索开发贴近企业岗位实际、符合技能人才成长规律的相关教材。

（二）整体推进职业培训教材建设。以《职业培训包开发技术规程》为遵循，结合新经济、新产业、新职业发展，积极开发集培训目标、培训内容、教学资源、考核大纲为一体的职业培训包，不断丰富品种、系列。围绕“大众创业、万众创新”，加快创新创业相关培训教材开发。

（三）加快开发高技能人才培训教材。根据我国经济社会发展、产业转型升级和供给侧结构性改革需要，以《中国制造 2025》为引领，以国家十大振兴产业和战略性新兴产业紧缺型高技能人才培养为重点，以先进制造业高端技术、高技能人才核心技能和工艺研发能力为主要方向，加快高技能人才培训教材开发步伐，基本形成规模合理、工种齐全、技能高端的高技能人才培训教材体系，为深入实施国家高技能人才振兴计划服务。

第六十七条 各级政府的职责

各级人民政府应当把发展职业培训纳入社会经济发展的规划，鼓励和支持有条件的企业、事业组织、社会团体和个人进行各种形式的职业培训。

● 法 律

《职业教育法》（2022 年 4 月 20 日）

第一章 总 则

第 1 条 为了推动职业教育高质量发展，提高劳动者素质和技术技能水平，促进就业创业，建设教育强国、人力资源强国和技能型社会，推进社会主义现代化建设，根据宪法，制定本法。

第 2 条 本法所称职业教育，是指为了培养高素质技术技能人才，使受教育者具备从事某种职业或者实现职业发展所需要的职业道德、科学文化与专业知识、技术技能等职业综合素质和行动能力而实施的教育，包括职业学校教育和职业培训。

机关、事业单位对其工作人员实施的专门培训由法律、行政法规另行规定。

第 3 条 职业教育是与普通教育具有同等重要地位的教育类型，是国民教育体系和人力资源开发的重要组成部分，是培养多样化人才、传承技术技能、促进就业创业的重要途径。

国家大力发展职业教育，推进职业教育改革，提高职业教育质量，增强职业教育适应性，建立健全适应社会主义市场经济和社会发展需要、符合技术技能人才成长规律的职业教育制度体系，为全面建设社会主义现代化国家提供有力人才和技能支撑。

第 4 条 职业教育必须坚持中国共产党的领导，坚持社会主义办学方向，贯彻国家的教育方针，坚持立德树人、德技并修，坚持产教融合、校企合作，坚持面向市场、促进就业，坚持面向实践、强化能力，坚持面向人人、因材施教。

实施职业教育应当弘扬社会主义核心价值观，对受教育者进行思想政治教育和职业道德教育，培育劳模精神、劳动精神、工匠精神，传授科学文化与专业知识，培养技术技能，进行职业指导，全面提高受教育者的素质。

第 5 条　公民有依法接受职业教育的权利。

第 6 条　职业教育实行政府统筹、分级管理、地方为主、行业指导、校企合作、社会参与。

第 7 条　各级人民政府应当将发展职业教育纳入国民经济和社会发展规划，与促进就业创业和推动发展方式转变、产业结构调整、技术优化升级等整体部署、统筹实施。

第 8 条　国务院建立职业教育工作协调机制，统筹协调全国职业教育工作。

国务院教育行政部门负责职业教育工作的统筹规划、综合协调、宏观管理。国务院教育行政部门、人力资源社会保障行政部门和其他有关部门在国务院规定的职责范围内，分别负责有关的职业教育工作。

省、自治区、直辖市人民政府应当加强对本行政区域内职业教育工作的领导，明确设区的市、县级人民政府职业教育具体工作职责，统筹协调职业教育发展，组织开展督导评估。

县级以上地方人民政府有关部门应当加强沟通配合，共同推进职业教育工作。

第 9 条　国家鼓励发展多种层次和形式的职业教育，推进多元办学，支持社会力量广泛、平等参与职业教育。

国家发挥企业的重要办学主体作用，推动企业深度参与职业教育，鼓励企业举办高质量职业教育。

有关行业主管部门、工会和中华职业教育社等群团组织、行业组织、企业、事业单位等应当依法履行实施职业教育的义务，参与、支持或者开展职业教育。

第10条　国家采取措施，大力发展技工教育，全面提高产业工人素质。

国家采取措施，支持举办面向农村的职业教育，组织开展农业技能培训、返乡创业就业培训和职业技能培训，培养高素质乡村振兴人才。

国家采取措施，扶持革命老区、民族地区、边远地区、欠发达地区职业教育的发展。

国家采取措施，组织各类转岗、再就业、失业人员以及特殊人群等接受各种形式的职业教育，扶持残疾人职业教育的发展。

国家保障妇女平等接受职业教育的权利。

第11条　实施职业教育应当根据经济社会发展需要，结合职业分类、职业标准、职业发展需求，制定教育标准或者培训方案，实行学历证书及其他学业证书、培训证书、职业资格证书和职业技能等级证书制度。

国家实行劳动者在就业前或者上岗前接受必要的职业教育的制度。

第12条　国家采取措施，提高技术技能人才的社会地位和待遇，弘扬劳动光荣、技能宝贵、创造伟大的时代风尚。

国家对在职业教育工作中做出显著成绩的单位和个人按照有关规定给予表彰、奖励。

每年5月的第二周为职业教育活动周。

第13条　国家鼓励职业教育领域的对外交流与合作，支持引进境外优质资源发展职业教育，鼓励有条件的职业教育机构赴境外办学，支持开展多种形式的职业教育学习成果互认。

第二章　职业教育体系

第14条　国家建立健全适应经济社会发展需要，产教深度融合，职业学校教育和职业培训并重，职业教育与普通教育相互融通，不同层次职业教育有效贯通，服务全民终身学习的现代职业教育体系。

国家优化教育结构，科学配置教育资源，在义务教育后的不同阶段因地制宜、统筹推进职业教育与普通教育协调发展。

第15条　职业学校教育分为中等职业学校教育、高等职业学校教育。

中等职业学校教育由高级中等教育层次的中等职业学校（含技工学校）实施。

高等职业学校教育由专科、本科及以上教育层次的高等职业学校和普通高等学校实施。根据高等职业学校设置制度规定，将符合条件的技师学院纳入高等职业学校序列。

其他学校、教育机构或者符合条件的企业、行业组织按照教育行政部门的统筹规划，可以实施相应层次的职业学校教育或者提供纳入人才培养方案的学分课程。

第16条　职业培训包括就业前培训、在职培训、再就业培训及其他职业性培训，可以根据实际情况分级分类实施。

职业培训可以由相应的职业培训机构、职业学校实施。

其他学校或者教育机构以及企业、社会组织可以根据办学能力、社会需求，依法开展面向社会的、多种形式的职业培训。

第17条　国家建立健全各级各类学校教育与职业培训学分、资历以及其他学习成果的认证、积累和转换机制，推进职业教育国家学分银行建设，促进职业教育与普通教育的学习成果融通、互认。

军队职业技能等级纳入国家职业资格认证和职业技能等级评价体系。

第18条　残疾人职业教育除由残疾人教育机构实施外，各级各类职业学校和职业培训机构及其他教育机构应当按照国家有关规定接纳残疾学生，并加强无障碍环境建设，为残疾学生学习、生活提供必要的帮助和便利。

国家采取措施，支持残疾人教育机构、职业学校、职业培训机构及其他教育机构开展或者联合开展残疾人职业教育。

从事残疾人职业教育的特殊教育教师按照规定享受特殊教育津贴。

第19条　县级以上人民政府教育行政部门应当鼓励和支持普通中小学、普通高等学校，根据实际需要增加职业教育相关教学内容，进行职业启蒙、职业认知、职业体验，开展职业规划指导、劳动教育，并组织、引导职业学校、职业培训机构、企业和行业组织等提供条件和支持。

第三章　职业教育的实施

第20条　国务院教育行政部门会同有关部门根据经济社会发展需要和职业教育特点，组织制定、修订职业教育专业目录，完善职业教育教学等标准，宏观管理指导职业学校教材建设。

第21条　县级以上地方人民政府应当举办或者参与举办发挥骨干和示范作用的职业学校、职业培训机构，对社会力量依法举办的职业学校和职业培训机构给予指导和扶持。

国家根据产业布局和行业发展需要，采取措施，大力发展先进制造等产业需要的新兴专业，支持高水平职业学校、专业建设。

国家采取措施，加快培养托育、护理、康养、家政等方面技术技能人才。

第22条　县级人民政府可以根据县域经济社会发展的需要，设立职业教育中心学校，开展多种形式的职业教育，实施实用技术培训。

教育行政部门可以委托职业教育中心学校承担教育教学指导、教育质量评价、教师培训等职业教育公共管理和服务工作。

第23条　行业主管部门按照行业、产业人才需求加强对职业教育的指导，定期发布人才需求信息。

行业主管部门、工会和中华职业教育社等群团组织、行业组织可以根据需要，参与制定职业教育专业目录和相关职业教育标准，开展人才需求预测、职业生涯发展研究及信息咨询，培育供需匹配的产教融合服务组织，举办或者联合举办职业学校、职业培训机构，组织、协调、指导相关企业、事业单位、社会组织举办职业学校、职业培训机构。

第24条　企业应当根据本单位实际，有计划地对本单位的职工和准备招用的人员实施职业教育，并可以设置专职或者兼职实施职业教育的岗位。

企业应当按照国家有关规定实行培训上岗制度。企业招用的从事技术工种的劳动者，上岗前必须进行安全生产教育和技术培训；招用的从事涉及公共安全、人身健康、生命财产安全等特定职业（工种）的劳动者，必须经过培训并依法取得职业资格或者特种作业资格。

企业开展职业教育的情况应当纳入企业社会责任报告。

第25条　企业可以利用资本、技术、知识、设施、设备、场地和管理等要素，举办或者联合举办职业学校、职业培训机构。

第26条　国家鼓励、指导、支持企业和其他社会力量依法举办职业学校、职业培训机构。

地方各级人民政府采取购买服务，向学生提供助学贷款、奖助学金等措施，对企业和其他社会力量依法举办的职业学校和职业培训机构予以扶持；对其中的非营利性职业学校和职业培训机构还可以采取政府补贴、基金奖励、捐资激励等扶持措施，参照同级同类公办学校生均经费等相关经费标准和支持政策给予适当补助。

第27条　对深度参与产教融合、校企合作，在提升技术技能人才培养质量、促进就业中发挥重要主体作用的企业，按照规定给予奖励；对符合条件认定为产教融合型企业的，按照规定给予金融、财政、土地等支持，落实教育费附加、地方教育附加减免及其他税费优惠。

第28条　联合举办职业学校、职业培训机构的，举办者应当签订联合办学协议，约定各方权利义务。

地方各级人民政府及行业主管部门支持社会力量依法参与联合办学，举办多种形式的职业学校、职业培训机构。

行业主管部门、工会等群团组织、行业组织、企业、事业单位等委托学校、职业培训机构实施职业教育的，应当签订委托合同。

第29条　县级以上人民政府应当加强职业教育实习实训基地建设，组织行业主管部门、工会等群团组织、行业组织、企业等根据区域或者行业职业教育的需要建设高水平、专业化、开放共享的产教融合实习实训基地，为职业学校、职业培训机构开展实习实训和企业开展培训提供条件和支持。

第30条　国家推行中国特色学徒制，引导企业按照岗位总量的一定比例设立学徒岗位，鼓励和支持有技术技能人才培养能力的企业特别是产教融合型企业与职业学校、职业培训机构开展合作，对新招用职工、在岗职工和转岗职工进行学徒培训，或者与职业学校联合招收学生，以工学结合的方式进行学徒培养。有关企业可以按照规定享受补贴。

企业与职业学校联合招收学生，以工学结合的方式进行学徒培养的，应当签订学徒培养协议。

第31条　国家鼓励行业组织、企业等参与职业教育专业教材开发，将新技术、新工艺、新理念纳入职业学校教材，并可以通过活页式教材等多种方式进行动态更新；支持运用信息技术和其他现代化教学方式，开发职业教育网络课程等学习资源，创新教学方式和学校管理方式，推动职业教育信息化建设与融合应用。

第32条　国家通过组织开展职业技能竞赛等活动，为技术技能人才提供展示技能、切磋技艺的平台，持续培养更多高素质技术技能人才、能工巧匠和大国工匠。

第四章　职业学校和职业培训机构

第33条　职业学校的设立，应当符合下列基本条件：

（一）有组织机构和章程；

（二）有合格的教师和管理人员；

（三）有与所实施职业教育相适应、符合规定标准和安全要求的教学及实习实训场所、设施、设备以及课程体系、教育教学资源等；

（四）有必备的办学资金和与办学规模相适应的稳定经费来源。

设立中等职业学校，由县级以上地方人民政府或者有关部门按照规定的权限审批；设立实施专科层次教育的高等职业学校，由省、自治区、直辖市人民政府审批，报国务院教育行政部门备案；设立实施本科及以上层次教育的高等职业学校，由国务院教育行政部门审批。

专科层次高等职业学校设置的培养高端技术技能人才的部分专业，符合产教深度融合、办学特色鲜明、培养质量较高等条件的，经国务院教育行政部门审批，可以实施本科层次的职业教育。

第34条　职业培训机构的设立，应当符合下列基本条件：

（一）有组织机构和管理制度；

（二）有与培训任务相适应的课程体系、教师或者其他授课人员、管理人员；

（三）有与培训任务相适应、符合安全要求的场所、设施、设备；

（四）有相应的经费。

职业培训机构的设立、变更和终止，按照国家有关规定执行。

第35条　公办职业学校实行中国共产党职业学校基层组织领导的校长负责制，中国共产党职业学校基层组织按照中国共产党章程和有关规定，全面领导学校工作，支持校长独立负责地行使职权。民办职业学校依法健全决策机制，强化学校的中国共产党基层组织政治功能，保证其在学校重大事项决策、监督、执行各环节有效发挥作用。

校长全面负责本学校教学、科学研究和其他行政管理工作。校长通过校长办公会或者校务会议行使职权，依法接受监督。

职业学校可以通过咨询、协商等多种形式，听取行业组织、企业、学校毕业生等方面代表的意见，发挥其参与学校建设、支持学校发展的作用。

第36条　职业学校应当依法办学，依据章程自主管理。

职业学校在办学中可以开展下列活动：

（一）根据产业需求，依法自主设置专业；

（二）基于职业教育标准制定人才培养方案，依法自主选用或者编写专业课程教材；

（三）根据培养技术技能人才的需要，自主设置学习制度，安排教学过程；

（四）在基本学制基础上，适当调整修业年限，实行弹性学习制度；

（五）依法自主选聘专业课教师。

第37条　国家建立符合职业教育特点的考试招生制度。

中等职业学校可以按照国家有关规定，在有关专业实行与高等职业学校教育的贯通招生和培养。

高等职业学校可以按照国家有关规定，采取文化素质与职业技能相结合的考核方式招收学生；对有突出贡献的技术技能人才，经考核合格，可以破格录取。

省级以上人民政府教育行政部门会同同级人民政府有关部门建立职业教育统一招生平台，汇总发布实施职业教育的学校及其专业设置、招生情况等信息，提供查询、报考等服务。

第38条　职业学校应当加强校风学风、师德师风建设，营造良好学习环境，保证教育教学质量。

第39条　职业学校应当建立健全就业创业促进机制，采取多种形式为学生提供职业规划、职业体验、求职指导等就业创业服务，增强学生就业创业能力。

第40条　职业学校、职业培训机构实施职业教育应当注重产教融合，实行校企合作。

职业学校、职业培训机构可以通过与行业组织、企业、事业单位等共同举办职业教育机构、组建职业教育集团、开展订单培养等多种形式进行合作。

国家鼓励职业学校在招生就业、人才培养方案制定、师资队伍建设、专业规划、课程设置、教材开发、教学设计、教学实施、质量评价、科学研究、技术服务、科技成果转化以及技术技能创新平台、专业化技术转移机构、实习实训基地建设等方面，与相关行业组织、企业、事业单位等建立合作机制。开展合作的，应当签订协议，明确双方权利义务。

第41条　职业学校、职业培训机构开展校企合作、提供社会服务或者以实习实训为目的举办企业、开展经营活动取得的收入用于改善办学条件；收入的一定比例可以用于支付教师、企业专家、外聘人员和受教育者的劳动报酬，也可以作为绩效工资来源，符合国家规定的可以不受绩效工资总量限制。

职业学校、职业培训机构实施前款规定的活动，符合国家有关规定的，享受相关税费优惠政策。

第42条　职业学校按照规定的收费标准和办法，收取学费和其他必要费用；符合国家规定条件的，应当予以减免；不得以介绍工作、安排实习实训等名义违法收取费用。

职业培训机构、职业学校面向社会开展培训的，按照国家有关规定收取费用。

第43条　职业学校、职业培训机构应当建立健全教育质量评价制度，吸纳行业组织、企业等参与评价，并及时公开相关信息，接受教育督导和社会监督。

县级以上人民政府教育行政部门应当会同有关部门、行业组织建立符合职业教育特点的质量评价体系，组织或者委托行业组织、企业和第三方专业机构，对职业学校的办学质量进行评估，并将评估结果及时公开。

职业教育质量评价应当突出就业导向，把受教育者的职业道德、技术技能水平、就业质量作为重要指标，引导职业学校培养高素质技术技能人才。

有关部门应当按照各自职责，加强对职业学校、职业培训机构的监督管理。

第五章　职业教育的教师与受教育者

第44条　国家保障职业教育教师的权利，提高其专业素质与社会地位。

县级以上人民政府及其有关部门应当将职业教育教师的培养培训工作纳入教师队伍建设规划，保证职业教育教师队伍适应职业教育发展的需要。

第45条　国家建立健全职业教育教师培养培训体系。

各级人民政府应当采取措施，加强职业教育教师专业化培养培训，鼓励设立专门的职业教育师范院校，支持高等学校设立相关专业，培养职业教育教师；鼓励行业组织、企业共同参与职业教育教师培养培训。

产教融合型企业、规模以上企业应当安排一定比例的岗位，接纳职业学校、职业培训机构教师实践。

第46条　国家建立健全符合职业教育特点和发展要求的职业学校教师岗位设置和职务（职称）评聘制度。

职业学校的专业课教师（含实习指导教师）应当具有一定年限的相应工作经历或者实践经验，达到相应的技术技能水平。

具备条件的企业、事业单位经营管理和专业技术人员，以及其他有专业知识或者特殊技能的人员，经教育教学能力培训合格的，可以担任职业学校的专职或者兼职专业课教师；取得教师资格的，可以根据其技术职称聘任为相应的教师职务。取得职业学校专业课教师资格可以视情况降低学历要求。

第47条　国家鼓励职业学校聘请技能大师、劳动模范、能工巧匠、非物质文化遗产代表性传承人等高技能人才，通过担任专职或者兼职专业课教师、设立工作室等方式，参与人才培养、技术开发、技能传承等工作。

第48条　国家制定职业学校教职工配备基本标准。省、自治区、直辖市应当根据基本标准，制定本地区职业学校教职工配备标准。

县级以上地方人民政府应当根据教职工配备标准、办学规模等，确定公办职业学校教职工人员规模，其中一定比例可以用于支持职业学校面向社会公开招聘专业技术人员、技能人才担任专职或者兼职教师。

第49条　职业学校学生应当遵守法律、法规和学生行为规范，养成良好的职业道德、职业精神和行为习惯，努力学习，完成规定的学习任务，按照要求参加实习实训，掌握技术技能。

职业学校学生的合法权益，受法律保护。

第50条　国家鼓励企业、事业单位安排实习岗位，接纳职业学校和职业培训机构的学生实习。接纳实习的单位应当保障学生在实习期间按照规定享受休息休假、获得劳动安全卫生保护、参加相关保险、接受职业技能指导等权利；对上岗实习的，应当签订实习协议，给予适当的劳动报酬。

职业学校和职业培训机构应当加强对实习实训学生的指导，加强安全生产教育，协商实习单位安排与学生所学专业相匹配的岗位，明确实习实训内容和标准，不得安排学生从事与所学专业无关的实习实训，不得违反相关规定通过人力资源服务机构、劳务派遣单位，或者通过非法从事人力资源服务、劳务派遣业务的单位或个人组织、安排、管理学生实习实训。

第 51 条　接受职业学校教育，达到相应学业要求，经学校考核合格的，取得相应的学业证书；接受职业培训，经职业培训机构或者职业学校考核合格的，取得相应的培训证书；经符合国家规定的专门机构考核合格的，取得相应的职业资格证书或者职业技能等级证书。

学业证书、培训证书、职业资格证书和职业技能等级证书，按照国家有关规定，作为受教育者从业的凭证。

接受职业培训取得的职业技能等级证书、培训证书等学习成果，经职业学校认定，可以转化为相应的学历教育学分；达到相应职业学校学业要求的，可以取得相应的学业证书。

接受高等职业学校教育，学业水平达到国家规定的学位标准的，可以依法申请相应学位。

第 52 条　国家建立对职业学校学生的奖励和资助制度，对特别优秀的学生进行奖励，对经济困难的学生提供资助，并向艰苦、特殊行业等专业学生适当倾斜。国家根据经济社会发展情况适时调整奖励和资助标准。

国家支持企业、事业单位、社会组织及公民个人按照国家有关规定设立职业教育奖学金、助学金，奖励优秀学生，资助经济困难的学生。

职业学校应当按照国家有关规定从事业收入或者学费收入中提取一定比例资金，用于奖励和资助学生。

省、自治区、直辖市人民政府有关部门应当完善职业学校资助资金管理制度，规范资助资金管理使用。

第53条 职业学校学生在升学、就业、职业发展等方面与同层次普通学校学生享有平等机会。

高等职业学校和实施职业教育的普通高等学校应当在招生计划中确定相应比例或者采取单独考试办法，专门招收职业学校毕业生。

各级人民政府应当创造公平就业环境。用人单位不得设置妨碍职业学校毕业生平等就业、公平竞争的报考、录用、聘用条件。机关、事业单位、国有企业在招录、招聘技术技能岗位人员时，应当明确技术技能要求，将技术技能水平作为录用、聘用的重要条件。事业单位公开招聘中有职业技能等级要求的岗位，可以适当降低学历要求。

第六章 职业教育的保障

第54条 国家优化教育经费支出结构，使职业教育经费投入与职业教育发展需求相适应，鼓励通过多种渠道依法筹集发展职业教育的资金。

第55条 各级人民政府应当按照事权和支出责任相适应的原则，根据职业教育办学规模、培养成本和办学质量等落实职业教育经费，并加强预算绩效管理，提高资金使用效益。

省、自治区、直辖市人民政府应当制定本地区职业学校生均经费标准或者公用经费标准。职业学校举办者应当按照生均经费标准或者公用经费标准按时、足额拨付经费，不断改善办学条件。不得以学费、社会服务收入冲抵生均拨款。

民办职业学校举办者应当参照同层次职业学校生均经费标准，通过多种渠道筹措经费。

财政专项安排、社会捐赠指定用于职业教育的经费，任何组织和个人不得挪用、克扣。

第 56 条　地方各级人民政府安排地方教育附加等方面的经费，应当将其中可用于职业教育的资金统筹使用；发挥失业保险基金作用，支持职工提升职业技能。

第 57 条　各级人民政府加大面向农村的职业教育投入，可以将农村科学技术开发、技术推广的经费适当用于农村职业培训。

第 58 条　企业应当根据国务院规定的标准，按照职工工资总额一定比例提取和使用职工教育经费。职工教育经费可以用于举办职业教育机构、对本单位的职工和准备招用人员进行职业教育等合理用途，其中用于企业一线职工职业教育的经费应当达到国家规定的比例。用人单位安排职工到职业学校或者职业培训机构接受职业教育的，应当在其接受职业教育期间依法支付工资，保障相关待遇。

企业设立具备生产与教学功能的产教融合实习实训基地所发生的费用，可以参照职业学校享受相应的用地、公用事业费等优惠。

第 59 条　国家鼓励金融机构通过提供金融服务支持发展职业教育。

第 60 条　国家鼓励企业、事业单位、社会组织及公民个人对职业教育捐资助学，鼓励境外的组织和个人对职业教育提供资助和捐赠。提供的资助和捐赠，必须用于职业教育。

第 61 条　国家鼓励和支持开展职业教育的科学技术研究、教材和教学资源开发，推进职业教育资源跨区域、跨行业、跨部门共建共享。

国家逐步建立反映职业教育特点和功能的信息统计和管理体系。

县级以上人民政府及其有关部门应当建立健全职业教育服务

和保障体系，组织、引导工会等群团组织、行业组织、企业、学校等开展职业教育研究、宣传推广、人才供需对接等活动。

第62条　新闻媒体和职业教育有关方面应当积极开展职业教育公益宣传，弘扬技术技能人才成长成才典型事迹，营造人人努力成才、人人皆可成才、人人尽展其才的良好社会氛围。

第七章　法 律 责 任

第63条　在职业教育活动中违反《中华人民共和国教育法》、《中华人民共和国劳动法》等有关法律规定的，依照有关法律的规定给予处罚。

第64条　企业未依照本法规定对本单位的职工和准备招用的人员实施职业教育、提取和使用职工教育经费的，由有关部门责令改正；拒不改正的，由县级以上人民政府收取其应当承担的职工教育经费，用于职业教育。

第65条　职业学校、职业培训机构在职业教育活动中违反本法规定的，由教育行政部门或者其他有关部门责令改正；教育教学质量低下或者管理混乱，造成严重后果的，责令暂停招生、限期整顿；逾期不整顿或者经整顿仍达不到要求的，吊销办学许可证或者责令停止办学。

第66条　接纳职业学校和职业培训机构学生实习的单位违反本法规定，侵害学生休息休假、获得劳动安全卫生保护、参加相关保险、接受职业技能指导等权利的，依法承担相应的法律责任。

职业学校、职业培训机构违反本法规定，通过人力资源服务机构、劳务派遣单位或者非法从事人力资源服务、劳务派遣业务的单位或个人组织、安排、管理学生实习实训的，由教育行政部门、人力资源社会保障行政部门或者其他有关部门责令改正，没收违法所得，并处违法所得一倍以上五倍以下的罚款；违法所得不足一万元的，按一万元计算。

对前款规定的人力资源服务机构、劳务派遣单位或者非法从事人力资源服务、劳务派遣业务的单位或个人，由人力资源社会保障行政部门或者其他有关部门责令改正，没收违法所得，并处违法所得一倍以上五倍以下的罚款；违法所得不足一万元的，按一万元计算。

第 67 条　教育行政部门、人力资源社会保障行政部门或者其他有关部门的工作人员违反本法规定，滥用职权、玩忽职守、徇私舞弊的，依法给予处分；构成犯罪的，依法追究刑事责任。

第八章　附　　则

第 68 条　境外的组织和个人在境内举办职业学校、职业培训机构，适用本法；法律、行政法规另有规定的，从其规定。

第 69 条　本法自 2022 年 5 月 1 日起施行。

第六十八条　用人单位建立职业培训制度

用人单位应当建立职业培训制度，按照国家规定提取和使用职业培训经费，根据本单位实际，有计划地对劳动者进行职业培训。

从事技术工种的劳动者，上岗前必须经过培训。

● 案例指引

1. **王某与培训机构劳动合同纠纷案**（常州市劳动人事争议仲裁委员会发布劳动人事争议十大典型案例之八）

裁判摘要：用人单位以提供了入职岗位培训为由与劳动者签订服务期协议并约定违约金，劳动者在服务期内辞职，用人单位依据服务期协议主张劳动者支付违约金的不予支持。

2. **于某某与物业公司失业保险待遇纠纷案**（南通市中级人民法院发布 2017 年度南通法院劳动争议审判典型案例之八）

裁判摘要：诚实守信是劳动关系各方必须坚持的基本原则。劳动者向单位出具书面保证、承诺等字据，对其法律后果应当有合理预判，除非证明受到非法胁迫，原则上应当信守。劳动者如果事后违背该保证或承诺，将自行承担不利的法律后果。

3. **张某与劳务公司劳动争议案**（四川省成都市中级人民法院发布2021年劳动争议十大典型案例之十）

裁判摘要：根据《劳动法》的规定，员工培训，其目的应是扩展员工技术业务知识、提高实际操作能力，进而提升员工综合素质，增强用人单位市场竞争力。但是，一些用人单位却借用“员工培训”名义，没有明确培训内容、没有合理的培训考核制度，且无故随意延长培训期限，并在培训期间发放工资明显低于平常工资水平，迫使劳动者主动提出离职，用人单位以此妄想达到不用支付劳动补偿金的目的。对于明显没有明确的培训计划、培训内容、合理考核等虚假式员工培训，变相长时间闲置劳动者的，系不按劳动合同约定提供劳动条件，劳动者因此提出解除劳动合同的，用人单位应当支付经济补偿金。

4. **郑某与某医院劳动争议纠纷案**（江门市劳动人事争议仲裁委员会和江门市中级人民法院联合发布2019年劳动人事争议仲裁十大典型案例之十）

裁判摘要：用人单位主张的违约金数额不得超过用人单位提供的培训费用，培训费用包括用人单位支付的有凭证的培训费用、培训期间的差旅费用以及因培训产生的用于该劳动者的其他直接费用。其中，培训期间用人单位向劳动者支付的工资、单位社会保险费、单位公积金，因属于法律强制性规定，不应认定为培训费用。培训期间的奖励性补贴则应认定为培训费用，用人单位可要求劳动者赔偿。

第六十九条 职业技能资格

国家确定职业分类，对规定的职业制定职业技能标准，实行职业资格证书制度，由经备案的考核鉴定机构负责对劳动者实施职业技能考核鉴定。

第九章　社会保险和福利

第七十条　社会保险制度

国家发展社会保险事业，建立社会保险制度，设立社会保险基金，使劳动者在年老、患病、工伤、失业、生育等情况下获得帮助和补偿。

● 法　律

1.《社会保险法》（2018 年 12 月 29 日）

第 1 条　为了规范社会保险关系，维护公民参加社会保险和享受社会保险待遇的合法权益，使公民共享发展成果，促进社会和谐稳定，根据宪法，制定本法。

第 2 条　国家建立基本养老保险、基本医疗保险、工伤保险、失业保险、生育保险等社会保险制度，保障公民在年老、疾病、工伤、失业、生育等情况下依法从国家和社会获得物质帮助的权利。

● 行政法规及文件

2.《失业保险条例》（1999 年 1 月 22 日）

第 2 条　城镇企业事业单位、城镇企业事业单位职工依照本条例的规定，缴纳失业保险费。

城镇企业事业单位失业人员依照本条例的规定，享受失业保险待遇。

本条所称城镇企业，是指国有企业、城镇集体企业、外商投资企业、城镇私营企业以及其他城镇企业。

3.《工伤保险条例》（2010 年 12 月 20 日）

第 2 条　中华人民共和国境内的企业、事业单位、社会团体、民办非企业单位、基金会、律师事务所、会计师事务所等组织和有雇工的个体工商户（以下称用人单位）应当依照本条例规定参加工伤保险，为本单位全部职工或者雇工（以下称职工）缴纳工伤保险费。

4.《国务院办公厅关于全面推进生育保险和职工基本医疗保险合并实施的意见》（2019 年 3 月 6 日）

各省、自治区、直辖市人民政府，国务院各部委、各直属机构：

全面推进生育保险和职工基本医疗保险（以下统称两项保险）合并实施，是保障职工社会保险待遇、增强基金共济能力、提升经办服务水平的重要举措。根据《中华人民共和国社会保险法》有关规定，经国务院同意，现就两项保险合并实施提出以下意见。

一、指导思想

以习近平新时代中国特色社会主义思想为指导，全面贯彻党的十九大和十九届二中、三中全会精神，认真落实党中央、国务院决策部署，统筹推进“五位一体”总体布局和协调推进“四个全面”战略布局，坚持以人民为中心，牢固树立新发展理念，遵循保留险种、保障待遇、统一管理、降低成本的总体思路，推进两项保险合并实施，实现参保同步登记、基金合并运行、征缴管理一致、监督管理统一、经办服务一体化。通过整合两项保险基金及管理资源，强化基金共济能力，提升管理综合效能，降低管理运行成本，建立适应我国经济发展水平、优化保险管理资源、实现两项保险长期稳定可持续发展的制度体系和运行机制。

二、主要政策

（一）统一参保登记。参加职工基本医疗保险的在职职工同步参加生育保险。实施过程中要完善参保范围，结合全民参保登记计划摸清底数，促进实现应保尽保。

（二）统一基金征缴和管理。生育保险基金并入职工基本医疗保险基金，统一征缴，统筹层次一致。按照用人单位参加生育保险和职工基本医疗保险的缴费比例之和确定新的用人单位职工基本医疗保险费率，个人不缴纳生育保险费。同时，根据职工基本医疗保险基金支出情况和生育待遇的需求，按照收支平衡的原则，建立费率确定和调整机制。

职工基本医疗保险基金严格执行社会保险基金财务制度，不再单列生育保险基金收入，在职工基本医疗保险统筹基金待遇支出中设置生育待遇支出项目。探索建立健全基金风险预警机制，坚持基金运行情况公开，加强内部控制，强化基金行政监督和社会监督，确保基金安全运行。

（三）统一医疗服务管理。两项保险合并实施后实行统一定点医疗服务管理。医疗保险经办机构与定点医疗机构签订相关医疗服务协议时，要将生育医疗服务有关要求和指标增加到协议内容中，并充分利用协议管理，强化对生育医疗服务的监控。执行基本医疗保险、工伤保险、生育保险药品目录以及基本医疗保险诊疗项目和医疗服务设施范围。

促进生育医疗服务行为规范。将生育医疗费用纳入医保支付方式改革范围，推动住院分娩等医疗费用按病种、产前检查按人头等方式付费。生育医疗费用原则上实行医疗保险经办机构与定点医疗机构直接结算。充分利用医保智能监控系统，强化监控和审核，控制生育医疗费用不合理增长。

（四）统一经办和信息服务。两项保险合并实施后，要统一经办管理，规范经办流程。经办管理统一由基本医疗保险经办机构负责，经费列入同级财政预算。充分利用医疗保险信息系统平台，实行信息系统一体化运行。原有生育保险医疗费用结算平台可暂时保留，待条件成熟后并入医疗保险结算平台。完善统计信息系统，确保及时全面准确反映生育保险基金运行、待遇享受人员、待遇支付等方面情况。

（五）确保职工生育期间的生育保险待遇不变。生育保险待遇包括《中华人民共和国社会保险法》规定的生育医疗费用和生育津贴，所需资金从职工基本医疗保险基金中支付。生育津贴支付期限按照《女职工劳动保护特别规定》等法律法规规定的产假期限执行。

（六）确保制度可持续。各地要通过整合两项保险基金增强基金统筹共济能力；研判当前和今后人口形势对生育保险支出的影响，增强风险防范意识和制度保障能力；按照“尽力而为、量力而行”的原则，坚持从实际出发，从保障基本权益做起，合理引导预期；跟踪分析合并实施后基金运行情况和支出结构，完善生育保险监测指标；根据生育保险支出需求，建立费率动态调整机制，防范风险转嫁，实现制度可持续发展。

三、保障措施

（一）加强组织领导。两项保险合并实施是党中央、国务院作出的一项重要部署，也是推动建立更加公平更可持续社会保障制度的重要内容。各省（自治区、直辖市）要高度重视，加强领导，有序推进相关工作。国家医保局、财政部、国家卫生健康委要会同有关方面加强工作指导，及时研究解决工作中遇到的困难和问题，重要情况及时报告国务院。

（二）精心组织实施。各地要高度重视两项保险合并实施工作，按照本意见要求，根据当地生育保险和职工基本医疗保险参保人群差异、基金支付能力、待遇保障水平等因素进行综合分析和研究，周密组织实施，确保参保人员相关待遇不降低、基金收支平衡，保证平稳过渡。各省（自治区、直辖市）要加强工作部署，督促指导各统筹地区加快落实，2019 年底前实现两项保险合并实施。

（三）加强政策宣传。各统筹地区要坚持正确的舆论导向，准确解读相关政策，大力宣传两项保险合并实施的重要意义，让社会公众充分了解合并实施不会影响参保人员享受相关待遇，且有利于提高基金共济能力、减轻用人单位事务性负担、提高管理效率，为推动两项保险合并实施创造良好的社会氛围。

5.《社会保险费征缴暂行条例》（2019 年 3 月 24 日）

第 1 条　为了加强和规范社会保险费征缴工作，保障社会保险金的发放，制定本条例。

第 2 条　基本养老保险费、基本医疗保险费、失业保险费（以下统称社会保险费）的征收、缴纳，适用本条例。

本条例所称缴费单位、缴费个人，是指依照有关法律、行政法规和国务院的规定，应当缴纳社会保险费的单位和个人。

第 3 条　基本养老保险费的征缴范围：国有企业、城镇集体企业、外商投资企业、城镇私营企业和其他城镇企业及其职工，实行企业化管理的事业单位及其职工。

基本医疗保险费的征缴范围：国有企业、城镇集体企业、外商投资企业、城镇私营企业和其他城镇企业及其职工，国家机关及其工作人员，事业单位及其职工，民办非企业单位及其职工，社会团体及其专职人员。

失业保险费的征缴范围：国有企业、城镇集体企业、外商投资企业、城镇私营企业和其他城镇企业及其职工，事业单位及其职工。

省、自治区、直辖市人民政府根据当地实际情况，可以规定将城镇个体工商户纳入基本养老保险、基本医疗保险的范围，并可以规定将社会团体及其专职人员、民办非企业单位及其职工以及有雇工的城镇个体工商户及其雇工纳入失业保险的范围。

社会保险费的费基、费率依照有关法律、行政法规和国务院的规定执行。

第 4 条　缴费单位、缴费个人应当按时足额缴纳社会保险费。

征缴的社会保险费纳入社会保险基金，专款专用，任何单位和个人不得挪用。

第5条 国务院劳动保障行政部门负责全国的社会保险费征缴管理和监督检查工作。县级以上地方各级人民政府劳动保障行政部门负责本行政区域内的社会保险费征缴管理和监督检查工作。

● 部门规章及文件

6.**《人力资源和社会保障部、财政部、国家卫生和计划生育委员会关于进一步做好基本医疗保险异地就医医疗费用结算工作的指导意见》**（2014年11月18日　人社部发〔2014〕93号）

跨省异地安置退休人员是指离开参保统筹地区长期跨省异地居住，并根据户籍管理规定已取得居住地户籍的参保退休人员。这部分人员可自愿向参保地经办机构提出异地医疗费用直接结算申请，经审核同意并由居住地经办机构登记备案后，其住院医疗费用可以在居住地实行直接结算。

跨省异地安置退休人员在居住地发生的住院医疗费用，原则上执行居住地规定的支付范围（包括药品目录、诊疗项目和医疗服务设施标准）。医疗保险统筹基金的起付标准、支付比例和支付限额原则上执行参保地规定的本地就医时的标准，不按照转外就医支付比例执行。经本人申请，可以将个人账户资金划转给个人，供门诊就医、购药时使用。

7.**《人力资源社会保障部、财政部关于调整失业保险费率有关问题的通知》**（2015年2月27日　人社部发〔2015〕24号）

各省、自治区、直辖市及新疆生产建设兵团人力资源社会保障厅（局）、财政厅（局）：

为了完善失业保险制度，建立健全失业保险费率动态调整机制，进一步减轻企业负担，促进就业稳定，经国务院同意，现就适当降低失业保险费率有关问题通知如下：

一、从2015年3月1日起，失业保险费率暂由现行条例规定的3%降至2%，单位和个人缴费的具体比例由各省、自治区、直辖市人民政府确定。在省、自治区、直辖市行政区域内，单位及职工的费率应当统一。

二、各地降低失业保险费率要坚持“以支定收、收支基本平衡”的原则。要充分考虑提高失业保险待遇标准、促进失业人员再就业、落实失业保险稳岗补贴政策等因素对基金支付能力的影响，结合实际，认真测算，研究制定降低失业保险费率的具体方案，经省级人民政府批准后执行，并报人力资源社会保障部和财政部备案。

三、各地要按照本通知的要求，抓紧研究制定本行政区降低失业保险费率的方案，尽早组织实施。执行中遇到的问题，要及时向人力资源社会保障部和财政部报告。

8.《人力资源社会保障部、财政部关于调整工伤保险费率政策的通知》（2015年7月22日　人社部发〔2015〕71号）

一、关于行业工伤风险类别划分

按照《国民经济行业分类》（GB/T 4754-2011）对行业的划分，根据不同行业的工伤风险程度，由低到高，依次将行业工伤风险类别划分为一类至八类（见附件）。

二、关于行业差别费率及其档次确定

不同工伤风险类别的行业执行不同的工伤保险行业基准费率。各行业工伤风险类别对应的全国工伤保险行业基准费率为，一类至八类分别控制在该行业用人单位职工工资总额的0.2%、0.4%、0.7%、0.9%、1.1%、1.3%、1.6%、1.9%左右。

通过费率浮动的办法确定每个行业内的费率档次。一类行业分为三个档次，即在基准费率的基础上，可向上浮动至120%、150%，二类至八类行业分为五个档次，即在基准费率的基础上，可分别向上浮动至120%、150%或向下浮动至80%、50%。

各统筹地区人力资源社会保障部门要会同财政部门，按照“以支定收、收支平衡”的原则，合理确定本地区工伤保险行业基准费率具体标准，并征求工会组织、用人单位代表的意见，报统筹地区人民政府批准后实施。基准费率的具体标准可根据统筹地区经济产业结构变动、工伤保险费使用等情况适时调整。

三、关于单位费率的确定与浮动

统筹地区社会保险经办机构根据用人单位工伤保险费使用、工伤发生率、职业病危害程度等因素，确定其工伤保险费率，并可依据上述因素变化情况，每一至三年确定其在所属行业不同费率档次间是否浮动。对符合浮动条件的用人单位，每次可上下浮动一档或两档。统筹地区工伤保险最低费率不低于本地区一类风险行业基准费率。费率浮动的具体办法由统筹地区人力资源社会保障部门商财政部门制定，并征求工会组织、用人单位代表的意见。

四、关于费率报备制度

各统筹地区确定的工伤保险行业基准费率具体标准、费率浮动具体办法，应报省级人力资源社会保障部门和财政部门备案并接受指导。省级人力资源社会保障部门、财政部门应每年将各统筹地区工伤保险行业基准费率标准确定和变化以及浮动费率实施情况汇总报人力资源社会保障部、财政部。

9.《人力资源社会保障部、财政部关于适当降低生育保险费率的通知》（2015年7月27日　人社部发〔2015〕70号）

一、统一思想，提高认识，确保政策落到实处

各地生育保险制度建立以来，在促进女性平等就业，均衡用人单位负担，维护女职工权益等方面发挥了重要作用。但也存在着地区间发展不平衡，基金结余偏多，待遇支付不规范等方面的问题。对基金结余多的地区降低生育保险费率，是完善生育保险政策，提高基金使用效率的一个重大举措，也是进一步减轻用人单位负担，促进就业稳定，实施积极财政政策的具体体现。各地

要统一思想，充分认识降低生育保险费率的重要意义，确保政策按时落实到位，取得实效。

二、认真测算，降低费率，控制基金结余

生育保险基金合理结存量为相当于6至9个月待遇支付额。各地要根据上一年基金收支和结余情况，以及国家规定的待遇项目和标准进行测算，在确保生育保险待遇落实到位的前提下，通过调整费率，将统筹地区生育保险基金累计结余控制在合理水平。生育保险基金累计结余超过9个月的统筹地区，应将生育保险基金费率调整到用人单位职工工资总额的0.5%以内，具体费率应按照“以支定收、收支平衡”的原则，根据近年来生育保险基金的收支和结余情况确定。

各地要加强对生育保险基金的监测和管理。降低生育保险费率的统筹地区要按程序调整生育保险基金预算，按月进行基金监测。基金累计结余低于3个月支付额度的，要制定预警方案，并向统筹地区政府和省级人力资源社会保障、财政部门报告。要通过提高统筹层次，加强基金和医疗服务管理，规范生育保险待遇，力求基金平衡。在生育保险基金累计结余不足支付时，统筹地区要采取加强支出管理、临时补贴、调整费率等方式确保基金收支平衡，确保参保职工按规定享受生育保险待遇。

三、加强组织领导，全面推进实施

各省（区、市）人力资源社会保障、财政部门要加强配合，共同研究落实国务院降低生育保险费率措施。实行省级统筹且基金结余超过9个月的省（区、市），应于9月底前提出降低生育保险费率的办法，报省级人民政府批准后实施。未实行省级统筹的省（区、市），应于8月底前制订本省（区、市）降低生育保险费率的办法，指导各统筹地区制订实施方案，符合降费率规定的统筹地区应于9月底以前发布降低费率的实施方案，以确保10月1日前完成降低生育保险费率的工作。各省（区、市）应于9

月底将上述情况报告人力资源社会保障部、财政部。

要加强降低生育保险费率的宣传工作，向工作人员、参保单位和广大职工讲清降低生育保险费率的重大意义，在减轻用人单位负担的同时，调动用人单位参保积极性，切实维护女职工合法权益。要加强与有关部门协调配合，做好人口出生形势的分析和预判。各地在政策调整过程中出现的新情况、新问题，要及时与人力资源社会保障部、财政部进行沟通，采取有效措施，确保工作落实到位。

10.《关于做好进城落户农民参加基本医疗保险和关系转移接续工作的办法》（2015年8月27日　人社部发〔2015〕80号）

一、做好进城落户农民参保工作

进城落户农民是指按照户籍管理制度规定，已将户口由农村迁入城镇的农业转移人口。各级人力资源社会保障部门要积极配合和支持相关部门，做好农业转移人口落户工作，把进城落户农民纳入城镇基本医疗保险制度体系，在农村参加的基本医疗保险规范接入城镇基本医疗保险，确保基本医保待遇连续享受。

进城落户农民根据自身实际参加相应的城镇基本医疗保险。在城镇单位就业并有稳定劳动关系的，按规定随所在单位参加职工基本医疗保险（以下简称职工医保）；以非全日制、临时性工作等灵活形式就业的，可以灵活就业人员身份按规定参加就业地职工医保，也可以选择参加户籍所在地城镇（城乡）居民基本医疗保险（以下简称居民医保）。其他进城落户农民可按规定在落户地参加居民医保，执行当地统一政策。对参加居民医保的进城落户农民按规定给予参保补助，个人按规定缴费。

已参加新型农村合作医疗（以下简称新农合）或居民医保的进城落户农民，实现就业并参加职工医保的，不再享受原参保地新农合或居民医保待遇。要进一步完善相关政策衔接措施，引导进城落户农民及时参保，同时避免重复参保。

二、规范医保关系转移接续手续

进城落户农民和流动就业人员等参加转入地基本医疗保险后，转入地社会（医疗）保险经办机构应依据参保人申请，通知转出地经办机构办理医保关系转移手续，确保管理服务顺畅衔接，避免待遇重复享受。

转出地社会（医疗）保险或新农合经办机构应在参保人办理中止参保（合）手续时为其开具参保（合）凭证。参保（合）凭证是参保人员的重要权益记录，由参保人妥善保管，用于转入地受理医保关系转移申请时，核实参保人身份和转出地社会（医疗）保险经办机构记录的相关信息。

11.《人力资源社会保障部关于执行〈工伤保险条例〉若干问题的意见（二）》（2016年3月28日 人社部发〔2016〕29号）

一、一级至四级工伤职工死亡，其近亲属同时符合领取工伤保险丧葬补助金、供养亲属抚恤金待遇和职工基本养老保险丧葬补助金、抚恤金待遇条件的，由其近亲属选择领取工伤保险或职工基本养老保险其中一种。

二、达到或超过法定退休年龄，但未办理退休手续或者未依法享受城镇职工基本养老保险待遇，继续在原用人单位工作期间受到事故伤害或患职业病的，用人单位依法承担工伤保险责任。

用人单位招用已经达到、超过法定退休年龄或已经领取城镇职工基本养老保险待遇的人员，在用工期间因工作原因受到事故伤害或患职业病的，如招用单位已按项目参保等方式为其缴纳工伤保险费的，应适用《工伤保险条例》。

三、《工伤保险条例》第六十二条规定的“新发生的费用”，是指用人单位参加工伤保险前发生工伤的职工，在参加工伤保险后新发生的费用。其中由工伤保险基金支付的费用，按不同情况予以处理：

（一）因工受伤的，支付参保后新发生的工伤医疗费、工伤康复费、住院伙食补助费、统筹地区以外就医交通食宿费、辅助器具配置费、生活护理费、一级至四级伤残职工伤残津贴，以及参保后解除劳动合同时的一次性工伤医疗补助金；

（二）因工死亡的，支付参保后新发生的符合条件的供养亲属抚恤金。

四、职工在参加用人单位组织或者受用人单位指派参加其他单位组织的活动中受到事故伤害的，应当视为工作原因，但参加与工作无关的活动除外。

五、职工因工作原因驻外，有固定的住所、有明确的作息时间，工伤认定时按照在驻在地当地正常工作的情形处理。

六、职工以上下班为目的、在合理时间内往返于工作单位和居住地之间的合理路线，视为上下班途中。

七、用人单位注册地与生产经营地不在同一统筹地区的，原则上应在注册地为职工参加工伤保险；未在注册地参加工伤保险的职工，可由用人单位在生产经营地为其参加工伤保险。

劳务派遣单位跨地区派遣劳动者，应根据《劳务派遣暂行规定》参加工伤保险。建筑施工企业按项目参保的，应在施工项目所在地参加工伤保险。

职工受到事故伤害或者患职业病后，在参保地进行工伤认定、劳动能力鉴定，并按照参保地的规定依法享受工伤保险待遇；未参加工伤保险的职工，应当在生产经营地进行工伤认定、劳动能力鉴定，并按照生产经营地的规定依法由用人单位支付工伤保险待遇。

八、有下列情形之一的，被延误的时间不计算在工伤认定申请时限内。

（一）受不可抗力影响的；

（二）职工由于被国家机关依法采取强制措施等人身自由受到限制不能申请工伤认定的；

（三）申请人正式提交了工伤认定申请，但因社会保险机构未登记或者材料遗失等原因造成申请超时限的；

（四）当事人就确认劳动关系申请劳动仲裁或提起民事诉讼的；

（五）其他符合法律法规规定的情形。

九、《工伤保险条例》第六十七条规定的“尚未完成工伤认定的”，是指在《工伤保险条例》施行前遭受事故伤害或被诊断鉴定为职业病，且在工伤认定申请法定时限内（从《工伤保险条例》施行之日起算）提出工伤认定申请，尚未做出工伤认定的情形。

十、因工伤认定申请人或者用人单位隐瞒有关情况或者提供虚假材料，导致工伤认定决定错误的，社会保险行政部门发现后，应当及时予以更正。

12.《人力资源社会保障部、财政部关于调整失业保险金标准的指导意见》（2017年9月20日　人社部发〔2017〕71号）

各省、自治区、直辖市及新疆生产建设兵团人力资源社会保障厅（局）、财政（财务）厅（局）：

为进一步提高失业人员基本生活保障水平，根据《失业保险条例》，现就调整失业保险金标准提出以下指导意见：

一、充分认识调整失业保险金标准的重要意义

保障失业人员失业期间的基本生活是失业保险制度的基本功能。近年来，各地深入贯彻落实失业保险有关法律法规，多措并举，有序推进，全国失业保险金水平逐年提高，地区差距逐步缩小，有效地保障了失业人员基本生活，为兜牢民生底线发挥了积极作用。各地要充分认识提高失业保险金标准关系失业人员共享经济社会发展成果，关系人民群众的获得感和幸福感，对于促进社会公平，维护社会和谐稳定具有重要意义。要在确保失业保险基金平稳运行的前提下，逐步提升失业保障水平，切实保障好失业人员的基

本生活。

二、科学合理确定失业保险金标准

《失业保险条例》规定："失业保险金的标准，按照低于当地最低工资标准、高于城市居民最低生活保障标准的水平，由省、自治区、直辖市人民政府确定"。确定失业保险金具体标准，要统筹考虑失业人员及其家庭基本生活需要和失业保险基金运行安全，坚持"保生活"和"促就业"相统一，既要保障失业人员基本生活需要，又要防止待遇水平过高影响就业积极性。各省要在确保基金可持续前提下，随着经济社会的发展，适当提高失业保障水平，分步实施，循序渐进，逐步将失业保险金标准提高到最低工资标准的90%。各省要发挥省级调剂金的作用，加大对基金支撑能力弱的统筹地区的支持力度。

三、切实做好组织实施工作

确定失业保险金标准，直接关系失业人员的切身利益，体现了党中央、国务院对失业人员的关心关怀。各地要以人为本，高度重视，精心实施，对组织领导、工作进度、资金保障等作出周密安排。各省、自治区、直辖市人社厅（局）会同财政厅（局）要结合本地实际，提出调整方案，报省、自治区、直辖市人民政府确定。各地在贯彻落实过程中遇到的问题，请及时向人力资源社会保障部、财政部报告。

13.《人力资源社会保障部、财政部、国家卫生计生委关于做好当前生育保险工作的意见》（2018年3月5日　人社部发〔2018〕15号）

各省、自治区、直辖市及新疆生产建设兵团人力资源社会保障厅（局）、财政厅（局）、卫生计生委，福建省医保办：

生育保险制度自建立以来，总体保持平稳运行，对维护职工生育保障权益、促进妇女公平就业、均衡用人单位负担发挥了重要作用。近年来，为应对经济下行压力，生育保险采取降费率措施，减轻了企业负担；同时，应对人口老龄化，适应国家实施全面两孩政策，采取措施保障生育保险待遇，促进了人口均衡发展。当前，为切实维护全面两孩政策下参保职工合法权益，确保生育保险稳健运行，现对进一步做好生育保险工作提出如下意见：

一、提高认识，确保生育保险待遇落实

实施全面两孩政策是适应人口和经济社会发展新形势的重大战略举措，落实生育保险政策是实施全面两孩政策的重要保障措施。各地要统一思想，提高认识，主动适应计划生育政策调整，坚持科学发展，体现社会公平，切实维护职工合法权益。要确保应保尽保，将符合条件的用人单位及职工纳入参保范围；确保参保职工的生育医疗费用和生育津贴按规定及时足额支付，杜绝拖欠和支付不足现象。要根据全面两孩生育政策对生育保险基金的影响，增强风险防范意识和制度保障能力，确保生育保险基金收支平衡，实现制度可持续发展。

二、加强预警，完善费率调整机制

各地要结合全面两孩政策实施，完善生育保险监测指标。充分利用医疗保险信息网络系统，加强生育保险基金运行分析，参照基本医疗保险基金管理要求，全面建立生育保险基金风险预警机制，将基金累计结存控制在6-9个月支付额度的合理水平。

基金当期入不敷出的统筹地区，首先动用累计结存，同时制定预案，根据《社会保险基金财务制度》提出分类应对措施，经报同级政府同意后及时启动。基金累计结存不足（<3个月支付额度）的统筹地区，要及时调整费率，具体费率由统筹地区按照“以支定收、收支平衡”的原则，科学测算全面两孩政策下基金支出规模后合理确定。基金累计结存完全消化的统筹地区，按规定向同级财政部门申请补贴，保障基金当期支付，同时采取费率调整措施，弥补基金缺口。

开展生育保险与职工基本医疗保险（以下统称两项保险）合并实施试点的统筹地区，要通过整合两项保险基金和统一征缴，增强基金统筹共济能力。要跟踪分析合并实施后基金运行情况，根据基金支出需求，确定新的费率并建立动态调整机制，防范风险转嫁。

三、引导预期，规范生育津贴支付政策

各地要按照“尽力而为、量力而行”的原则，坚持从实际出发，从保障基本权益做起，合理引导预期。要综合考虑生育保险基金运行和用人单位缴费等情况，规范生育津贴支付期限和计发标准等政策，确保基金可持续运行和待遇享受相对公平。确保《女职工劳动保护特别规定》法定产假期限内的生育津贴支付，探索多渠道解决生育奖励假待遇问题。

四、加强管理，提高基金使用效率

各地要结合全民参保计划实施，进一步扩大生育保险覆盖面，加大征缴力度，与基本医疗保险同步推进统筹层次提升。加强生育保险定点协议管理，切实保障参保人员生育医疗权益，促进生育医疗服务行为规范。将生育医疗费用纳入医保支付方式改革范围，实行住院分娩医疗费用按病种、产前检查按人头付费，实现经办机构与定点医疗机构费用直接结算。充分利用医保智能监控系统，强化监控和审核，控制生育医疗费用不合理增长。

五、高度重视，切实做好组织实施工作

各地要高度重视生育保险工作，切实加强组织领导，做好统筹协调。加强政策宣传与舆论引导，准确解读相关政策，及时回应群众关切。各级人力资源社会保障、财政、卫生计生部门要明确职责，密切配合，形成工作合力，加强对统筹地区工作指导，及时研究解决有关问题。积极稳妥推进两项保险合并实施试点工作，及时总结试点经验，为全面推开两项保险合并实施工作奠定基础。工作推进中，如遇到重大问题，要及时报告。

● 案例指引

1. **安某民等80人与环境公司确认劳动关系纠纷支持起诉案**（最高人民检察院检例第125号）

案例要旨：劳动者要求用人单位补办社保登记、补缴社会保险费未果的，检察机关可以协助收集证据、提出支持起诉意见，支持劳动者起诉确认劳动关系，为其办理社保登记、补缴社会保险费提供帮助。

2. **李某与摄影部生育保险待遇纠纷案**（江苏法院2019年度劳动争议十大典型案例之一）

裁判摘要：职工产假期间，享受的生育津贴低于其产假前工资标准的，由用人单位予以补足；高于其产假前工资标准的，用人单位不得截留。

3. **黄某与农副产品公司劳动争议案**（2019佛山十大劳动争议审判典型案例之四）

裁判摘要：劳动者在职期间以个人灵活就业的方式参加社会保险，用人单位应向劳动者支付社会保险费中用人单位应承担部分。

4. **教育咨询公司与朱某社会保险纠纷案**（清江浦区法院发布2018年劳动争议典型案例之二）

裁判摘要：《劳动法》《劳动合同法》均规定了用人单位应依法为劳动者办理相应的社会保险，按月缴纳社会保险费。用人单位在劳动者入职后，没有依法为劳动者缴纳社会保险费，导致劳动者损失的，应承担相应的赔偿责任。

第七十一条　社会保险水平

社会保险水平应当与社会经济发展水平和社会承受能力相适应。

法　律

1.《社会保险法》（2010年10月28日）

第3条　社会保险制度坚持广覆盖、保基本、多层次、可持续的方针，社会保险水平应当与经济社会发展水平相适应。

部门规章及文件

2.《劳务派遣暂行规定》（2014年1月24日　人力资源和社会保障部令第22号）

第18条　劳务派遣单位跨地区派遣劳动者的，应当在用工单位所在地为被派遣劳动者参加社会保险，按照用工单位所在地的规定缴纳社会保险费，被派遣劳动者按照国家规定享受社会保险待遇。

第19条　劳务派遣单位在用工单位所在地设立分支机构的，由分支机构为被派遣劳动者办理参保手续，缴纳社会保险费。

劳务派遣单位未在用工单位所在地设立分支机构的，由用工单位代劳务派遣单位为被派遣劳动者办理参保手续，缴纳社会保险费。

第七十二条　社会保险基金

社会保险基金按照保险类型确定资金来源，逐步实行社会统筹。用人单位和劳动者必须依法参加社会保险，缴纳社会保险费。

法　律

1.《社会保险法》（2018年12月29日）

第七章　社会保险费征缴

第57条　用人单位应当自成立之日起三十日内凭营业执照、登记证书或者单位印章，向当地社会保险经办机构申请办理社会保险登记。社会保险经办机构应当自收到申请之日起十五日内予以审核，发给社会保险登记证件。

用人单位的社会保险登记事项发生变更或者用人单位依法终止的，应当自变更或者终止之日起三十日内，到社会保险经办机构办理变更或者注销社会保险登记。

市场监督管理部门、民政部门和机构编制管理机关应当及时向社会保险经办机构通报用人单位的成立、终止情况，公安机关应当及时向社会保险经办机构通报个人的出生、死亡以及户口登记、迁移、注销等情况。

第 58 条　用人单位应当自用工之日起三十日内为其职工向社会保险经办机构申请办理社会保险登记。未办理社会保险登记的，由社会保险经办机构核定其应当缴纳的社会保险费。

自愿参加社会保险的无雇工的个体工商户、未在用人单位参加社会保险的非全日制从业人员以及其他灵活就业人员，应当向社会保险经办机构申请办理社会保险登记。

国家建立全国统一的个人社会保障号码。个人社会保障号码为公民身份号码。

第 59 条　县级以上人民政府加强社会保险费的征收工作。

社会保险费实行统一征收，实施步骤和具体办法由国务院规定。

第 60 条　用人单位应当自行申报、按时足额缴纳社会保险费，非因不可抗力等法定事由不得缓缴、减免。职工应当缴纳的社会保险费由用人单位代扣代缴，用人单位应当按月将缴纳社会保险费的明细情况告知本人。

无雇工的个体工商户、未在用人单位参加社会保险的非全日制从业人员以及其他灵活就业人员，可以直接向社会保险费征收机构缴纳社会保险费。

第 61 条　社会保险费征收机构应当依法按时足额征收社会

保险费，并将缴费情况定期告知用人单位和个人。

第62条　用人单位未按规定申报应当缴纳的社会保险费数额的，按照该单位上月缴费额的百分之一百一十确定应当缴纳数额；缴费单位补办申报手续后，由社会保险费征收机构按照规定结算。

第63条　用人单位未按时足额缴纳社会保险费的，由社会保险费征收机构责令其限期缴纳或者补足。

用人单位逾期仍未缴纳或者补足社会保险费的，社会保险费征收机构可以向银行和其他金融机构查询其存款账户；并可以申请县级以上有关行政部门作出划拨社会保险费的决定，书面通知其开户银行或者其他金融机构划拨社会保险费。用人单位账户余额少于应当缴纳的社会保险费的，社会保险费征收机构可以要求该用人单位提供担保，签订延期缴费协议。

用人单位未足额缴纳社会保险费且未提供担保的，社会保险费征收机构可以申请人民法院扣押、查封、拍卖其价值相当于应当缴纳社会保险费的财产，以拍卖所得抵缴社会保险费。

第八章　社会保险基金

第64条　社会保险基金包括基本养老保险基金、基本医疗保险基金、工伤保险基金、失业保险基金和生育保险基金。除基本医疗保险基金与生育保险基金合并建账及核算外，其他各项社会保险基金按照社会保险险种分别建账，分账核算。社会保险基金执行国家统一的会计制度。

社会保险基金专款专用，任何组织和个人不得侵占或者挪用。

基本养老保险基金逐步实行全国统筹，其他社会保险基金逐步实行省级统筹，具体时间、步骤由国务院规定。

第65条　社会保险基金通过预算实现收支平衡。

县级以上人民政府在社会保险基金出现支付不足时，给予补贴。

第 66 条　社会保险基金按照统筹层次设立预算。除基本医疗保险基金与生育保险基金预算合并编制外，其他社会保险基金预算按照社会保险项目分别编制。

第 67 条　社会保险基金预算、决算草案的编制、审核和批准，依照法律和国务院规定执行。

第 68 条　社会保险基金存入财政专户，具体管理办法由国务院规定。

第 69 条　社会保险基金在保证安全的前提下，按照国务院规定投资运营实现保值增值。

社会保险基金不得违规投资运营，不得用于平衡其他政府预算，不得用于兴建、改建办公场所和支付人员经费、运行费用、管理费用，或者违反法律、行政法规规定挪作其他用途。

第 70 条　社会保险经办机构应当定期向社会公布参加社会保险情况以及社会保险基金的收入、支出、结余和收益情况。

第 71 条　国家设立全国社会保障基金，由中央财政预算拨款以及国务院批准的其他方式筹集的资金构成，用于社会保障支出的补充、调剂。全国社会保障基金由全国社会保障基金管理运营机构负责管理运营，在保证安全的前提下实现保值增值。

全国社会保障基金应当定期向社会公布收支、管理和投资运营的情况。国务院财政部门、社会保险行政部门、审计机关对全国社会保障基金的收支、管理和投资运营情况实施监督。

● 部门规章及文件

2. **《劳务派遣暂行规定》**（2014 年 1 月 24 日　人力资源和社会保障部令第 22 号）

第 18 条　劳务派遣单位跨地区派遣劳动者的，应当在用工单位所在地为被派遣劳动者参加社会保险，按照用工单位所在地的规定缴纳社会保险费，被派遣劳动者按照国家规定享受社会保险待遇。

第19条　劳务派遣单位在用工单位所在地设立分支机构的，由分支机构为被派遣劳动者办理参保手续，缴纳社会保险费。

劳务派遣单位未在用工单位所在地设立分支机构的，由用工单位代劳务派遣单位为被派遣劳动者办理参保手续，缴纳社会保险费。

● 案例指引

1. **船舶制造公司与周某等经济补偿金纠纷案**（南通市中级人民法院发布2019年度南通法院劳动争议典型案例之一）

裁判摘要：用人单位停缴职工社会保险后，改由关联企业缴纳社会保险，但单位保留对劳动者的继续用工，劳动者还在原场所、原岗位工作，接受用人单位管理并领取工资，双方并不改变劳动关系的实质。

2. **樊某某与老年公寓养老保险待遇纠纷案**（南通市中级人民法院发布2019年度南通法院劳动争议典型案例之四）

裁判摘要：根据《劳动法》规定，参加基本养老保险的劳动者，累计缴费满15年，可按月领取基本养老金。若劳动者入职单位时离法定退休年龄不足15年，其养老保险缴纳时间可能不足15年，用人单位应当同样为其缴纳养老保险费直至双方解除劳动关系为止。如果用人单位未能履行上述法律义务，导致劳动者养老保险权益受损的，要负赔偿责任。

第七十三条　享受社会保险待遇的条件和标准

劳动者在下列情形下，依法享受社会保险待遇：

（一）退休；

（二）患病、负伤；

（三）因工伤残或者患职业病；

（四）失业；

（五）生育。

劳动者死亡后，其遗属依法享受遗属津贴。

劳动者享受社会保险待遇的条件和标准由法律、法规规定。

劳动者享受的社会保险金必须按时足额支付。

● 法　律

1.《社会保险法》（2018 年 12 月 29 日）

第 10 条　职工应当参加基本养老保险，由用人单位和职工共同缴纳基本养老保险费。

无雇工的个体工商户、未在用人单位参加基本养老保险的非全日制从业人员以及其他灵活就业人员可以参加基本养老保险，由个人缴纳基本养老保险费。

公务员和参照公务员法管理的工作人员养老保险的办法由国务院规定。

第 11 条　基本养老保险实行社会统筹与个人账户相结合。

基本养老保险基金由用人单位和个人缴费以及政府补贴等组成。

第 12 条　用人单位应当按照国家规定的本单位职工工资总额的比例缴纳基本养老保险费，记入基本养老保险统筹基金。

职工应当按照国家规定的本人工资的比例缴纳基本养老保险费，记入个人账户。

无雇工的个体工商户、未在用人单位参加基本养老保险的非全日制从业人员以及其他灵活就业人员参加基本养老保险的，应当按照国家规定缴纳基本养老保险费，分别记入基本养老保险统筹基金和个人账户。

第 13 条　国有企业、事业单位职工参加基本养老保险前，视同缴费年限期间应当缴纳的基本养老保险费由政府承担。

基本养老保险基金出现支付不足时，政府给予补贴。

第 14 条　个人账户不得提前支取，记账利率不得低于银行定期存款利率，免征利息税。个人死亡的，个人账户余额可以继承。

第 15 条　基本养老金由统筹养老金和个人账户养老金组成。

基本养老金根据个人累计缴费年限、缴费工资、当地职工平均工资、个人账户金额、城镇人口平均预期寿命等因素确定。

第 16 条　参加基本养老保险的个人，达到法定退休年龄时累计缴费满十五年的，按月领取基本养老金。

参加基本养老保险的个人，达到法定退休年龄时累计缴费不足十五年的，可以缴费至满十五年，按月领取基本养老金；也可以转入新型农村社会养老保险或者城镇居民社会养老保险，按照国务院规定享受相应的养老保险待遇。

第 17 条　参加基本养老保险的个人，因病或者非因工死亡的，其遗属可以领取丧葬补助金和抚恤金；在未达到法定退休年龄时因病或者非因工致残完全丧失劳动能力的，可以领取病残津贴。所需资金从基本养老保险基金中支付。

第 18 条　国家建立基本养老金正常调整机制。根据职工平均工资增长、物价上涨情况，适时提高基本养老保险待遇水平。

第 19 条　个人跨统筹地区就业的，其基本养老保险关系随本人转移，缴费年限累计计算。个人达到法定退休年龄时，基本养老金分段计算、统一支付。具体办法由国务院规定。

第 20 条　国家建立和完善新型农村社会养老保险制度。

新型农村社会养老保险实行个人缴费、集体补助和政府补贴相结合。

第 21 条　新型农村社会养老保险待遇由基础养老金和个人账户养老金组成。

参加新型农村社会养老保险的农村居民，符合国家规定条件的，按月领取新型农村社会养老保险待遇。

第 22 条　国家建立和完善城镇居民社会养老保险制度。

省、自治区、直辖市人民政府根据实际情况，可以将城镇居民社会养老保险和新型农村社会养老保险合并实施。

第 23 条　职工应当参加职工基本医疗保险，由用人单位和职工按照国家规定共同缴纳基本医疗保险费。

无雇工的个体工商户、未在用人单位参加职工基本医疗保险的非全日制从业人员以及其他灵活就业人员可以参加职工基本医疗保险，由个人按照国家规定缴纳基本医疗保险费。

第 24 条　国家建立和完善新型农村合作医疗制度。

新型农村合作医疗的管理办法，由国务院规定。

第 25 条　国家建立和完善城镇居民基本医疗保险制度。

城镇居民基本医疗保险实行个人缴费和政府补贴相结合。

享受最低生活保障的人、丧失劳动能力的残疾人、低收入家庭六十周岁以上的老年人和未成年人等所需个人缴费部分，由政府给予补贴。

第 26 条　职工基本医疗保险、新型农村合作医疗和城镇居民基本医疗保险的待遇标准按照国家规定执行。

第 27 条　参加职工基本医疗保险的个人，达到法定退休年龄时累计缴费达到国家规定年限的，退休后不再缴纳基本医疗保险费，按照国家规定享受基本医疗保险待遇；未达到国家规定年限的，可以缴费至国家规定年限。

第 28 条　符合基本医疗保险药品目录、诊疗项目、医疗服务设施标准以及急诊、抢救的医疗费用，按照国家规定从基本医疗保险基金中支付。

第 29 条　参保人员医疗费用中应当由基本医疗保险基金支付的部分，由社会保险经办机构与医疗机构、药品经营单位直接结算。

社会保险行政部门和卫生行政部门应当建立异地就医医疗费用结算制度，方便参保人员享受基本医疗保险待遇。

第30条　下列医疗费用不纳入基本医疗保险基金支付范围：

（一）应当从工伤保险基金中支付的；

（二）应当由第三人负担的；

（三）应当由公共卫生负担的；

（四）在境外就医的。

医疗费用依法应当由第三人负担，第三人不支付或者无法确定第三人的，由基本医疗保险基金先行支付。基本医疗保险基金先行支付后，有权向第三人追偿。

第31条　社会保险经办机构根据管理服务的需要，可以与医疗机构、药品经营单位签订服务协议，规范医疗服务行为。

医疗机构应当为参保人员提供合理、必要的医疗服务。

第32条　个人跨统筹地区就业的，其基本医疗保险关系随本人转移，缴费年限累计计算。

第33条　职工应当参加工伤保险，由用人单位缴纳工伤保险费，职工不缴纳工伤保险费。

第34条　国家根据不同行业的工伤风险程度确定行业的差别费率，并根据使用工伤保险基金、工伤发生率等情况在每个行业内确定费率档次。行业差别费率和行业内费率档次由国务院社会保险行政部门制定，报国务院批准后公布施行。

社会保险经办机构根据用人单位使用工伤保险基金、工伤发生率和所属行业费率档次等情况，确定用人单位缴费费率。

第35条　用人单位应当按照本单位职工工资总额，根据社会保险经办机构确定的费率缴纳工伤保险费。

第36条　职工因工作原因受到事故伤害或者患职业病，且经工伤认定的，享受工伤保险待遇；其中，经劳动能力鉴定丧失劳动能力的，享受伤残待遇。

工伤认定和劳动能力鉴定应当简捷、方便。

第37条　职工因下列情形之一导致本人在工作中伤亡的，不认定为工伤：

（一）故意犯罪；

（二）醉酒或者吸毒；

（三）自残或者自杀；

（四）法律、行政法规规定的其他情形。

第38条　因工伤发生的下列费用，按照国家规定从工伤保险基金中支付：

（一）治疗工伤的医疗费用和康复费用；

（二）住院伙食补助费；

（三）到统筹地区以外就医的交通食宿费；

（四）安装配置伤残辅助器具所需费用；

（五）生活不能自理的，经劳动能力鉴定委员会确认的生活护理费；

（六）一次性伤残补助金和一至四级伤残职工按月领取的伤残津贴；

（七）终止或者解除劳动合同时，应当享受的一次性医疗补助金；

（八）因工死亡的，其遗属领取的丧葬补助金、供养亲属抚恤金和因工死亡补助金；

（九）劳动能力鉴定费。

第39条　因工伤发生的下列费用，按照国家规定由用人单位支付：

（一）治疗工伤期间的工资福利；

（二）五级、六级伤残职工按月领取的伤残津贴；

（三）终止或者解除劳动合同时，应当享受的一次性伤残就业补助金。

第 40 条　工伤职工符合领取基本养老金条件的，停发伤残津贴，享受基本养老保险待遇。基本养老保险待遇低于伤残津贴的，从工伤保险基金中补足差额。

第 41 条　职工所在用人单位未依法缴纳工伤保险费，发生工伤事故的，由用人单位支付工伤保险待遇。用人单位不支付的，从工伤保险基金中先行支付。

从工伤保险基金中先行支付的工伤保险待遇应当由用人单位偿还。用人单位不偿还的，社会保险经办机构可以依照本法第六十三条的规定追偿。

第 42 条　由于第三人的原因造成工伤，第三人不支付工伤医疗费用或者无法确定第三人的，由工伤保险基金先行支付。工伤保险基金先行支付后，有权向第三人追偿。

第 43 条　工伤职工有下列情形之一的，停止享受工伤保险待遇：

（一）丧失享受待遇条件的；

（二）拒不接受劳动能力鉴定的；

（三）拒绝治疗的。

第 44 条　职工应当参加失业保险，由用人单位和职工按照国家规定共同缴纳失业保险费。

第 45 条　失业人员符合下列条件的，从失业保险基金中领取失业保险金：

（一）失业前用人单位和本人已经缴纳失业保险费满一年的；

（二）非因本人意愿中断就业的；

（三）已经进行失业登记，并有求职要求的。

第 46 条　失业人员失业前用人单位和本人累计缴费满一年不足五年的，领取失业保险金的期限最长为十二个月；累计缴费满五年不足十年的，领取失业保险金的期限最长为十八个月；累计缴费十年以上的，领取失业保险金的期限最长为二十四个月。

重新就业后，再次失业的，缴费时间重新计算，领取失业保险金的期限与前次失业应当领取而尚未领取的失业保险金的期限合并计算，最长不超过二十四个月。

第47条　失业保险金的标准，由省、自治区、直辖市人民政府确定，不得低于城市居民最低生活保障标准。

第48条　失业人员在领取失业保险金期间，参加职工基本医疗保险，享受基本医疗保险待遇。

失业人员应当缴纳的基本医疗保险费从失业保险基金中支付，个人不缴纳基本医疗保险费。

第49条　失业人员在领取失业保险金期间死亡的，参照当地对在职职工死亡的规定，向其遗属发给一次性丧葬补助金和抚恤金。所需资金从失业保险基金中支付。

个人死亡同时符合领取基本养老保险丧葬补助金、工伤保险丧葬补助金和失业保险丧葬补助金条件的，其遗属只能选择领取其中的一项。

第50条　用人单位应当及时为失业人员出具终止或者解除劳动关系的证明，并将失业人员的名单自终止或者解除劳动关系之日起十五日内告知社会保险经办机构。

失业人员应当持本单位为其出具的终止或者解除劳动关系的证明，及时到指定的公共就业服务机构办理失业登记。

失业人员凭失业登记证明和个人身份证明，到社会保险经办机构办理领取失业保险金的手续。失业保险金领取期限自办理失业登记之日起计算。

第51条　失业人员在领取失业保险金期间有下列情形之一的，停止领取失业保险金，并同时停止享受其他失业保险待遇：

（一）重新就业的；

（二）应征服兵役的；

（三）移居境外的；

（四）享受基本养老保险待遇的；

（五）无正当理由，拒不接受当地人民政府指定部门或者机构介绍的适当工作或者提供的培训的。

第52条　职工跨统筹地区就业的，其失业保险关系随本人转移，缴费年限累计计算。

第53条　职工应当参加生育保险，由用人单位按照国家规定缴纳生育保险费，职工不缴纳生育保险费。

第54条　用人单位已经缴纳生育保险费的，其职工享受生育保险待遇；职工未就业配偶按照国家规定享受生育医疗费用待遇。所需资金从生育保险基金中支付。

生育保险待遇包括生育医疗费用和生育津贴。

第55条　生育医疗费用包括下列各项：

（一）生育的医疗费用；

（二）计划生育的医疗费用；

（三）法律、法规规定的其他项目费用。

第56条　职工有下列情形之一的，可以按照国家规定享受生育津贴：

（一）女职工生育享受产假；

（二）享受计划生育手术休假；

（三）法律、法规规定的其他情形。

生育津贴按照职工所在用人单位上年度职工月平均工资计发。

2.《全国人民代表大会常务委员会关于实施渐进式延迟法定退休年龄的决定》（2024年9月13日）

为了深入贯彻落实党中央关于渐进式延迟法定退休年龄的决策部署，适应我国人口发展新形势，充分开发利用人力资源，根据宪法，第十四届全国人民代表大会常务委员会第十一次会议决定：

一、同步启动延迟男、女职工的法定退休年龄，用十五年时间，逐步将男职工的法定退休年龄从原六十周岁延迟至六十三周岁，将女职工的法定退休年龄从原五十周岁、五十五周岁分别延迟至五十五周岁、五十八周岁。

二、实施渐进式延迟法定退休年龄坚持小步调整、弹性实施、分类推进、统筹兼顾的原则。

三、各级人民政府应当积极应对人口老龄化，鼓励和支持劳动者就业创业，切实保障劳动者权益，协调推进养老托育等相关工作。

四、批准《国务院关于渐进式延迟法定退休年龄的办法》。国务院根据实际需要，可以对落实本办法进行补充和细化。

五、本决定自2025年1月1日起施行。第五届全国人民代表大会常务委员会第二次会议批准的《国务院关于安置老弱病残干部的暂行办法》和《国务院关于工人退休、退职的暂行办法》中有关退休年龄的规定不再施行。

国务院关于渐进式延迟法定退休年龄的办法

坚持以习近平新时代中国特色社会主义思想为指导，深入贯彻党的二十大和二十届二中、三中全会精神，综合考虑我国人均预期寿命、健康水平、人口结构、国民受教育程度、劳动力供给等因素，按照小步调整、弹性实施、分类推进、统筹兼顾的原则，实施渐进式延迟法定退休年龄。为了做好这项工作，特制定本办法。

第1条 从2025年1月1日起，男职工和原法定退休年龄为五十五周岁的女职工，法定退休年龄每四个月延迟一个月，分别逐步延迟至六十三周岁和五十八周岁；原法定退休年龄为五十周岁的女职工，法定退休年龄每二个月延迟一个月，逐步延迟至五十五周岁。国家另有规定的，从其规定。

第2条 从2030年1月1日起，将职工按月领取基本养老金最低缴费年限由十五年逐步提高至二十年，每年提高六个月。职工达到法定退休年龄但不满最低缴费年限的，可以按照规定通过延长缴费或者一次性缴费的办法达到最低缴费年限，按月领取基本养老金。

第3条　职工达到最低缴费年限，可以自愿选择弹性提前退休，提前时间最长不超过三年，且退休年龄不得低于女职工五十周岁、五十五周岁及男职工六十周岁的原法定退休年龄。职工达到法定退休年龄，所在单位与职工协商一致的，可以弹性延迟退休，延迟时间最长不超过三年。国家另有规定的，从其规定。实施中不得违背职工意愿，违法强制或者变相强制职工选择退休年龄。

第4条　国家健全养老保险激励机制。鼓励职工长缴多得、多缴多得、晚退多得。基础养老金计发比例与个人累计缴费年限挂钩，基础养老金计发基数与个人实际缴费挂钩，个人账户养老金根据个人退休年龄、个人账户储存额等因素确定。

第5条　国家实施就业优先战略，促进高质量充分就业。完善就业公共服务体系，健全终身职业技能培训制度。支持青年人就业创业，强化大龄劳动者就业岗位开发，完善困难人员就业援助制度。加强对就业年龄歧视的防范和治理，激励用人单位吸纳更多大龄劳动者就业。

第6条　用人单位招用超过法定退休年龄的劳动者，应当保障劳动者获得劳动报酬、休息休假、劳动安全卫生、工伤保障等基本权益。

国家加强灵活就业和新就业形态劳动者权益保障。

国家完善带薪年休假制度。

第7条　对领取失业保险金且距法定退休年龄不足一年的人员，领取失业保险金年限延长至法定退休年龄，在实施渐进式延迟法定退休年龄期间，由失业保险基金按照规定为其缴纳养老保险费。

第8条　国家规范完善特殊工种等提前退休政策。从事井下、高空、高温、特别繁重体力劳动等国家规定的特殊工种，以及在高海拔地区工作的职工，符合条件的可以申请提前退休。

第9条　国家建立居家社区机构相协调、医养康养相结合的养老服务体系，大力发展普惠托育服务体系。

附件：

1. 男职工延迟法定退休年龄对照表（略）

2. 原法定退休年龄五十五周岁的女职工延迟法定退休年龄对照表（略）

3. 原法定退休年龄五十周岁的女职工延迟法定退休年龄对照表（略）

4. 提高最低缴费年限情况表（略）

● 行政法规及文件

3.《失业保险条例》（1999年1月22日）

第14条　具备下列条件的失业人员，可以领取失业保险金：

（一）按照规定参加失业保险，所在单位和本人已按照规定履行缴费义务满1年的；

（二）非因本人意愿中断就业的；

（三）已办理失业登记，并有求职要求的。

失业人员在领取失业保险金期间，按照规定同时享受其他失业保险待遇。

第16条　城镇企业事业单位应当及时为失业人员出具终止或者解除劳动关系的证明，告知其按照规定享受失业保险待遇的权利，并将失业人员的名单自终止或者解除劳动关系之日起7日内报社会保险经办机构备案。

城镇企业事业单位职工失业后，应当持本单位为其出具的终止或者解除劳动关系的证明，及时到指定的社会保险经办机构办理失业登记。失业保险金自办理失业登记之日起计算。

失业保险金由社会保险经办机构按月发放。社会保险经办机构为失业人员开具领取失业保险金的单证，失业人员凭单证到指定银行领取失业保险金。

第 17 条　失业人员失业前所在单位和本人按照规定累计缴费时间满 1 年不足 5 年的，领取失业保险金的期限最长为 12 个月；累计缴费时间满 5 年不足 10 年的，领取失业保险金的期限最长为 18 个月；累计缴费时间 10 年以上的，领取失业保险金的期限最长为 24 个月。重新就业后，再次失业的，缴费时间重新计算，领取失业保险金的期限可以与前次失业应领取而尚未领取的失业保险金的期限合并计算，但是最长不得超过 24 个月。

第 18 条　失业保险金的标准，按照低于当地最低工资标准、高于城市居民最低生活保障标准的水平，由省、自治区、直辖市人民政府确定。

第 19 条　失业人员在领取失业保险金期间患病就医的，可以按照规定向社会保险经办机构申请领取医疗补助金。医疗补助金的标准由省、自治区、直辖市人民政府规定。

第 20 条　失业人员在领取失业保险金期间死亡的，参照当地对在职职工的规定，对其家属一次性发给丧葬补助金和抚恤金。

第 21 条　单位招用的农民合同制工人连续工作满 1 年，本单位并已缴纳失业保险费，劳动合同期满未续订或者提前解除劳动合同的，由社会保险经办机构根据其工作时间长短，对其支付一次性生活补助。补助的办法和标准由省、自治区、直辖市人民政府规定。

第 22 条　城镇企业事业单位成建制跨统筹地区转移，失业人员跨统筹地区流动的，失业保险关系随之转迁。

第 23 条　失业人员符合城市居民最低生活保障条件的，按照规定享受城市居民最低生活保障待遇。

4.《国务院关于完善企业职工基本养老保险制度的决定》（2005 年 12 月 3 日）

三、扩大基本养老保险覆盖范围。城镇各类企业职工、个体工商户和灵活就业人员都要参加企业职工基本养老保险。当前及今后一个时期，要以非公有制企业、城镇个体工商户和灵活就业人员参保工作为重点，扩大基本养老保险覆盖范围。要进一步落实国家有关社会保险补贴政策，帮助就业困难人员参保缴费。城镇个体工商户和灵活就业人员参加基本养老保险的缴费基数为当地上年度在岗职工平均工资，缴费比例为 20%，其中 8%记入个人账户，退休后按企业职工基本养老金计发办法计发基本养老金。

5.《工伤保险条例》（2010 年 12 月 20 日）

第 14 条　职工有下列情形之一的，应当认定为工伤：

（一）在工作时间和工作场所内，因工作原因受到事故伤害的；

（二）工作时间前后在工作场所内，从事与工作有关的预备性或者收尾性工作受到事故伤害的；

（三）在工作时间和工作场所内，因履行工作职责受到暴力等意外伤害的；

（四）患职业病的；

（五）因工外出期间，由于工作原因受到伤害或者发生事故下落不明的；

（六）在上下班途中，受到非本人主要责任的交通事故或者城市轨道交通、客运轮渡、火车事故伤害的；

（七）法律、行政法规规定应当认定为工伤的其他情形。

第 15 条　职工有下列情形之一的，视同工伤：

（一）在工作时间和工作岗位，突发疾病死亡或者在 48 小时之内经抢救无效死亡的；

（二）在抢险救灾等维护国家利益、公共利益活动中受到伤害的；

（三）职工原在军队服役，因战、因公负伤致残，已取得革命伤残军人证，到用人单位后旧伤复发的。

职工有前款第（一）项、第（二）项情形的，按照本条例的有关规定享受工伤保险待遇；职工有前款第（三）项情形的，按照本条例的有关规定享受除一次性伤残补助金以外的工伤保险待遇。

第16条　职工符合本条例第十四条、第十五条的规定，但是有下列情形之一的，不得认定为工伤或者视同工伤：

（一）故意犯罪的；

（二）醉酒或者吸毒的；

（三）自残或者自杀的。

第17条　职工发生事故伤害或者按照职业病防治法规定被诊断、鉴定为职业病，所在单位应当自事故伤害发生之日或者被诊断、鉴定为职业病之日起30日内，向统筹地区社会保险行政部门提出工伤认定申请。遇有特殊情况，经报社会保险行政部门同意，申请时限可以适当延长。

用人单位未按前款规定提出工伤认定申请的，工伤职工或者其近亲属、工会组织在事故伤害发生之日或者被诊断、鉴定为职业病之日起1年内，可以直接向用人单位所在地统筹地区社会保险行政部门提出工伤认定申请。

按照本条第一款规定应当由省级社会保险行政部门进行工伤认定的事项，根据属地原则由用人单位所在地的设区的市级社会保险行政部门办理。

用人单位未在本条第一款规定的时限内提交工伤认定申请，在此期间发生符合本条例规定的工伤待遇等有关费用由该用人单位负担。

第 18 条　提出工伤认定申请应当提交下列材料：

（一）工伤认定申请表；

（二）与用人单位存在劳动关系（包括事实劳动关系）的证明材料；

（三）医疗诊断证明或者职业病诊断证明书（或者职业病诊断鉴定书）。

工伤认定申请表应当包括事故发生的时间、地点、原因以及职工伤害程度等基本情况。

工伤认定申请人提供材料不完整的，社会保险行政部门应当一次性书面告知工伤认定申请人需要补正的全部材料。申请人按照书面告知要求补正材料后，社会保险行政部门应当受理。

第 19 条　社会保险行政部门受理工伤认定申请后，根据审核需要可以对事故伤害进行调查核实，用人单位、职工、工会组织、医疗机构以及有关部门应当予以协助。职业病诊断和诊断争议的鉴定，依照职业病防治法的有关规定执行。对依法取得职业病诊断证明书或者职业病诊断鉴定书的，社会保险行政部门不再进行调查核实。

职工或者其近亲属认为是工伤，用人单位不认为是工伤的，由用人单位承担举证责任。

第 20 条　社会保险行政部门应当自受理工伤认定申请之日起 60 日内作出工伤认定的决定，并书面通知申请工伤认定的职工或者其近亲属和该职工所在单位。

社会保险行政部门对受理的事实清楚、权利义务明确的工伤认定申请，应当在 15 日内作出工伤认定的决定。

作出工伤认定决定需要以司法机关或者有关行政主管部门的结论为依据的，在司法机关或者有关行政主管部门尚未作出结论期间，作出工伤认定决定的时限中止。

社会保险行政部门工作人员与工伤认定申请人有利害关系

的，应当回避。

第30条　职工因工作遭受事故伤害或者患职业病进行治疗，享受工伤医疗待遇。

职工治疗工伤应当在签订服务协议的医疗机构就医，情况紧急时可以先到就近的医疗机构急救。

治疗工伤所需费用符合工伤保险诊疗项目目录、工伤保险药品目录、工伤保险住院服务标准的，从工伤保险基金支付。工伤保险诊疗项目目录、工伤保险药品目录、工伤保险住院服务标准，由国务院社会保险行政部门会同国务院卫生行政部门、食品药品监督管理部门等部门规定。

职工住院治疗工伤的伙食补助费，以及经医疗机构出具证明，报经办机构同意，工伤职工到统筹地区以外就医所需的交通、食宿费用从工伤保险基金支付，基金支付的具体标准由统筹地区人民政府规定。

工伤职工治疗非工伤引发的疾病，不享受工伤医疗待遇，按照基本医疗保险办法处理。

工伤职工到签订服务协议的医疗机构进行工伤康复的费用，符合规定的，从工伤保险基金支付。

第31条　社会保险行政部门作出认定为工伤的决定后发生行政复议、行政诉讼的，行政复议和行政诉讼期间不停止支付工伤职工治疗工伤的医疗费用。

第32条　工伤职工因日常生活或者就业需要，经劳动能力鉴定委员会确认，可以安装假肢、矫形器、假眼、假牙和配置轮椅等辅助器具，所需费用按照国家规定的标准从工伤保险基金支付。

第33条　职工因工作遭受事故伤害或者患职业病需要暂停工作接受工伤医疗的，在停工留薪期内，原工资福利待遇不变，由所在单位按月支付。

停工留薪期一般不超过12个月。伤情严重或者情况特殊，经设区的市级劳动能力鉴定委员会确认，可以适当延长，但延长不得超过 12 个月。工伤职工评定伤残等级后，停发原待遇，按照本章的有关规定享受伤残待遇。工伤职工在停工留薪期满后仍需治疗的，继续享受工伤医疗待遇。

生活不能自理的工伤职工在停工留薪期需要护理的，由所在单位负责。

第 34 条　工伤职工已经评定伤残等级并经劳动能力鉴定委员会确认需要生活护理的，从工伤保险基金按月支付生活护理费。

生活护理费按照生活完全不能自理、生活大部分不能自理或者生活部分不能自理 3 个不同等级支付，其标准分别为统筹地区上年度职工月平均工资的 50%、40%或者 30%。

第 35 条　职工因工致残被鉴定为一级至四级伤残的，保留劳动关系，退出工作岗位，享受以下待遇：

（一）从工伤保险基金按伤残等级支付一次性伤残补助金，标准为：一级伤残为 27 个月的本人工资，二级伤残为 25 个月的本人工资，三级伤残为 23 个月的本人工资，四级伤残为 21 个月的本人工资；

（二）从工伤保险基金按月支付伤残津贴，标准为：一级伤残为本人工资的 90%，二级伤残为本人工资的 85%，三级伤残为本人工资的 80%，四级伤残为本人工资的 75%。伤残津贴实际金额低于当地最低工资标准的，由工伤保险基金补足差额；

（三）工伤职工达到退休年龄并办理退休手续后，停发伤残津贴，按照国家有关规定享受基本养老保险待遇。基本养老保险待遇低于伤残津贴的，由工伤保险基金补足差额。

职工因工致残被鉴定为一级至四级伤残的，由用人单位和职工个人以伤残津贴为基数，缴纳基本医疗保险费。

第 36 条　职工因工致残被鉴定为五级、六级伤残的，享受以下待遇：

（一）从工伤保险基金按伤残等级支付一次性伤残补助金，标准为：五级伤残为18个月的本人工资，六级伤残为16个月的本人工资；

（二）保留与用人单位的劳动关系，由用人单位安排适当工作。难以安排工作的，由用人单位按月发给伤残津贴，标准为：五级伤残为本人工资的70%，六级伤残为本人工资的60%，并由用人单位按照规定为其缴纳应缴纳的各项社会保险费。伤残津贴实际金额低于当地最低工资标准的，由用人单位补足差额。

经工伤职工本人提出，该职工可以与用人单位解除或者终止劳动关系，由工伤保险基金支付一次性工伤医疗补助金，由用人单位支付一次性伤残就业补助金。一次性工伤医疗补助金和一次性伤残就业补助金的具体标准由省、自治区、直辖市人民政府规定。

第37条　职工因工致残被鉴定为七级至十级伤残的，享受以下待遇：

（一）从工伤保险基金按伤残等级支付一次性伤残补助金，标准为：七级伤残为13个月的本人工资，八级伤残为11个月的本人工资，九级伤残为9个月的本人工资，十级伤残为7个月的本人工资；

（二）劳动、聘用合同期满终止，或者职工本人提出解除劳动、聘用合同的，由工伤保险基金支付一次性工伤医疗补助金，由用人单位支付一次性伤残就业补助金。一次性工伤医疗补助金和一次性伤残就业补助金的具体标准由省、自治区、直辖市人民政府规定。

第38条　工伤职工工伤复发，确认需要治疗的，享受本条例第三十条、第三十二条和第三十三条规定的工伤待遇。

第39条　职工因工死亡，其近亲属按照下列规定从工伤保险基金领取丧葬补助金、供养亲属抚恤金和一次性工亡补助金：

（一）丧葬补助金为 6 个月的统筹地区上年度职工月平均工资；

（二）供养亲属抚恤金按照职工本人工资的一定比例发给由因工死亡职工生前提供主要生活来源、无劳动能力的亲属。标准为：配偶每月 40%，其他亲属每人每月 30%，孤寡老人或者孤儿每人每月在上述标准的基础上增加 10%。核定的各供养亲属的抚恤金之和不应高于因工死亡职工生前的工资。供养亲属的具体范围由国务院社会保险行政部门规定；

（三）一次性工亡补助金标准为上一年度全国城镇居民人均可支配收入的 20 倍。

伤残职工在停工留薪期内因工伤导致死亡的，其近亲属享受本条第一款规定的待遇。

一级至四级伤残职工在停工留薪期满后死亡的，其近亲属可以享受本条第一款第（一）项、第（二）项规定的待遇。

第 40 条　伤残津贴、供养亲属抚恤金、生活护理费由统筹地区社会保险行政部门根据职工平均工资和生活费用变化等情况适时调整。调整办法由省、自治区、直辖市人民政府规定。

第 41 条　职工因工外出期间发生事故或者在抢险救灾中下落不明的，从事故发生当月起 3 个月内照发工资，从第 4 个月起停发工资，由工伤保险基金向其供养亲属按月支付供养亲属抚恤金。生活有困难的，可以预支一次性工亡补助金的 50%。职工被人民法院宣告死亡的，按照本条例第三十九条职工因工死亡的规定处理。

第 42 条　工伤职工有下列情形之一的，停止享受工伤保险待遇：

（一）丧失享受待遇条件的；

（二）拒不接受劳动能力鉴定的；

（三）拒绝治疗的。

第 43 条　用人单位分立、合并、转让的，承继单位应当承担原用人单位的工伤保险责任；原用人单位已经参加工伤保险的，承继单位应当到当地经办机构办理工伤保险变更登记。

用人单位实行承包经营的，工伤保险责任由职工劳动关系所在单位承担。

职工被借调期间受到工伤事故伤害的，由原用人单位承担工伤保险责任，但原用人单位与借调单位可以约定补偿办法。

企业破产的，在破产清算时依法拨付应当由单位支付的工伤保险待遇费用。

第 44 条　职工被派遣出境工作，依据前往国家或者地区的法律应当参加当地工伤保险的，参加当地工伤保险，其国内工伤保险关系中止；不能参加当地工伤保险的，其国内工伤保险关系不中止。

第 45 条　职工再次发生工伤，根据规定应当享受伤残津贴的，按照新认定的伤残等级享受伤残津贴待遇。

● 部门规章及文件

6.《企业职工生育保险试行办法》（1994 年 12 月 14 日　劳部发〔1994〕504 号）

第 5 条　女职工生育按照法律、法规的规定享受产假。产假期间的生育津贴按照本企业上年度职工月平均工资计发，由生育保险基金支付。

第 6 条　女职工生育的检查费、接生费、手术费、住院费和药费由生育保险基金支付。超出规定的医疗服务费和药费（含自费药品和营养药品的药费）由职工个人负担。

女职工生育出院后，因生育引起疾病的医疗费，由生育保险基金支付；其他疾病的医疗费，按照医疗保险待遇的规定办理。

女职工产假期满后，因病需要休息治疗的，按照有关病假待遇和医疗保险待遇规定办理。

第7条　女职工生育或流产后，由本人或所在企业持当地计划生育部门签发的计划生育证明，婴儿出生、死亡或流产证明，到当地社会保险经办机构办理手续，领取生育津贴和报销生育医疗费。

7.《非法用工单位伤亡人员一次性赔偿办法》（2010年12月31日　人力资源和社会保障部令第9号）

第3条　一次性赔偿包括受到事故伤害或者患职业病的职工或童工在治疗期间的费用和一次性赔偿金。一次性赔偿金数额应当在受到事故伤害或者患职业病的职工或童工死亡或者经劳动能力鉴定后确定。

劳动能力鉴定按照属地原则由单位所在地设区的市级劳动能力鉴定委员会办理。劳动能力鉴定费用由伤亡职工或童工所在单位支付。

第4条　职工或童工受到事故伤害或者患职业病，在劳动能力鉴定之前进行治疗期间的生活费按照统筹地区上年度职工月平均工资标准确定，医疗费、护理费、住院期间的伙食补助费以及所需的交通费等费用按照《工伤保险条例》规定的标准和范围确定，并全部由伤残职工或童工所在单位支付。

第5条　一次性赔偿金按照以下标准支付：

一级伤残的为赔偿基数的16倍，二级伤残的为赔偿基数的14倍，三级伤残的为赔偿基数的12倍，四级伤残的为赔偿基数的10倍，五级伤残的为赔偿基数的8倍，六级伤残的为赔偿基数的6倍，七级伤残的为赔偿基数的4倍，八级伤残的为赔偿基数的3倍，九级伤残的为赔偿基数的2倍，十级伤残的为赔偿基数的1倍。

前款所称赔偿基数，是指单位所在工伤保险统筹地区上年度职工年平均工资。

第6条　受到事故伤害或者患职业病造成死亡的，按照上一年度全国城镇居民人均可支配收入的20倍支付一次性赔偿金，并按照上一年度全国城镇居民人均可支配收入的10倍一次性支付丧葬补助等其他赔偿金。

第7条　单位拒不支付一次性赔偿的，伤残职工或者死亡职工的近亲属、伤残童工或者死亡童工的近亲属可以向人力资源和社会保障行政部门举报。经查证属实的，人力资源和社会保障行政部门应当责令该单位限期改正。

第8条　伤残职工或者死亡职工的近亲属、伤残童工或者死亡童工的近亲属就赔偿数额与单位发生争议的，按照劳动争议处理的有关规定处理。

8.《工伤认定办法》（2010年12月31日　人力资源和社会保障部令第8号）

第4条　职工发生事故伤害或者按照职业病防治法规定被诊断、鉴定为职业病，所在单位应当自事故伤害发生之日或者被诊断、鉴定为职业病之日起30日内，向统筹地区社会保险行政部门提出工伤认定申请。遇有特殊情况，经报社会保险行政部门同意，申请时限可以适当延长。

按照前款规定应当向省级社会保险行政部门提出工伤认定申请的，根据属地原则应当向用人单位所在地设区的市级社会保险行政部门提出。

第5条　用人单位未在规定的时限内提出工伤认定申请的，受伤害职工或者其近亲属、工会组织在事故伤害发生之日或者被诊断、鉴定为职业病之日起1年内，可以直接按照本办法第四条规定提出工伤认定申请。

第6条　提出工伤认定申请应当填写《工伤认定申请表》，并提交下列材料：

（一）劳动、聘用合同文本复印件或者与用人单位存在劳动关系（包括事实劳动关系）、人事关系的其他证明材料；

（二）医疗机构出具的受伤后诊断证明书或者职业病诊断证明书（或者职业病诊断鉴定书）。

第 7 条　工伤认定申请人提交的申请材料符合要求，属于社会保险行政部门管辖范围且在受理时限内的，社会保险行政部门应当受理。

第 8 条　社会保险行政部门收到工伤认定申请后，应当在 15 日内对申请人提交的材料进行审核，材料完整的，作出受理或者不予受理的决定；材料不完整的，应当以书面形式一次性告知申请人需要补正的全部材料。社会保险行政部门收到申请人提交的全部补正材料后，应当在 15 日内作出受理或者不予受理的决定。

社会保险行政部门决定受理的，应当出具《工伤认定申请受理决定书》；决定不予受理的，应当出具《工伤认定申请不予受理决定书》。

第 9 条　社会保险行政部门受理工伤认定申请后，可以根据需要对申请人提供的证据进行调查核实。

第 10 条　社会保险行政部门进行调查核实，应当由两名以上工作人员共同进行，并出示执行公务的证件。

第 11 条　社会保险行政部门工作人员在工伤认定中，可以进行以下调查核实工作：

（一）根据工作需要，进入有关单位和事故现场；

（二）依法查阅与工伤认定有关的资料，询问有关人员并作出调查笔录；

（三）记录、录音、录像和复制与工伤认定有关的资料。

调查核实工作的证据收集参照行政诉讼证据收集的有关规定执行。

第 12 条　社会保险行政部门工作人员进行调查核实时，有关单位和个人应当予以协助。用人单位、工会组织、医疗机构以及有关部门应当负责安排相关人员配合工作，据实提供情况和证明材料。

第13条 社会保险行政部门在进行工伤认定时，对申请人提供的符合国家有关规定的职业病诊断证明书或者职业病诊断鉴定书，不再进行调查核实。职业病诊断证明书或者职业病诊断鉴定书不符合国家规定的要求和格式的，社会保险行政部门可以要求出具证据部门重新提供。

第14条 社会保险行政部门受理工伤认定申请后，可以根据工作需要，委托其他统筹地区的社会保险行政部门或者相关部门进行调查核实。

第15条 社会保险行政部门工作人员进行调查核实时，应当履行下列义务：

（一）保守有关单位商业秘密以及个人隐私；

（二）为提供情况的有关人员保密。

第16条 社会保险行政部门工作人员与工伤认定申请人有利害关系的，应当回避。

第17条 职工或者其近亲属认为是工伤，用人单位不认为是工伤的，由该用人单位承担举证责任。用人单位拒不举证的，社会保险行政部门可以根据受伤害职工提供的证据或者调查取得的证据，依法作出工伤认定决定。

第18条 社会保险行政部门应当自受理工伤认定申请之日起60日内作出工伤认定决定，出具《认定工伤决定书》或者《不予认定工伤决定书》。

第19条 《认定工伤决定书》应当载明下列事项：

（一）用人单位全称；

（二）职工的姓名、性别、年龄、职业、身份证号码；

（三）受伤害部位、事故时间和诊断时间或职业病名称、受伤害经过和核实情况、医疗救治的基本情况和诊断结论；

（四）认定工伤或者视同工伤的依据；

（五）不服认定决定申请行政复议或者提起行政诉讼的部门和时限；

（六）作出认定工伤或者视同工伤决定的时间。

《不予认定工伤决定书》应当载明下列事项：

（一）用人单位全称；

（二）职工的姓名、性别、年龄、职业、身份证号码；

（三）不予认定工伤或者不视同工伤的依据；

（四）不服认定决定申请行政复议或者提起行政诉讼的部门和时限；

（五）作出不予认定工伤或者不视同工伤决定的时间。

《认定工伤决定书》和《不予认定工伤决定书》应当加盖社会保险行政部门工伤认定专用印章。

第20条　社会保险行政部门受理工伤认定申请后，作出工伤认定决定需要以司法机关或者有关行政主管部门的结论为依据的，在司法机关或者有关行政主管部门尚未作出结论期间，作出工伤认定决定的时限中止，并书面通知申请人。

第21条　社会保险行政部门对于事实清楚、权利义务明确的工伤认定申请，应当自受理工伤认定申请之日起15日内作出工伤认定决定。

第22条　社会保险行政部门应当自工伤认定决定作出之日起20日内，将《认定工伤决定书》或者《不予认定工伤决定书》送达受伤害职工（或者其近亲属）和用人单位，并抄送社会保险经办机构。

《认定工伤决定书》和《不予认定工伤决定书》的送达参照民事法律有关送达的规定执行。

第23条　职工或者其近亲属、用人单位对不予受理决定不服或者对工伤认定决定不服的，可以依法申请行政复议或者提起行政诉讼。

第24条 工伤认定结束后，社会保险行政部门应当将工伤认定的有关资料保存50年。

9.《人力资源社会保障部关于执行〈工伤保险条例〉若干问题的意见》（2013年4月25日 人社部发〔2013〕34号）

一、《工伤保险条例》（以下简称《条例》）第十四条第（五）项规定的“因工外出期间”的认定，应当考虑职工外出是否属于用人单位指派的因工作外出，遭受的事故伤害是否因工作原因所致。

二、《条例》第十四条第（六）项规定的“非本人主要责任”的认定，应当以有关机关出具的法律文书或者人民法院的生效裁决为依据。

三、《条例》第十六条第（一）项“故意犯罪”的认定，应当以司法机关的生效法律文书或者结论性意见为依据。

四、《条例》第十六条第（二）项“醉酒或者吸毒”的认定，应当以有关机关出具的法律文书或者人民法院的生效裁决为依据。无法获得上述证据的，可以结合相关证据认定。

五、社会保险行政部门受理工伤认定申请后，发现劳动关系存在争议且无法确认的，应告知当事人可以向劳动人事争议仲裁委员会申请仲裁。在此期间，作出工伤认定决定的时限中止，并书面通知申请工伤认定的当事人。劳动关系依法确认后，当事人应将有关法律文书送交受理工伤认定申请的社会保险行政部门，该部门自收到生效法律文书之日起恢复工伤认定程序。

六、符合《条例》第十五条第（一）项情形的，职工所在用人单位原则上应自职工死亡之日起5个工作日内向用人单位所在统筹地区社会保险行政部门报告。

七、具备用工主体资格的承包单位违反法律、法规规定，将承包业务转包、分包给不具备用工主体资格的组织或者自然人，该组织或者自然人招用的劳动者从事承包业务时因工伤亡的，由该具备用工主体资格的承包单位承担用人单位依法应承担的工伤保险责任。

八、曾经从事接触职业病危害作业、当时没有发现罹患职业病、离开工作岗位后被诊断或鉴定为职业病的符合下列条件的人员，可以自诊断、鉴定为职业病之日起一年内申请工伤认定，社会保险行政部门应当受理：

（一）办理退休手续后，未再从事接触职业病危害作业的退休人员；

（二）劳动或聘用合同期满后或者本人提出而解除劳动或聘用合同后，未再从事接触职业病危害作业的人员。

经工伤认定和劳动能力鉴定，前款第（一）项人员符合领取一次性伤残补助金条件的，按就高原则以本人退休前 12 个月平均月缴费工资或者确诊职业病前 12 个月的月平均养老金为基数计发。前款第（二）项人员被鉴定为一级至十级伤残、按《条例》规定应以本人工资作为基数享受相关待遇的，按本人终止或者解除劳动、聘用合同前 12 个月平均月缴费工资计发。

九、按照本意见第八条规定被认定为工伤的职业病人员，职业病诊断证明书（或职业病诊断鉴定书）中明确的用人单位，在该职工从业期间依法为其缴纳工伤保险费的，按《条例》的规定，分别由工伤保险基金和用人单位支付工伤保险待遇；未依法为该职工缴纳工伤保险费的，由用人单位按照《条例》规定的相关项目和标准支付待遇。

十、职工在同一用人单位连续工作期间多次发生工伤的，符合《条例》第三十六、第三十七条规定领取相关待遇时，按照其在同一用人单位发生工伤的最高伤残级别，计发一次性伤残就业补助金和一次性工伤医疗补助金。

十一、依据《条例》第四十二条的规定停止支付工伤保险待遇的，在停止支付待遇的情形消失后，自下月起恢复工伤保险待遇，停止支付的工伤保险待遇不予补发。

十二、《条例》第六十二条第三款规定的"新发生的费用"，是指用人单位职工参加工伤保险前发生工伤的，在参加工伤保险后新发生的费用。

十三、由工伤保险基金支付的各项待遇应按《条例》相关规定支付，不得采取将长期待遇改为一次性支付的办法。

十四、核定工伤职工工伤保险待遇时，若上一年度相关数据尚未公布，可暂按前一年度的全国城镇居民人均可支配收入、统筹地区职工月平均工资核定和计发，待相关数据公布后再重新核定，社会保险经办机构或者用人单位予以补发差额部分。

● 司法解释及文件

10.《最高人民法院关于审理工伤保险行政案件若干问题的规定》（2014年6月18日　法释〔2014〕9号）

第4条　社会保险行政部门认定下列情形为工伤的，人民法院应予支持：

（一）职工在工作时间和工作场所内受到伤害，用人单位或者社会保险行政部门没有证据证明是非工作原因导致的；

（二）职工参加用人单位组织或者受用人单位指派参加其他单位组织的活动受到伤害的；

（三）在工作时间内，职工来往于多个与其工作职责相关的工作场所之间的合理区域因工受到伤害的；

（四）其他与履行工作职责相关，在工作时间及合理区域内受到伤害的。

第5条　社会保险行政部门认定下列情形为"因工外出期间"的，人民法院应予支持：

（一）职工受用人单位指派或者因工作需要在工作场所以外从事与工作职责有关的活动期间；

（二）职工受用人单位指派外出学习或者开会期间；

（三）职工因工作需要的其他外出活动期间。

职工因工外出期间从事与工作或者受用人单位指派外出学习、开会无关的个人活动受到伤害，社会保险行政部门不认定为工伤的，人民法院应予支持。

第6条 对社会保险行政部门认定下列情形为“上下班途中”的，人民法院应予支持：

（一）在合理时间内往返于工作地与住所地、经常居住地、单位宿舍的合理路线的上下班途中；

（二）在合理时间内往返于工作地与配偶、父母、子女居住地的合理路线的上下班途中；

（三）从事属于日常工作生活所需要的活动，且在合理时间和合理路线的上下班途中；

（四）在合理时间内其他合理路线的上下班途中。

第7条 由于不属于职工或者其近亲属自身原因超过工伤认定申请期限的，被耽误的时间不计算在工伤认定申请期限内。

有下列情形之一耽误申请时间的，应当认定为不属于职工或者其近亲属自身原因：

（一）不可抗力；

（二）人身自由受到限制；

（三）属于用人单位原因；

（四）社会保险行政部门登记制度不完善；

（五）当事人对是否存在劳动关系申请仲裁、提起民事诉讼。

第8条 职工因第三人的原因受到伤害，社会保险行政部门以职工或者其近亲属已经对第三人提起民事诉讼或者获得民事赔偿为由，作出不予受理工伤认定申请或者不予认定工伤决定的，人民法院不予支持。

职工因第三人的原因受到伤害，社会保险行政部门已经作出工伤认定，职工或者其近亲属未对第三人提起民事诉讼或者尚未获得民事赔偿，起诉要求社会保险经办机构支付工伤保险待遇的，人民法院应予支持。

职工因第三人的原因导致工伤，社会保险经办机构以职工或者其近亲属已经对第三人提起民事诉讼为由，拒绝支付工伤保险待遇的，人民法院不予支持，但第三人已经支付的医疗费用除外。

第9条　因工伤认定申请人或者用人单位隐瞒有关情况或者提供虚假材料，导致工伤认定错误的，社会保险行政部门可以在诉讼中依法予以更正。

工伤认定依法更正后，原告不申请撤诉，社会保险行政部门在作出原工伤认定时有过错的，人民法院应当判决确认违法；社会保险行政部门无过错的，人民法院可以驳回原告诉讼请求。

● 案例指引

1. **陆某与某公司工伤保险待遇纠纷案**（海门市人民法院发布2017年度劳动争议八大典型案例之五）

裁判摘要：用人单位未依法缴纳工伤保险费，劳动者因第三人侵权造成人身损害并构成工伤，侵权人已经赔偿的，劳动者有权请求用人单位支付除工伤医疗费用之外的工伤保险待遇。但劳动者放弃向第三人主张赔偿后再向用人单位主张的，法院不予支持。

2. **刘某诉某公司劳动争议纠纷案**（人民法院案例库2024-07-2-186-001）

裁判摘要：用人单位违法解除劳动合同致使劳动者不满足年终奖发放条件，但未提供充分证据证明劳动者存在其他不应享有年终奖情形的，应认定劳动者满足年终奖发放条件。用人单位以其年终奖发放的限制性规定拒绝支付劳动者年终奖的，人民法院不予支持。

第七十四条　社会保险基金管理

社会保险基金经办机构依照法律规定收支、管理和运营社会保险基金，并负有使社会保险基金保值增值的责任。

社会保险基金监督机构依照法律规定，对社会保险基金的收支、管理和运营实施监督。

社会保险基金经办机构和社会保险基金监督机构的设立和职能由法律规定。

任何组织和个人不得挪用社会保险基金。

● 法　律

1. 《社会保险法》（2018 年 12 月 29 日）

第九章　社会保险经办

第 72 条　统筹地区设立社会保险经办机构。社会保险经办机构根据工作需要，经所在地的社会保险行政部门和机构编制管理机关批准，可以在本统筹地区设立分支机构和服务网点。

社会保险经办机构的人员经费和经办社会保险发生的基本运行费用、管理费用，由同级财政按照国家规定予以保障。

第 73 条　社会保险经办机构应当建立健全业务、财务、安全和风险管理制度。

社会保险经办机构应当按时足额支付社会保险待遇。

第 74 条　社会保险经办机构通过业务经办、统计、调查获取社会保险工作所需的数据，有关单位和个人应当及时、如实提供。

社会保险经办机构应当及时为用人单位建立档案，完整、准确地记录参加社会保险的人员、缴费等社会保险数据，妥善保管登记、申报的原始凭证和支付结算的会计凭证。

社会保险经办机构应当及时、完整、准确地记录参加社会保险的个人缴费和用人单位为其缴费，以及享受社会保险待遇等个人权益记录，定期将个人权益记录单免费寄送本人。

用人单位和个人可以免费向社会保险经办机构查询、核对其缴费和享受社会保险待遇记录，要求社会保险经办机构提供社会保险咨询等相关服务。

第 75 条　全国社会保险信息系统按照国家统一规划，由县级以上人民政府按照分级负责的原则共同建设。

第十章　社会保险监督

第 76 条　各级人民代表大会常务委员会听取和审议本级人民政府对社会保险基金的收支、管理、投资运营以及监督检查情况的专项工作报告，组织对本法实施情况的执法检查等，依法行使监督职权。

第 77 条　县级以上人民政府社会保险行政部门应当加强对用人单位和个人遵守社会保险法律、法规情况的监督检查。

社会保险行政部门实施监督检查时，被检查的用人单位和个人应当如实提供与社会保险有关的资料，不得拒绝检查或者谎报、瞒报。

第 78 条　财政部门、审计机关按照各自职责，对社会保险基金的收支、管理和投资运营情况实施监督。

第 79 条　社会保险行政部门对社会保险基金的收支、管理和投资运营情况进行监督检查，发现存在问题的，应当提出整改建议，依法作出处理决定或者向有关行政部门提出处理建议。社会保险基金检查结果应当定期向社会公布。

社会保险行政部门对社会保险基金实施监督检查，有权采取下列措施：

（一）查阅、记录、复制与社会保险基金收支、管理和投资运营相关的资料，对可能被转移、隐匿或者灭失的资料予以封存；

（二）询问与调查事项有关的单位和个人，要求其对与调查事项有关的问题作出说明、提供有关证明材料；

（三）对隐匿、转移、侵占、挪用社会保险基金的行为予以制止并责令改正。

第 80 条　统筹地区人民政府成立由用人单位代表、参保人员代表，以及工会代表、专家等组成的社会保险监督委员会，掌握、分析社会保险基金的收支、管理和投资运营情况，对社会保险工作提出咨询意见和建议，实施社会监督。

社会保险经办机构应当定期向社会保险监督委员会汇报社会保险基金的收支、管理和投资运营情况。社会保险监督委员会可以聘请会计师事务所对社会保险基金的收支、管理和投资运营情况进行年度审计和专项审计。审计结果应当向社会公开。

社会保险监督委员会发现社会保险基金收支、管理和投资运营中存在问题的，有权提出改正建议；对社会保险经办机构及其工作人员的违法行为，有权向有关部门提出依法处理建议。

第 81 条　社会保险行政部门和其他有关行政部门、社会保险经办机构、社会保险费征收机构及其工作人员，应当依法为用人单位和个人的信息保密，不得以任何形式泄露。

第 82 条　任何组织或者个人有权对违反社会保险法律、法规的行为进行举报、投诉。

社会保险行政部门、卫生行政部门、社会保险经办机构、社会保险费征收机构和财政部门、审计机关对属于本部门、本机构职责范围的举报、投诉，应当依法处理；对不属于本部门、本机构职责范围的，应当书面通知并移交有权处理的部门、机构处理。有权处理的部门、机构应当及时处理，不得推诿。

第 83 条　用人单位或者个人认为社会保险费征收机构的行为侵害自己合法权益的，可以依法申请行政复议或者提起行政诉讼。

用人单位或者个人对社会保险经办机构不依法办理社会保险

登记、核定社会保险费、支付社会保险待遇、办理社会保险转移接续手续或者侵害其他社会保险权益的行为，可以依法申请行政复议或者提起行政诉讼。

个人与所在用人单位发生社会保险争议的，可以依法申请调解、仲裁，提起诉讼。用人单位侵害个人社会保险权益的，个人也可以要求社会保险行政部门或者社会保险费征收机构依法处理。

第十一章　法律责任

第84条　用人单位不办理社会保险登记的，由社会保险行政部门责令限期改正；逾期不改正的，对用人单位处应缴社会保险费数额一倍以上三倍以下的罚款，对其直接负责的主管人员和其他直接责任人员处五百元以上三千元以下的罚款。

第85条　用人单位拒不出具终止或者解除劳动关系证明的，依照《中华人民共和国劳动合同法》的规定处理。

第86条　用人单位未按时足额缴纳社会保险费的，由社会保险费征收机构责令限期缴纳或者补足，并自欠缴之日起，按日加收万分之五的滞纳金；逾期仍不缴纳的，由有关行政部门处欠缴数额一倍以上三倍以下的罚款。

第87条　社会保险经办机构以及医疗机构、药品经营单位等社会保险服务机构以欺诈、伪造证明材料或者其他手段骗取社会保险基金支出的，由社会保险行政部门责令退回骗取的社会保险金，处骗取金额二倍以上五倍以下的罚款；属于社会保险服务机构的，解除服务协议；直接负责的主管人员和其他直接责任人员有执业资格的，依法吊销其执业资格。

第88条　以欺诈、伪造证明材料或者其他手段骗取社会保险待遇的，由社会保险行政部门责令退回骗取的社会保险金，处骗取金额二倍以上五倍以下的罚款。

第89条　社会保险经办机构及其工作人员有下列行为之一的，由社会保险行政部门责令改正；给社会保险基金、用人单位或者个人造成损失的，依法承担赔偿责任；对直接负责的主管人员和其他直接责任人员依法给予处分：

（一）未履行社会保险法定职责的；

（二）未将社会保险基金存入财政专户的；

（三）克扣或者拒不按时支付社会保险待遇的；

（四）丢失或者篡改缴费记录、享受社会保险待遇记录等社会保险数据、个人权益记录的；

（五）有违反社会保险法律、法规的其他行为的。

第 90 条　社会保险费征收机构擅自更改社会保险费缴费基数、费率，导致少收或者多收社会保险费的，由有关行政部门责令其追缴应当缴纳的社会保险费或者退还不应当缴纳的社会保险费；对直接负责的主管人员和其他直接责任人员依法给予处分。

第 91 条　违反本法规定，隐匿、转移、侵占、挪用社会保险基金或者违规投资运营的，由社会保险行政部门、财政部门、审计机关责令追回；有违法所得的，没收违法所得；对直接负责的主管人员和其他直接责任人员依法给予处分。

第 92 条　社会保险行政部门和其他有关行政部门、社会保险经办机构、社会保险费征收机构及其工作人员泄露用人单位和个人信息的，对直接负责的主管人员和其他直接责任人员依法给予处分；给用人单位或者个人造成损失的，应当承担赔偿责任。

第 93 条　国家工作人员在社会保险管理、监督工作中滥用职权、玩忽职守、徇私舞弊的，依法给予处分。

第 94 条　违反本法规定，构成犯罪的，依法追究刑事责任。

● 行政法规及文件

2.《基本养老保险基金投资管理办法》（2015 年 8 月 17 日）

第 4 条　养老基金投资应当坚持市场化、多元化、专业化的原则，确保资产安全，实现保值增值。

第5条 养老基金投资委托人（以下简称委托人）与养老基金投资受托机构（以下简称受托机构）签订委托投资合同，受托机构与养老基金托管机构（以下简称托管机构）签订托管合同、与养老基金投资管理机构（以下简称投资管理机构）签订投资管理合同。

委托人、受托机构、托管机构、投资管理机构的权利义务，依照本办法在养老基金委托投资合同、托管合同和投资管理合同中约定。

第6条 养老基金资产独立于委托人、受托机构、托管机构、投资管理机构的固有财产及其管理的其他财产。委托人、受托机构、托管机构、投资管理机构不得将养老基金资产归入其固有财产。

第7条 委托人、受托机构、托管机构、投资管理机构因养老基金资产的管理、运营或者其他情形取得的财产和收益归入养老基金资产，权益归养老基金所有。

第8条 受托机构、托管机构、投资管理机构和其他为养老基金投资管理提供服务的法人或者其他组织因依法解散、被依法撤销或者被依法宣告破产等原因进行清算的，基金资产不属于其清算财产。

第9条 养老基金资产的债权，不得与委托人、受托机构、托管机构、投资管理机构和其他为养老基金投资管理提供服务的自然人、法人或者其他组织固有财产的债务相互抵销；养老基金不同投资组合基金资产的债权债务，不得相互抵销。

第10条 养老基金资产的债务由基金资产本身承担。非因养老基金资产本身承担的债务，不得对基金资产强制执行。

第11条 养老基金投资按照国家规定享受税收优惠。具体办法由财政部会同有关部门另行制定。

第12条 国家对养老基金投资实行严格监管。养老基金投资应当严格遵守相关法律法规，严禁从事内幕交易、利用未公开信息交易、操纵市场等违法行为，严禁通过关联交易等损害养老基金及他人利益、获取不正当利益。任何组织和个人不得贪污、侵占、挪用投资运营的养老基金。

● 部门规章及文件

3.《人力资源和社会保障部关于进一步加强基本医疗保险医疗服务监管的意见》（2014年8月18日 人社部发〔2014〕54号）

一、强化医疗保险医疗服务监管，将监管对象延伸到医务人员

（一）进一步完善定点医疗机构服务协议。基本医疗保险经办机构（以下简称经办机构）要将医疗服务监管的内容纳入定点服务协议，依据协议审核向定点医疗机构支付的医疗费用，通过监管与考核相结合、考核结果与医疗费用结算支付相挂钩等方式，不断完善协议管理。重点监管参保人员就诊人数，医疗总费用和增长率，药品、医用耗材和检查总费用、增长率及占医疗费用比例等指标。在进一步做好住院医疗服务监管工作的同时，加强对门诊医疗服务的监管。

（二）积极探索将监管延伸到医务人员医疗服务行为的有效方式。对定点医疗机构医务人员建立诚信档案。在经办机构与医疗机构定点服务协议中约定医务人员的责任和义务，探索通过医疗机构将协议管理要求细化落实到医务人员的有效途径。采取将医务人员考评结果与定点医疗机构考核及医疗费用支付结算挂钩等方式，鼓励医疗机构强化医务人员管理的激励和约束机制。加强多层次、多形式培训，帮助医务人员及时、全面、准确掌握医疗保险政策，依规提供医疗服务。

（三）强化参保人员持卡就医的责任意识。进一步加大宣传

力度，通过各种方式，在告知参保人员持卡就医权利的同时，明确告知其责任和义务，包括不得出借、转让或恶意使用社会保障卡，丢失社会保障卡应及时挂失，骗取或协助他人骗取医疗保险基金要承担法律责任等，规范参保人员的就医行为，逐步建立完善参保人员诚信记录制度。

二、优化信息化监控手段，建立医疗保险费用监控预警和数据分析平台

（四）完善医疗保险信息库，促进医疗服务信息及时准确传递。建立健全医疗保险信息库特别是药品库、门诊大病疾病库、医务人员数据库等，使用符合全国统一标准的信息代码，做好信息标准化工作。加强医疗保险管理信息系统与定点医疗机构的联网，进一步明确和细化接口信息规范，力争使定点医疗机构诊疗和用药原始数据实时上传，消除人为操作因素，保证上传数据的真实性和完整性。

（五）建立医疗保险监控系统，规范医疗服务信息监控标准。在做好社会保障卡发放和基本医疗保险即时结算服务的基础上，进一步完善各统筹地区医疗保险管理信息系统建设，扩展建设医疗保险医疗服务监控子系统，及时向定点医疗机构提供监控提示信息，实现事前提示、事中监控预警和事后责任追溯。经办机构要将定点医疗机构、医务人员的医疗服务信息和参保人员的就医购药信息纳入监控范围，根据协议管理要求和多发案件特点，建立和完善监控规则，设置监控指标，规范监控标准，通过设置不同的警戒线实现分级监控。

（六）加强数据分析研判，强化重点信息监控。经办机构要指定专人负责医疗保险费用数据分析工作，重点加强对异常数据的分析。对医务人员，要重点分析服务人数、人次和增长情况，药品处方情况，以及次均费用和总费用增长情况，对有违规记录，出现次均费用畸高、某种药品使用数量畸高等异常情况的医

务人员进行重点检查。对参保人员，要重点对就医频次、购药数量和金额等信息进行分析，有针对性地进行监控。

三、明确医疗保险基金监管职责，充分发挥各方面的监督作用

（七）进一步加强经办审核稽核工作。经办机构要加强对医疗机构申报医疗费用的审核，逐步将对疑点的筛查从结算之后提前到结算过程之中。加大对医疗机构执行定点协议、医疗保险费用支付等情况的稽核力度。对网上监控发现的疑点和举报投诉的问题等，要及时组织核实情况。对重大案情，要查阅相关资料，询问相关人员，逐步形成程序化、规范化的稽核机制。

（八）严格医疗保险基金行政监督。社会保险行政部门要研究分析医疗保险基金管理和运行情况，逐步完善工作手段。加强对医疗保险基金预算和医疗保险医疗服务协议执行、各项监管制度落实等情况的监督，加大对违规支付和套取、骗取医疗保险基金等问题的查处力度。

（九）探索社会监督的有效途径。拓宽社会监督途径，创新社会监督方式，通过组织专家评议、聘请社会监督员等方式，动员社会各方面力量参与医疗保险监督工作，不断提高监督实效。进一步畅通举报投诉渠道，及时处理各类问题。

（十）促进医疗机构规范提供医疗服务。结合付费方式改革，建立和完善经办机构与医疗机构的风险分担机制，对定点医疗机构形成有效的激励约束。继续推进和完善定点医疗机构分级管理制度，促进医疗机构加强内部管理，提高自我管理的积极性，鼓励医务人员为参保患者提供合理必要的服务，控制医疗费用的不合理增长，减轻参保人员负担。

四、分类处理监管发现的问题，妥善解决争议

（十一）及时纠正不合理行为。对疑似不合理的诊疗、住院、用药、收费等行为，经办机构要查明实际情况，必要时可组织专

家进行论证；确实存在问题的，可约谈相关定点医疗机构，提出改进管理的意见。

（十二）依规处置违约问题。对违反协议规定的定点医疗机构，经办机构要按照协议规定，根据违约情节的轻重，相应采取拒付费用、暂停结算限期整改、终止协议等措施。对违反协议规定的医务人员，情节较轻的，经办机构可建议其所属医疗机构进行诫勉谈话；情节较重或多次违约的，经办机构可直接约谈，责令改正；情节严重、主观故意性强且造成医疗保险基金损失的，经办机构可按照协议规定暂停其医疗保险实时结算资格或对其提供的医疗服务拒付费用等。

对暂停结算限期整改的定点医疗机构和暂停实时结算及拒付费用的医务人员，经办机构要督促及时整改，跟进了解整改情况，在确认问题已经解决、漏洞已经弥补、风险已经排除后，可恢复其医疗保险实时结算资格。经办机构在改变与定点医疗机构或医务人员的结算方式和终止协议时，要采取必要措施保护参保人员的合法权益。

（十三）坚决查处违规违法案件。对违反医疗保险法律法规，侵害医疗保险基金的问题，在经办机构追究违约责任的同时，违规行为发生地的社会保险行政部门要按照社会保险基金监管和基本医疗保险的有关规定，作出行政处罚等处理决定；涉及卫生计生、药监、物价等部门职责范围的，应及时书面通知并移交相关部门处置；对涉嫌构成犯罪的，由社会保险行政部门移送公安机关。社会保险行政部门、经办机构及其工作人员发现违法犯罪线索时，均可按规定向公安机关报案。

（十四）规范移交处理办法。社会保险行政部门发现涉嫌违约的问题，要责成经办机构按照协议规定处理。经办机构作出停止医务人员医疗保险实时结算资格、拒付费用，终止医疗机构定点协议等处理时，要及时报告同级社会保险行政部门。

经办机构发现涉嫌违规的问题，要及时向同级社会保险行政部门报告，并将调查资料形成正式材料一并移交。社会保险行政部门认为事实不清的，可组织补充调查或要求经办机构补充材料。

对移交处理的各类问题，社会保险行政部门和经办机构应及时沟通处理结果，并按规定向上级部门报告。

（十五）明确争议处理程序。定点医疗机构或医务人员对经办机构作出的处置有争议的，由同级社会保险行政部门协调处理；对同级社会保险行政部门协调处理结果不服的，由上级社会保险行政部门协调处理。省级社会保险行政部门是争议协调处理的最终单位。

对社会保险行政部门作出的行政处理决定有争议的，可以依法申请行政复议或者提起行政诉讼。行政处理决定生效以后，处理对象应当执行；逾期不执行的，由社会保险行政部门督促执行或依法申请人民法院强制执行。

第七十五条 补充保险和个人储蓄保险

国家鼓励用人单位根据本单位实际情况为劳动者建立补充保险。

国家提倡劳动者个人进行储蓄性保险。

第七十六条 职工福利

国家发展社会福利事业，兴建公共福利设施，为劳动者休息、休养和疗养提供条件。

用人单位应当创造条件，改善集体福利，提高劳动者的福利待遇。

第十章 劳动争议

第七十七条 劳动争议的解决途径

用人单位与劳动者发生劳动争议，当事人可以依法申请调解、仲裁、提起诉讼，也可以协商解决。

调解原则适用于仲裁和诉讼程序。

● 法 律

1.《劳动争议调解仲裁法》（2007 年 12 月 29 日）

第 1 条 为了公正及时解决劳动争议，保护当事人合法权益，促进劳动关系和谐稳定，制定本法。

第 2 条 中华人民共和国境内的用人单位与劳动者发生的下列劳动争议，适用本法：

（一）因确认劳动关系发生的争议；

（二）因订立、履行、变更、解除和终止劳动合同发生的争议；

（三）因除名、辞退和辞职、离职发生的争议；

（四）因工作时间、休息休假、社会保险、福利、培训以及劳动保护发生的争议；

（五）因劳动报酬、工伤医疗费、经济补偿或者赔偿金等发生的争议；

（六）法律、法规规定的其他劳动争议。

第 10 条 发生劳动争议，当事人可以到下列调解组织申请调解：

（一）企业劳动争议调解委员会；

（二）依法设立的基层人民调解组织；

（三）在乡镇、街道设立的具有劳动争议调解职能的组织。

● 行政法规及文件

2.《劳动保障监察条例》（2004 年 11 月 1 日）

第 21 条　用人单位违反劳动保障法律、法规或者规章，对劳动者造成损害的，依法承担赔偿责任。劳动者与用人单位就赔偿发生争议的，依照国家有关劳动争议处理的规定处理。

对应当通过劳动争议处理程序解决的事项或者已经按照劳动争议处理程序申请调解、仲裁或者已经提起诉讼的事项，劳动保障行政部门应当告知投诉人依照劳动争议处理或者诉讼的程序办理。

● 部门规章及文件

3.《劳动和社会保障部关于非全日制用工若干问题的意见》（2003 年 5 月 30 日　劳社部发〔2003〕12 号）

四、关于非全日制用工的劳动争议处理

13. 从事非全日制工作的劳动者与用人单位因履行劳动合同引发的劳动争议，按照国家劳动争议处理规定执行。

14. 劳动者直接向其他家庭或个人提供非全日制劳动的，当事人双方发生的争议不适用劳动争议处理规定。

● 司法解释及文件

4.《最高人民法院关于审理劳动争议案件适用法律问题的解释（二）》（2025 年 7 月 31 日　法释〔2025〕12 号）

第 20 条　当事人在仲裁期间因自身原因未提出仲裁时效抗辩，在一审或者二审诉讼期间提出仲裁时效抗辩的，人民法院不予支持。当事人基于新的证据能够证明对方当事人请求权的仲裁时效期间届满的，人民法院应予支持。

当事人未按照前款规定提出仲裁时效抗辩，以仲裁时效期间届满为由申请再审或者提出再审抗辩的，人民法院不予支持。

5.《最高人民法院关于审理劳动争议案件适用法律问题的解释（一）》（2020 年 12 月 29 日 法释〔2020〕26 号）

第 3 条 劳动争议案件由用人单位所在地或者劳动合同履行地的基层人民法院管辖。

劳动合同履行地不明确的，由用人单位所在地的基层人民法院管辖。

法律另有规定的，依照其规定。

第 4 条 劳动者与用人单位均不服劳动争议仲裁机构的同一裁决，向同一人民法院起诉的，人民法院应当并案审理，双方当事人互为原告和被告，对双方的诉讼请求，人民法院应当一并作出裁决。在诉讼过程中，一方当事人撤诉的，人民法院应当根据另一方当事人的诉讼请求继续审理。双方当事人就同一仲裁裁决分别向有管辖权的人民法院起诉的，后受理的人民法院应当将案件移送给先受理的人民法院。

第 5 条 劳动争议仲裁机构以无管辖权为由对劳动争议案件不予受理，当事人提起诉讼的，人民法院按照以下情形分别处理：

（一）经审查认为该劳动争议仲裁机构对案件确无管辖权的，应当告知当事人向有管辖权的劳动争议仲裁机构申请仲裁；

（二）经审查认为该劳动争议仲裁机构有管辖权的，应当告知当事人申请仲裁，并将审查意见书面通知该劳动争议仲裁机构；劳动争议仲裁机构仍不受理，当事人就该劳动争议事项提起诉讼的，人民法院应予受理。

第 6 条 劳动争议仲裁机构以当事人申请仲裁的事项不属于劳动争议为由，作出不予受理的书面裁决、决定或者通知，当事人不服依法提起诉讼的，人民法院应当分别情况予以处理：

（一）属于劳动争议案件的，应当受理；

（二）虽不属于劳动争议案件，但属于人民法院主管的其他案件，应当依法受理。

第7条　劳动争议仲裁机构以申请仲裁的主体不适格为由，作出不予受理的书面裁决、决定或者通知，当事人不服依法提起诉讼，经审查确属主体不适格的，人民法院不予受理；已经受理的，裁定驳回起诉。

第8条　劳动争议仲裁机构为纠正原仲裁裁决错误重新作出裁决，当事人不服依法提起诉讼的，人民法院应当受理。

第9条　劳动争议仲裁机构仲裁的事项不属于人民法院受理的案件范围，当事人不服依法提起诉讼的，人民法院不予受理；已经受理的，裁定驳回起诉。

第10条　当事人不服劳动争议仲裁机构作出的预先支付劳动者劳动报酬、工伤医疗费、经济补偿或者赔偿金的裁决，依法提起诉讼的，人民法院不予受理。

用人单位不履行上述裁决中的给付义务，劳动者依法申请强制执行的，人民法院应予受理。

第11条　劳动争议仲裁机构作出的调解书已经发生法律效力，一方当事人反悔提起诉讼的，人民法院不予受理；已经受理的，裁定驳回起诉。

第12条　劳动争议仲裁机构逾期未作出受理决定或仲裁裁决，当事人直接提起诉讼的，人民法院应予受理，但申请仲裁的案件存在下列事由的除外：

(一) 移送管辖的；

(二) 正在送达或者送达延误的；

(三) 等待另案诉讼结果、评残结论的；

(四) 正在等待劳动争议仲裁机构开庭的；

(五) 启动鉴定程序或者委托其他部门调查取证的；

(六) 其他正当事由。

当事人以劳动争议仲裁机构逾期未作出仲裁裁决为由提起诉

讼的，应当提交该仲裁机构出具的受理通知书或者其他已接受仲裁申请的凭证、证明。

第13条　劳动者依据劳动合同法第三十条第二款和调解仲裁法第十六条规定向人民法院申请支付令，符合民事诉讼法第十七章督促程序规定的，人民法院应予受理。

依据劳动合同法第三十条第二款规定申请支付令被人民法院裁定终结督促程序后，劳动者就劳动争议事项直接提起诉讼的，人民法院应当告知其先向劳动争议仲裁机构申请仲裁。

依据调解仲裁法第十六条规定申请支付令被人民法院裁定终结督促程序后，劳动者依据调解协议直接提起诉讼的，人民法院应予受理。

第14条　人民法院受理劳动争议案件后，当事人增加诉讼请求的，如该诉讼请求与讼争的劳动争议具有不可分性，应当合并审理；如属独立的劳动争议，应当告知当事人向劳动争议仲裁机构申请仲裁。

第15条　劳动者以用人单位的工资欠条为证据直接提起诉讼，诉讼请求不涉及劳动关系其他争议的，视为拖欠劳动报酬争议，人民法院按照普通民事纠纷受理。

第16条　劳动争议仲裁机构作出仲裁裁决后，当事人对裁决中的部分事项不服，依法提起诉讼的，劳动争议仲裁裁决不发生法律效力。

第17条　劳动争议仲裁机构对多个劳动者的劳动争议作出仲裁裁决后，部分劳动者对仲裁裁决不服，依法提起诉讼的，仲裁裁决对提起诉讼的劳动者不发生法律效力；对未提起诉讼的部分劳动者，发生法律效力，如其申请执行的，人民法院应当受理。

第18条　仲裁裁决的类型以仲裁裁决书确定为准。仲裁裁决书未载明该裁决为终局裁决或者非终局裁决，用人单位不服该仲裁裁决向基层人民法院提起诉讼的，应当按照以下情形分别处理：

（一）经审查认为该仲裁裁决为非终局裁决的，基层人民法院应予受理；

（二）经审查认为该仲裁裁决为终局裁决的，基层人民法院不予受理，但应告知用人单位可以自收到不予受理裁定书之日起三十日内向劳动争议仲裁机构所在地的中级人民法院申请撤销该仲裁裁决；已经受理的，裁定驳回起诉。

第19条 仲裁裁决书未载明该裁决为终局裁决或者非终局裁决，劳动者依据调解仲裁法第四十七条第一项规定，追索劳动报酬、工伤医疗费、经济补偿或者赔偿金，如果仲裁裁决涉及数项，每项确定的数额均不超过当地月最低工资标准十二个月金额的，应当按照终局裁决处理。

第20条 劳动争议仲裁机构作出的同一仲裁裁决同时包含终局裁决事项和非终局裁决事项，当事人不服该仲裁裁决向人民法院提起诉讼的，应当按照非终局裁决处理。

第21条 劳动者依据调解仲裁法第四十八条规定向基层人民法院提起诉讼，用人单位依据调解仲裁法第四十九条规定向劳动争议仲裁机构所在地的中级人民法院申请撤销仲裁裁决的，中级人民法院应当不予受理；已经受理的，应当裁定驳回申请。

被人民法院驳回起诉或者劳动者撤诉的，用人单位可以自收到裁定书之日起三十日内，向劳动争议仲裁机构所在地的中级人民法院申请撤销仲裁裁决。

6.《关于当前形势下做好劳动争议纠纷案件审判工作的指导意见》（2009年7月6日　法发〔2009〕41号）

4. 充分发挥诉讼调解的功能作用。在审理劳动争议纠纷案件的全过程中，要尽可能采取调解、和解方法，寻找各方利益平衡点，做到案结事了。同时还要注意调解程序的正当性、灵活性和可操作性，努力化解劳动关系的矛盾和隐患，使诉讼调解的职能作用得到更加有效的发挥，力争案件处理达到法律效果与社会效果的统一。

5. 积极发挥人民调解的职能作用。在审理劳动争议纠纷案件时，要加强与政府部门的沟通和协调，积极主动地邀请企业工会、居民委员会、村民委员会、人民调解员、人民陪审员等社会各方力量参与调解，促成劳动关系双方当事人互谅互让。要充分尊重人民调解在社会矛盾纠纷调解工作体系的基础作用，加强对人民调解的业务指导，依法确认人民调解协议的效力，促进人民调解制度更加有效地发挥预防和及时化解矛盾纠纷、维护社会和谐稳定的功能。

6. 建立健全多渠道解决劳动争议纠纷机制。要通过正面宣传教育，增强劳动者和用人单位守法的自觉性；积极采取措施，创新对策，引导劳动者合法、合理地表达利益诉求。要立足预防，重在化解，创建和完善劳动争议多方联动解决机制和应急处理机制，全力预防和化解劳动争议，促进劳动关系的有序运行和经济社会的健康发展。

第七十八条 劳动争议的处理原则

解决劳动争议，应当根据合法、公正、及时处理的原则，依法维护劳动争议当事人的合法权益。

● 法 律

《劳动争议调解仲裁法》（2007 年 12 月 29 日）

第 3 条 解决劳动争议，应当根据事实，遵循合法、公正、及时、着重调解的原则，依法保护当事人的合法权益。

第七十九条 劳动争议的调解、仲裁和诉讼的相互关系

劳动争议发生后，当事人可以向本单位劳动争议调解委员会申请调解；调解不成，当事人一方要求仲裁的，可以向劳动争议仲裁委员会申请仲裁。当事人一方也可以直接向劳动争议仲裁委员会申请仲裁。对仲裁裁决不服的，可以向人民法院提起诉讼。

● 法　律

1. **《劳动争议调解仲裁法》**（2007 年 12 月 29 日）

第 4 条　发生劳动争议，劳动者可以与用人单位协商，也可以请工会或者第三方共同与用人单位协商，达成和解协议。

第 5 条　发生劳动争议，当事人不愿协商、协商不成或者达成和解协议后不履行的，可以向调解组织申请调解；不愿调解、调解不成或者达成调解协议后不履行的，可以向劳动争议仲裁委员会申请仲裁；对仲裁裁决不服的，除本法另有规定的外，可以向人民法院提起诉讼。

第 15 条　达成调解协议后，一方当事人在协议约定期限内不履行调解协议的，另一方当事人可以依法申请仲裁。

第 16 条　因支付拖欠劳动报酬、工伤医疗费、经济补偿或者赔偿金事项达成调解协议，用人单位在协议约定期限内不履行的，劳动者可以持调解协议书依法向人民法院申请支付令。人民法院应当依法发出支付令。

第 42 条　仲裁庭在作出裁决前，应当先行调解。

调解达成协议的，仲裁庭应当制作调解书。

调解书应当写明仲裁请求和当事人协议的结果。调解书由仲裁员签名，加盖劳动争议仲裁委员会印章，送达双方当事人。调解书经双方当事人签收后，发生法律效力。

调解不成或者调解书送达前，一方当事人反悔的，仲裁庭应

当及时作出裁决。

第 48 条　劳动者对本法第四十七条规定的仲裁裁决不服的，可以自收到仲裁裁决书之日起十五日内向人民法院提起诉讼。

第 49 条　用人单位有证据证明本法第四十七条规定的仲裁裁决有下列情形之一，可以自收到仲裁裁决书之日起三十日内向劳动争议仲裁委员会所在地的中级人民法院申请撤销裁决：

（一）适用法律、法规确有错误的；

（二）劳动争议仲裁委员会无管辖权的；

（三）违反法定程序的；

（四）裁决所根据的证据是伪造的；

（五）对方当事人隐瞒了足以影响公正裁决的证据的；

（六）仲裁员在仲裁该案时有索贿受贿、徇私舞弊、枉法裁决行为的。

人民法院经组成合议庭审查核实裁决有前款规定情形之一的，应当裁定撤销。

仲裁裁决被人民法院裁定撤销的，当事人可以自收到裁定书之日起十五日内就该劳动争议事项向人民法院提起诉讼。

第 50 条　当事人对本法第四十七条规定以外的其他劳动争议案件的仲裁裁决不服的，可以自收到仲裁裁决书之日起十五日内向人民法院提起诉讼；期满不起诉的，裁决书发生法律效力。

● 司法解释及文件

2.《关于当前形势下做好劳动争议纠纷案件审判工作的指导意见》

（2009 年 7 月 6 日　法发〔2009〕41 号）

12. 要积极探讨劳动争议诉讼程序和仲裁程序的有效衔接。要建立与劳动争议仲裁委员会的沟通协调机制，及时交流劳动争议处理的新情况、新问题，积极探索和创建诉讼程序与仲裁程序有效衔接的新规则、新制度。要准确把握劳动合同法和劳动争议调解仲裁法的新规定和新精神，严格审查仲裁时效，合理把握仲裁审理时限超期的认定标准，对于仲裁委员会确有正当理由未能在规定时限内作出受理决定或仲裁裁决，劳动者以此为由向人民法院起诉的，人民法院应告知劳动者等待仲裁委员会的决定或裁决。要妥善解决劳动者不服仲裁裁决提起诉讼的同时，用人单位又申请撤销仲裁裁决出现的有关问题，切实规范仲裁委员会逾期未作出受理决定和仲裁裁决的相关程序。

● 案例指引

1. **施某与机泵厂公司追索劳动报酬纠纷案**（海门市人民法院发布2017年度劳动争议八大典型案例之六）

裁判摘要： 劳动争议仲裁前置程序法定化。《劳动法》规定，劳动争议发生后，当事人一方也可以直接向劳动争议仲裁委员会申请仲裁。对仲裁不服的，可以向人民法院提起诉讼。

2. **李某与生物公司劳动争议纠纷案**［（2017）京01民终3780号］[①]

裁判摘要： 用人单位与劳动者签订落户协议，约定劳动者未满服务期离职应赔偿损失，在双方意思自治、平等协商基础上订立的此类协议，应认定有效。法院酌定劳动者赔偿损失数额时，应结合损失的客观存在情况、可得利益损失的举证困难、索赔数额相对于违约程度是否畸高等因素进行考量，裁判思路应充分体现对诚实信用原则的遵循及对双方合法权益的平衡。

第八十条 劳动争议的调解

在用人单位内，可以设立劳动争议调解委员会。劳动争议调解委员会由职工代表、用人单位代表和工会代表组成。劳动争议调解委员会主任由工会代表担任。

劳动争议经调解达成协议的，当事人应当履行。

---

① 王琰、李颖：《违反落户服务期协议的损失赔偿》，载《人民司法·案例》2017年第26期。

● 法　律

1.《劳动争议调解仲裁法》（2007年12月29日）

第10条第2款　企业劳动争议调解委员会由职工代表和企业代表组成。职工代表由工会成员担任或者由全体职工推举产生，企业代表由企业负责人指定。企业劳动争议调解委员会主任由工会成员或者双方推举的人员担任。

● 司法解释及文件

2.《最高人民法院关于审理劳动争议案件适用法律问题的解释（一）》（2020年12月29日　法释〔2020〕26号）

第52条　当事人在人民调解委员会主持下仅就给付义务达成的调解协议，双方认为有必要的，可以共同向人民调解委员会所在地的基层人民法院申请司法确认。

第八十一条　劳动争议仲裁委员会的组成

劳动争议仲裁委员会由劳动行政部门代表、同级工会代表、用人单位方面的代表组成。劳动争议仲裁委员会主任由劳动行政部门代表担任。

● 法　律

《劳动争议调解仲裁法》（2007年12月29日）

第31条　劳动争议仲裁委员会裁决劳动争议案件实行仲裁庭制。仲裁庭由三名仲裁员组成，设首席仲裁员。简单劳动争议案件可以由一名仲裁员独任仲裁。

第八十二条　劳动争议仲裁的程序

提出仲裁要求的一方应当自劳动争议发生之日起60日内向劳动争议仲裁委员会提出书面申请。仲裁裁决一般应在收到仲裁申请的60日内作出。对仲裁裁决无异议的，当事人必须履行。

● 法　律

《劳动争议调解仲裁法》（2007 年 12 月 29 日）

第 22 条　发生劳动争议的劳动者和用人单位为劳动争议仲裁案件的双方当事人。

劳务派遣单位或者用工单位与劳动者发生劳动争议的，劳务派遣单位和用工单位为共同当事人。

第 23 条　与劳动争议案件的处理结果有利害关系的第三人，可以申请参加仲裁活动或者由劳动争议仲裁委员会通知其参加仲裁活动。

第 24 条　当事人可以委托代理人参加仲裁活动。委托他人参加仲裁活动，应当向劳动争议仲裁委员会提交有委托人签名或者盖章的委托书，委托书应当载明委托事项和权限。

第 25 条　丧失或者部分丧失民事行为能力的劳动者，由其法定代理人代为参加仲裁活动；无法定代理人的，由劳动争议仲裁委员会为其指定代理人。劳动者死亡的，由其近亲属或者代理人参加仲裁活动。

第 26 条　劳动争议仲裁公开进行，但当事人协议不公开进行或者涉及国家秘密、商业秘密和个人隐私的除外。

第 27 条　劳动争议申请仲裁的时效期间为一年。仲裁时效期间从当事人知道或者应当知道其权利被侵害之日起计算。

前款规定的仲裁时效，因当事人一方向对方当事人主张权利，或者向有关部门请求权利救济，或者对方当事人同意履行义务而中断。从中断时起，仲裁时效期间重新计算。

因不可抗力或者有其他正当理由，当事人不能在本条第一款规定的仲裁时效期间申请仲裁的，仲裁时效中止。从中止时效的原因消除之日起，仲裁时效期间继续计算。

劳动关系存续期间因拖欠劳动报酬发生争议的，劳动者申请仲裁不受本条第一款规定的仲裁时效期间的限制；但是，劳动关系终止的，应当自劳动关系终止之日起一年内提出。

第28条 申请人申请仲裁应当提交书面仲裁申请，并按照被申请人人数提交副本。

仲裁申请书应当载明下列事项：

（一）劳动者的姓名、性别、年龄、职业、工作单位和住所，用人单位的名称、住所和法定代表人或者主要负责人的姓名、职务；

（二）仲裁请求和所根据的事实、理由；

（三）证据和证据来源、证人姓名和住所。

书写仲裁申请确有困难的，可以口头申请，由劳动争议仲裁委员会记入笔录，并告知对方当事人。

第29条 劳动争议仲裁委员会收到仲裁申请之日起五日内，认为符合受理条件的，应当受理，并通知申请人；认为不符合受理条件的，应当书面通知申请人不予受理，并说明理由。对劳动争议仲裁委员会不予受理或者逾期未作出决定的，申请人可以就该劳动争议事项向人民法院提起诉讼。

第30条 劳动争议仲裁委员会受理仲裁申请后，应当在五日内将仲裁申请书副本送达被申请人。

被申请人收到仲裁申请书副本后，应当在十日内向劳动争议仲裁委员会提交答辩书。劳动争议仲裁委员会收到答辩书后，应当在五日内将答辩书副本送达申请人。被申请人未提交答辩书的，不影响仲裁程序的进行。

第31条 劳动争议仲裁委员会裁决劳动争议案件实行仲裁庭制。仲裁庭由三名仲裁员组成，设首席仲裁员。简单劳动争议案件可以由一名仲裁员独任仲裁。

第32条 劳动争议仲裁委员会应当在受理仲裁申请之日起五日内将仲裁庭的组成情况书面通知当事人。

第33条 仲裁员有下列情形之一，应当回避，当事人也有权以口头或者书面方式提出回避申请：

（一）是本案当事人或者当事人、代理人的近亲属的；

（二）与本案有利害关系的；

（三）与本案当事人、代理人有其他关系，可能影响公正裁决的；

（四）私自会见当事人、代理人，或者接受当事人、代理人的请客送礼的。

劳动争议仲裁委员会对回避申请应当及时作出决定，并以口头或者书面方式通知当事人。

第34条　仲裁员有本法第三十三条第四项规定情形，或者有索贿受贿、徇私舞弊、枉法裁决行为的，应当依法承担法律责任。劳动争议仲裁委员会应当将其解聘。

第35条　仲裁庭应当在开庭五日前，将开庭日期、地点书面通知双方当事人。当事人有正当理由的，可以在开庭三日前请求延期开庭。是否延期，由劳动争议仲裁委员会决定。

第36条　申请人收到书面通知，无正当理由拒不到庭或者未经仲裁庭同意中途退庭的，可以视为撤回仲裁申请。

被申请人收到书面通知，无正当理由拒不到庭或者未经仲裁庭同意中途退庭的，可以缺席裁决。

第37条　仲裁庭对专门性问题认为需要鉴定的，可以交由当事人约定的鉴定机构鉴定；当事人没有约定或者无法达成约定的，由仲裁庭指定的鉴定机构鉴定。

根据当事人的请求或者仲裁庭的要求，鉴定机构应当派鉴定人参加开庭。当事人经仲裁庭许可，可以向鉴定人提问。

第38条　当事人在仲裁过程中有权进行质证和辩论。质证和辩论终结时，首席仲裁员或者独任仲裁员应当征询当事人的最后意见。

第39条　当事人提供的证据经查证属实的，仲裁庭应当将其作为认定事实的根据。

劳动者无法提供由用人单位掌握管理的与仲裁请求有关的证据，仲裁庭可以要求用人单位在指定期限内提供。用人单位在指定期限内不提供的，应当承担不利后果。

第 40 条　仲裁庭应当将开庭情况记入笔录。当事人和其他仲裁参加人认为对自己陈述的记录有遗漏或者差错的，有权申请补正。如果不予补正，应当记录该申请。

笔录由仲裁员、记录人员、当事人和其他仲裁参加人签名或者盖章。

第 41 条　当事人申请劳动争议仲裁后，可以自行和解。达成和解协议的，可以撤回仲裁申请。

第 42 条　仲裁庭在作出裁决前，应当先行调解。

调解达成协议的，仲裁庭应当制作调解书。

调解书应当写明仲裁请求和当事人协议的结果。调解书由仲裁员签名，加盖劳动争议仲裁委员会印章，送达双方当事人。调解书经双方当事人签收后，发生法律效力。

调解不成或者调解书送达前，一方当事人反悔的，仲裁庭应当及时作出裁决。

第 43 条　仲裁庭裁决劳动争议案件，应当自劳动争议仲裁委员会受理仲裁申请之日起四十五日内结束。案情复杂需要延期的，经劳动争议仲裁委员会主任批准，可以延期并书面通知当事人，但是延长期限不得超过十五日。逾期未作出仲裁裁决的，当事人可以就该劳动争议事项向人民法院提起诉讼。

仲裁庭裁决劳动争议案件时，其中一部分事实已经清楚，可以就该部分先行裁决。

第 44 条　仲裁庭对追索劳动报酬、工伤医疗费、经济补偿或者赔偿金的案件，根据当事人的申请，可以裁决先予执行，移送人民法院执行。

仲裁庭裁决先予执行的，应当符合下列条件：

（一）当事人之间权利义务关系明确；

（二）不先予执行将严重影响申请人的生活。

劳动者申请先予执行的，可以不提供担保。

第45条　裁决应当按照多数仲裁员的意见作出，少数仲裁员的不同意见应当记入笔录。仲裁庭不能形成多数意见时，裁决应当按照首席仲裁员的意见作出。

第46条　裁决书应当载明仲裁请求、争议事实、裁决理由、裁决结果和裁决日期。裁决书由仲裁员签名，加盖劳动争议仲裁委员会印章。对裁决持不同意见的仲裁员，可以签名，也可以不签名。

第八十三条　仲裁裁决的效力

劳动争议当事人对仲裁裁决不服的，可以自收到仲裁裁决书之日起15日内向人民法院提起诉讼。一方当事人在法定期限内不起诉又不履行仲裁裁决的，另一方当事人可以申请人民法院强制执行。

法　律

1.《劳动争议调解仲裁法》（2007年12月29日）

第44条　仲裁庭对追索劳动报酬、工伤医疗费、经济补偿或者赔偿金的案件，根据当事人的申请，可以裁决先予执行，移送人民法院执行。

仲裁庭裁决先予执行的，应当符合下列条件：

（一）当事人之间权利义务关系明确；

（二）不先予执行将严重影响申请人的生活。

劳动者申请先予执行的，可以不提供担保。

第47条　下列劳动争议，除本法另有规定的外，仲裁裁决为终局裁决，裁决书自作出之日起发生法律效力：

（一）追索劳动报酬、工伤医疗费、经济补偿或者赔偿金，不超过当地月最低工资标准十二个月金额的争议；

（二）因执行国家的劳动标准在工作时间、休息休假、社会保险等方面发生的争议。

第 48 条　劳动者对本法第四十七条规定的仲裁裁决不服的，可以自收到仲裁裁决书之日起十五日内向人民法院提起诉讼。

第 49 条　用人单位有证据证明本法第四十七条规定的仲裁裁决有下列情形之一，可以自收到仲裁裁决书之日起三十日内向劳动争议仲裁委员会所在地的中级人民法院申请撤销裁决：

（一）适用法律、法规确有错误的；

（二）劳动争议仲裁委员会无管辖权的；

（三）违反法定程序的；

（四）裁决所根据的证据是伪造的；

（五）对方当事人隐瞒了足以影响公正裁决的证据的；

（六）仲裁员在仲裁该案时有索贿受贿、徇私舞弊、枉法裁决行为的。

人民法院经组成合议庭审查核实裁决有前款规定情形之一的，应当裁定撤销。

仲裁裁决被人民法院裁定撤销的，当事人可以自收到裁定书之日起十五日内就该劳动争议事项向人民法院提起诉讼。

第 50 条　当事人对本法第四十七条规定以外的其他劳动争议案件的仲裁裁决不服的，可以自收到仲裁裁决书之日起十五日内向人民法院提起诉讼；期满不起诉的，裁决书发生法律效力。

第 51 条　当事人对发生法律效力的调解书、裁决书，应当依照规定的期限履行。一方当事人逾期不履行的，另一方当事人可以依照民事诉讼法的有关规定向人民法院申请执行。受理申请的人民法院应当依法执行。

● 司法解释及文件

2.《最高人民法院关于人民法院对经劳动争议仲裁裁决的纠纷准予撤诉或驳回起诉后劳动争议仲裁裁决从何时起生效的解释》（2000 年 7 月 10 日　法释〔2000〕18 号）

第 1 条　当事人不服劳动争议仲裁裁决向人民法院起诉后又申请撤诉，经人民法院审查准予撤诉的，原仲裁裁决自人民法院裁定送达当事人之日起发生法律效力。

第 2 条　当事人因超过起诉期间而被人民法院裁定驳回起诉的，原仲裁裁决自起诉期间届满之次日起恢复法律效力。

第 3 条　因仲裁裁决确定的主体资格错误或仲裁裁决事项不属于劳动争议，被人民法院驳回起诉的，原仲裁裁决不发生法律效力。

第八十四条　集体合同争议的处理

因签订集体合同发生争议，当事人协商解决不成的，当地人民政府劳动行政部门可以组织有关各方协调处理。

因履行集体合同发生争议，当事人协商解决不成的，可以向劳动争议仲裁委员会申请仲裁；对仲裁裁决不服的，可以自收到仲裁裁决书之日起 15 日内向人民法院提起诉讼。

第十一章　监督检查

第八十五条　劳动行政部门的监督检查

县级以上各级人民政府劳动行政部门依法对用人单位遵守劳动法律、法规的情况进行监督检查，对违反劳动法律、法规的行为有权制止，并责令改正。

● 法　律

1.《劳动合同法》（2012 年 12 月 28 日）

第 74 条　县级以上地方人民政府劳动行政部门依法对下列实施劳动合同制度的情况进行监督检查：

（一）用人单位制定直接涉及劳动者切身利益的规章制度及其执行的情况；

（二）用人单位与劳动者订立和解除劳动合同的情况；

（三）劳务派遣单位和用工单位遵守劳务派遣有关规定的情况；

（四）用人单位遵守国家关于劳动者工作时间和休息休假规定的情况；

（五）用人单位支付劳动合同约定的劳动报酬和执行最低工资标准的情况；

（六）用人单位参加各项社会保险和缴纳社会保险费的情况；

（七）法律、法规规定的其他劳动监察事项。

● 行政法规及文件

2.《劳动保障监察条例》（2004 年 11 月 1 日）

第 2 条　对企业和个体工商户（以下称用人单位）进行劳动保障监察，适用本条例。

对职业介绍机构、职业技能培训机构和职业技能考核鉴定机构进行劳动保障监察，依照本条例执行。

第 3 条　国务院劳动保障行政部门主管全国的劳动保障监察工作。县级以上地方各级人民政府劳动保障行政部门主管本行政区域内的劳动保障监察工作。

县级以上各级人民政府有关部门根据各自职责，支持、协助劳动保障行政部门的劳动保障监察工作。

第 4 条　县级、设区的市级人民政府劳动保障行政部门可以委托符合监察执法条件的组织实施劳动保障监察。

劳动保障行政部门和受委托实施劳动保障监察的组织中的劳动保障监察员应当经过相应的考核或者考试录用。

劳动保障监察证件由国务院劳动保障行政部门监制。

第八十六条 劳动监察机构的监察程序

县级以上各级人民政府劳动行政部门监督检查人员执行公务，有权进入用人单位了解执行劳动法律、法规的情况，查阅必要的资料，并对劳动场所进行检查。

县级以上各级人民政府劳动行政部门监督检查人员执行公务，必须出示证件，秉公执法并遵守有关规定。

● 行政法规及文件

《劳动保障监察条例》（2004 年 11 月 1 日）

第 9 条 任何组织或者个人对违反劳动保障法律、法规或者规章的行为，有权向劳动保障行政部门举报。

劳动者认为用人单位侵犯其劳动保障合法权益的，有权向劳动保障行政部门投诉。

劳动保障行政部门应当为举报人保密；对举报属实，为查处重大违反劳动保障法律、法规或者规章的行为提供主要线索和证据的举报人，给予奖励。

第 10 条 劳动保障行政部门实施劳动保障监察，履行下列职责：

（一）宣传劳动保障法律、法规和规章，督促用人单位贯彻执行；

（二）检查用人单位遵守劳动保障法律、法规和规章的情况；

（三）受理对违反劳动保障法律、法规或者规章的行为的举报、投诉；

（四）依法纠正和查处违反劳动保障法律、法规或者规章的行为。

第11条　劳动保障行政部门对下列事项实施劳动保障监察：

（一）用人单位制定内部劳动保障规章制度的情况；

（二）用人单位与劳动者订立劳动合同的情况；

（三）用人单位遵守禁止使用童工规定的情况；

（四）用人单位遵守女职工和未成年工特殊劳动保护规定的情况；

（五）用人单位遵守工作时间和休息休假规定的情况；

（六）用人单位支付劳动者工资和执行最低工资标准的情况；

（七）用人单位参加各项社会保险和缴纳社会保险费的情况；

（八）职业介绍机构、职业技能培训机构和职业技能考核鉴定机构遵守国家有关职业介绍、职业技能培训和职业技能考核鉴定的规定的情况；

（九）法律、法规规定的其他劳动保障监察事项。

第12条　劳动保障监察员依法履行劳动保障监察职责，受法律保护。

劳动保障监察员应当忠于职守，秉公执法，勤政廉洁，保守秘密。

任何组织或者个人对劳动保障监察员的违法违纪行为，有权向劳动保障行政部门或者有关机关检举、控告。

第13条　对用人单位的劳动保障监察，由用人单位用工所在地的县级或者设区的市级劳动保障行政部门管辖。

上级劳动保障行政部门根据工作需要，可以调查处理下级劳动保障行政部门管辖的案件。劳动保障行政部门对劳动保障监察管辖发生争议的，报请共同的上一级劳动保障行政部门指定管辖。

省、自治区、直辖市人民政府可以对劳动保障监察的管辖制定具体办法。

第14条　劳动保障监察以日常巡视检查、审查用人单位按照要求报送的书面材料以及接受举报投诉等形式进行。

劳动保障行政部门认为用人单位有违反劳动保障法律、法规或者规章的行为，需要进行调查处理的，应当及时立案。

劳动保障行政部门或者受委托实施劳动保障监察的组织应当设立举报、投诉信箱和电话。

对因违反劳动保障法律、法规或者规章的行为引起的群体性事件，劳动保障行政部门应当根据应急预案，迅速会同有关部门处理。

第15条　劳动保障行政部门实施劳动保障监察，有权采取下列调查、检查措施：

（一）进入用人单位的劳动场所进行检查；

（二）就调查、检查事项询问有关人员；

（三）要求用人单位提供与调查、检查事项相关的文件资料，并作出解释和说明，必要时可以发出调查询问书；

（四）采取记录、录音、录像、照像或者复制等方式收集有关情况和资料；

（五）委托会计师事务所对用人单位工资支付、缴纳社会保险费的情况进行审计；

（六）法律、法规规定可以由劳动保障行政部门采取的其他调查、检查措施。

劳动保障行政部门对事实清楚、证据确凿、可以当场处理的违反劳动保障法律、法规或者规章的行为有权当场予以纠正。

第16条　劳动保障监察员进行调查、检查，不得少于2人，并应当佩戴劳动保障监察标志、出示劳动保障监察证件。

劳动保障监察员办理的劳动保障监察事项与本人或者其近亲属有直接利害关系的，应当回避。

第17条　劳动保障行政部门对违反劳动保障法律、法规或者规章的行为的调查，应当自立案之日起60个工作日内完成；对情况复杂的，经劳动保障行政部门负责人批准，可以延长30个工作日。

第18条　劳动保障行政部门对违反劳动保障法律、法规或者规章的行为，根据调查、检查的结果，作出以下处理：

（一）对依法应当受到行政处罚的，依法作出行政处罚决定；

（二）对应当改正未改正的，依法责令改正或者作出相应的行政处理决定；

（三）对情节轻微且已改正的，撤销立案。

发现违法案件不属于劳动保障监察事项的，应当及时移送有关部门处理；涉嫌犯罪的，应当依法移送司法机关。

第19条　劳动保障行政部门对违反劳动保障法律、法规或者规章的行为作出行政处罚或者行政处理决定前，应当听取用人单位的陈述、申辩；作出行政处罚或者行政处理决定，应当告知用人单位依法享有申请行政复议或者提起行政诉讼的权利。

第20条　违反劳动保障法律、法规或者规章的行为在2年内未被劳动保障行政部门发现，也未被举报、投诉的，劳动保障行政部门不再查处。

前款规定的期限，自违反劳动保障法律、法规或者规章的行为发生之日起计算；违反劳动保障法律、法规或者规章的行为有连续或者继续状态的，自行为终了之日起计算。

第21条　用人单位违反劳动保障法律、法规或者规章，对劳动者造成损害的，依法承担赔偿责任。劳动者与用人单位就赔偿发生争议的，依照国家有关劳动争议处理的规定处理。

对应当通过劳动争议处理程序解决的事项或者已经按照劳动争议处理程序申请调解、仲裁或者已经提起诉讼的事项，劳动保障行政部门应当告知投诉人依照劳动争议处理或者诉讼的程序办理。

第22条　劳动保障行政部门应当建立用人单位劳动保障守法诚信档案。用人单位有重大违反劳动保障法律、法规或者规章的行为的，由有关的劳动保障行政部门向社会公布。

第八十七条　政府有关部门的监察

县级以上各级人民政府有关部门在各自职责范围内，对用人单位遵守劳动法律、法规的情况进行监督。

● 行政法规及文件

《劳动保障监察条例》（2004年11月1日）

第5条　县级以上地方各级人民政府应当加强劳动保障监察工作。劳动保障监察所需经费列入本级财政预算。

第八十八条　工会监督、社会监督

各级工会依法维护劳动者的合法权益，对用人单位遵守劳动法律、法规的情况进行监督。

任何组织和个人对于违反劳动法律、法规的行为有权检举和控告。

● 行政法规及文件

《劳动保障监察条例》（2004年11月1日）

第7条　各级工会依法维护劳动者的合法权益，对用人单位遵守劳动保障法律、法规和规章的情况进行监督。

劳动保障行政部门在劳动保障监察工作中应当注意听取工会组织的意见和建议。

第十二章 法律责任

第八十九条 劳动规章制度违法的法律责任

用人单位制定的劳动规章制度违反法律、法规规定的，由劳动行政部门给予警告，责令改正；对劳动者造成损害的，应当承担赔偿责任。

● 法 律

《劳动合同法》（2012年12月28日）

第80条 用人单位直接涉及劳动者切身利益的规章制度违反法律、法规规定的，由劳动行政部门责令改正，给予警告；给劳动者造成损害的，应当承担赔偿责任。

第九十条 违法延长工时的法律责任

用人单位违反本法规定，延长劳动者工作时间的，由劳动行政部门给予警告，责令改正，并可以处以罚款。

第九十一条 用人单位侵权的民事责任

用人单位有下列侵害劳动者合法权益情形之一的，由劳动行政部门责令支付劳动者的工资报酬、经济补偿，并可以责令支付赔偿金：

（一）克扣或者无故拖欠劳动者工资的；

（二）拒不支付劳动者延长工作时间工资报酬的；

（三）低于当地最低工资标准支付劳动者工资的；

（四）解除劳动合同后，未依照本法规定给予劳动者经济补偿的。

法　律

1.《劳动合同法》(2012 年 12 月 28 日)

第 85 条　用人单位有下列情形之一的，由劳动行政部门责令限期支付劳动报酬、加班费或者经济补偿；劳动报酬低于当地最低工资标准的，应当支付其差额部分；逾期不支付的，责令用人单位按应付金额百分之五十以上百分之一百以下的标准向劳动者加付赔偿金：

(一) 未按照劳动合同的约定或者国家规定及时足额支付劳动者劳动报酬的；

(二) 低于当地最低工资标准支付劳动者工资的；

(三) 安排加班不支付加班费的；

(四) 解除或者终止劳动合同，未依照本法规定向劳动者支付经济补偿的。

2.《刑法》(2023 年 12 月 29 日)

第 276 条之一　以转移财产、逃匿等方法逃避支付劳动者的劳动报酬或者有能力支付而不支付劳动者的劳动报酬，数额较大，经政府有关部门责令支付仍不支付的，处三年以下有期徒刑或者拘役，并处或者单处罚金；造成严重后果的，处三年以上七年以下有期徒刑，并处罚金。

单位犯前款罪的，对单位判处罚金，并对其直接负责的主管人员和其他直接责任人员，依照前款的规定处罚。

有前两款行为，尚未造成严重后果，在提起公诉前支付劳动者的劳动报酬，并依法承担相应赔偿责任的，可以减轻或者免除处罚。

行政法规及文件

3.《劳动保障监察条例》(2004 年 11 月 1 日)

第 26 条　用人单位有下列行为之一的，由劳动保障行政部门分别责令限期支付劳动者的工资报酬、劳动者工资低于当地最低工资标准的差额或者解除劳动合同的经济补偿；逾期不支付的，责令用人单位按照应付金额50%以上1倍以下的标准计算，向劳动者加付赔偿金：

（一）克扣或者无故拖欠劳动者工资报酬的；

（二）支付劳动者的工资低于当地最低工资标准的；

（三）解除劳动合同未依法给予劳动者经济补偿的。

● 司法解释及文件

4.《最高人民法院关于审理拒不支付劳动报酬刑事案件适用法律若干问题的解释》（2013年1月16日　法释〔2013〕3号）

为依法惩治拒不支付劳动报酬犯罪，维护劳动者的合法权益，根据《中华人民共和国刑法》有关规定，现就办理此类刑事案件适用法律的若干问题解释如下：

第1条　劳动者依照《中华人民共和国劳动法》和《中华人民共和国劳动合同法》等法律的规定应得的劳动报酬，包括工资、奖金、津贴、补贴、延长工作时间的工资报酬及特殊情况下支付的工资等，应当认定为刑法第二百七十六条之一第一款规定的“劳动者的劳动报酬”。

第2条　以逃避支付劳动者的劳动报酬为目的，具有下列情形之一的，应当认定为刑法第二百七十六条之一第一款规定的“以转移财产、逃匿等方法逃避支付劳动者的劳动报酬”：

（一）隐匿财产、恶意清偿、虚构债务、虚假破产、虚假倒闭或者以其他方法转移、处分财产的；

（二）逃跑、藏匿的；

（三）隐匿、销毁或者篡改账目、职工名册、工资支付记录、考勤记录等与劳动报酬相关的材料的；

（四）以其他方法逃避支付劳动报酬的。

第3条　具有下列情形之一的，应当认定为刑法第二百七十六条之一第一款规定的“数额较大”：

（一）拒不支付一名劳动者三个月以上的劳动报酬且数额在五千元至二万元以上的；

（二）拒不支付十名以上劳动者的劳动报酬且数额累计在三万元至十万元以上的。

各省、自治区、直辖市高级人民法院可以根据本地区经济社会发展状况，在前款规定的数额幅度内，研究确定本地区执行的具体数额标准，报最高人民法院备案。

第4条　经人力资源社会保障部门或者政府其他有关部门依法以限期整改指令书、行政处理决定书等文书责令支付劳动者的劳动报酬后，在指定的期限内仍不支付的，应当认定为刑法第二百七十六条之一第一款规定的“经政府有关部门责令支付仍不支付”，但有证据证明行为人有正当理由未知悉责令支付或者未及时支付劳动报酬的除外。

行为人逃匿，无法将责令支付文书送交其本人、同住成年家属或者所在单位负责收件的人的，如果有关部门已通过在行为人的住所地、生产经营场所等地张贴责令支付文书等方式责令支付，并采用拍照、录像等方式记录的，应当视为“经政府有关部门责令支付”。

第5条　拒不支付劳动者的劳动报酬，符合本解释第三条的规定，并具有下列情形之一的，应当认定为刑法第二百七十六条之一第一款规定的“造成严重后果”：

（一）造成劳动者或者其被赡养人、被扶养人、被抚养人的基本生活受到严重影响、重大疾病无法及时医治或者失学的；

（二）对要求支付劳动报酬的劳动者使用暴力或者进行暴力威胁的；

（三）造成其他严重后果的。

第6条 拒不支付劳动者的劳动报酬，尚未造成严重后果，在刑事立案前支付劳动者的劳动报酬，并依法承担相应赔偿责任的，可以认定为情节显著轻微危害不大，不认为是犯罪；在提起公诉前支付劳动者的劳动报酬，并依法承担相应赔偿责任的，可以减轻或者免除刑事处罚；在一审宣判前支付劳动者的劳动报酬，并依法承担相应赔偿责任的，可以从轻处罚。

对于免除刑事处罚的，可以根据案件的不同情况，予以训诫、责令具结悔过或者赔礼道歉。

拒不支付劳动者的劳动报酬，造成严重后果，但在宣判前支付劳动者的劳动报酬，并依法承担相应赔偿责任的，可以酌情从宽处罚。

第7条 不具备用工主体资格的单位或者个人，违法用工且拒不支付劳动者的劳动报酬，数额较大，经政府有关部门责令支付仍不支付的，应当依照刑法第二百七十六条之一的规定，以拒不支付劳动报酬罪追究刑事责任。

第8条 用人单位的实际控制人实施拒不支付劳动报酬行为，构成犯罪的，应当依照刑法第二百七十六条之一的规定追究刑事责任。

第9条 单位拒不支付劳动报酬，构成犯罪的，依照本解释规定的相应个人犯罪的定罪量刑标准，对直接负责的主管人员和其他直接责任人员定罪处罚，并对单位判处罚金。

● 案例指引

唐某诉工业公司劳动合同纠纷案（人民法院案例库 2023-16-2-186-004）

裁判摘要：依据《劳动合同法》第97条第3款之规定，在劳动合同法实施前，只要当时有支付经济补偿金的规定，用人单位就应当支付经济补偿金。若用人单位存在《劳动法》第91条规定的损害劳动者合法权益的情形，除非劳动者是在试用期内解除合同，否则用人单位应支付自入职之日起至劳动合同法实施之日止的经济补偿金。

第九十二条 用人单位违反劳动安全卫生规定的法律责任

用人单位的劳动安全设施和劳动卫生条件不符合国家规定或者未向劳动者提供必要的劳动防护用品和劳动保护设施的，由劳动行政部门或者有关部门责令改正，可以处以罚款；情节严重的，提请县级以上人民政府决定责令停产整顿；对事故隐患不采取措施，致使发生重大事故，造成劳动者生命和财产损失的，对责任人员依照刑法有关规定追究刑事责任。

● 部门规章及文件

1. **《生产安全事故罚款处罚规定》**（2024年1月10日　应急管理部令第14号）

第1条　为防止和减少生产安全事故，严格追究生产安全事故发生单位及其有关责任人员的法律责任，正确适用事故罚款的行政处罚，依照《中华人民共和国行政处罚法》《中华人民共和国安全生产法》《生产安全事故报告和调查处理条例》等规定，制定本规定。

第2条　应急管理部门和矿山安全监察机构对生产安全事故发生单位（以下简称事故发生单位）及其主要负责人、其他负责人、安全生产管理人员以及直接负责的主管人员、其他直接责任人员等有关责任人员依照《中华人民共和国安全生产法》和《生产安全事故报告和调查处理条例》实施罚款的行政处罚，适用本规定。

第3条　本规定所称事故发生单位是指对事故发生负有责任的生产经营单位。

本规定所称主要负责人是指有限责任公司、股份有限公司的董事长、总经理或者个人经营的投资人，其他生产经营单位的厂长、经理、矿长（含实际控制人）等人员。

第4条　本规定所称事故发生单位主要负责人、其他负责人、安全生产管理人员以及直接负责的主管人员、其他直接责任人员的上一年年收入，属于国有生产经营单位的，是指该单位上级主管部门所确定的上一年年收入总额；属于非国有生产经营单位的，是指经财务、税务部门核定的上一年年收入总额。

生产经营单位提供虚假资料或者由于财务、税务部门无法核定等原因致使有关人员的上一年年收入难以确定的，按照下列办法确定：

（一）主要负责人的上一年年收入，按照本省、自治区、直辖市上一年度城镇单位就业人员平均工资的5倍以上10倍以下计算；

（二）其他负责人、安全生产管理人员以及直接负责的主管人员、其他直接责任人员的上一年年收入，按照本省、自治区、直辖市上一年度城镇单位就业人员平均工资的1倍以上5倍以下计算。

第5条　《生产安全事故报告和调查处理条例》所称的迟报、漏报、谎报和瞒报，依照下列情形认定：

（一）报告事故的时间超过规定时限的，属于迟报；

（二）因过失对应当上报的事故或者事故发生的时间、地点、类别、伤亡人数、直接经济损失等内容遗漏未报的，属于漏报；

（三）故意不如实报告事故发生的时间、地点、初步原因、性质、伤亡人数和涉险人数、直接经济损失等有关内容的，属于谎报；

（四）隐瞒已经发生的事故，超过规定时限未向应急管理部门、矿山安全监察机构和有关部门报告，经查证属实的，属于瞒报。

第6条　对事故发生单位及其有关责任人员处以罚款的行政处罚，依照下列规定决定：

（一）对发生特别重大事故的单位及其有关责任人员罚款的行政处罚，由应急管理部决定；

（二）对发生重大事故的单位及其有关责任人员罚款的行政处罚，由省级人民政府应急管理部门决定；

（三）对发生较大事故的单位及其有关责任人员罚款的行政处罚，由设区的市级人民政府应急管理部门决定；

（四）对发生一般事故的单位及其有关责任人员罚款的行政处罚，由县级人民政府应急管理部门决定。

上级应急管理部门可以指定下一级应急管理部门对事故发生单位及其有关责任人员实施行政处罚。

第7条　对煤矿事故发生单位及其有关责任人员处以罚款的行政处罚，依照下列规定执行：

（一）对发生特别重大事故的煤矿及其有关责任人员罚款的行政处罚，由国家矿山安全监察局决定；

（二）对发生重大事故、较大事故和一般事故的煤矿及其有关责任人员罚款的行政处罚，由国家矿山安全监察局省级局决定。

上级矿山安全监察机构可以指定下一级矿山安全监察机构对事故发生单位及其有关责任人员实施行政处罚。

第8条　特别重大事故以下等级事故，事故发生地与事故发生单位所在地不在同一个县级以上行政区域的，由事故发生地的应急管理部门或者矿山安全监察机构依照本规定第六条或者第七条规定的权限实施行政处罚。

第9条　应急管理部门和矿山安全监察机构对事故发生单位及其有关责任人员实施罚款的行政处罚，依照《中华人民共和国行政处罚法》《安全生产违法行为行政处罚办法》等规定的程序执行。

第10条　应急管理部门和矿山安全监察机构在作出行政处罚前，应当告知当事人依法享有的陈述、申辩、要求听证等权利；当事人对行政处罚不服的，有权依法申请行政复议或者提起行政诉讼。

第11条　事故发生单位主要负责人有《中华人民共和国安全生产法》第一百一十条、《生产安全事故报告和调查处理条例》第三十五条、第三十六条规定的下列行为之一的，依照下列规定处以罚款：

（一）事故发生单位主要负责人在事故发生后不立即组织事故抢救，或者在事故调查处理期间擅离职守，或者瞒报、谎报、迟报事故，或者事故发生后逃匿的，处上一年年收入60%至80%的罚款；贻误事故抢救或者造成事故扩大或者影响事故调查或者造成重大社会影响的，处上一年年收入80%至100%的罚款；

（二）事故发生单位主要负责人漏报事故的，处上一年年收入40%至60%的罚款；贻误事故抢救或者造成事故扩大或者影响事故调查或者造成重大社会影响的，处上一年年收入60%至80%的罚款；

（三）事故发生单位主要负责人伪造、故意破坏事故现场，或者转移、隐匿资金、财产、销毁有关证据、资料，或者拒绝接受调查，或者拒绝提供有关情况和资料，或者在事故调查中作伪证，或者指使他人作伪证的，处上一年年收入60%至80%的罚款；贻误事故抢救或者造成事故扩大或者影响事故调查或者造成重大社会影响的，处上一年年收入80%至100%的罚款。

第12条　事故发生单位直接负责的主管人员和其他直接责任人员有《生产安全事故报告和调查处理条例》第三十六条规定的行为之一的，处上一年年收入60%至80%的罚款；贻误事故抢救或者造成事故扩大或者影响事故调查或者造成重大社会影响的，处上一年年收入80%至100%的罚款。

第13条　事故发生单位有《生产安全事故报告和调查处理条例》第三十六条第一项至第五项规定的行为之一的，依照下列规定处以罚款：

（一）发生一般事故的，处100万元以上150万元以下的罚款；

（二）发生较大事故的，处150万元以上200万元以下的罚款；

（三）发生重大事故的，处200万元以上250万元以下的罚款；

（四）发生特别重大事故的，处250万元以上300万元以下的罚款。

事故发生单位有《生产安全事故报告和调查处理条例》第三十六条第一项至第五项规定的行为之一的，贻误事故抢救或者造成事故扩大或者影响事故调查或者造成重大社会影响的，依照下列规定处以罚款：

（一）发生一般事故的，处300万元以上350万元以下的罚款；

（二）发生较大事故的，处350万元以上400万元以下的罚款；

（三）发生重大事故的，处400万元以上450万元以下的罚款；

（四）发生特别重大事故的，处450万元以上500万元以下的罚款。

第14条　事故发生单位对一般事故负有责任的，依照下列规定处以罚款：

（一）造成3人以下重伤（包括急性工业中毒，下同），或者300万元以下直接经济损失的，处30万元以上50万元以下的罚款；

（二）造成1人死亡，或者3人以上6人以下重伤，或者300万元以上500万元以下直接经济损失的，处50万元以上70万元以下的罚款；

（三）造成2人死亡，或者6人以上10人以下重伤，或者500万元以上1000万元以下直接经济损失的，处70万元以上100万元以下的罚款。

第15条　事故发生单位对较大事故发生负有责任的，依照下列规定处以罚款：

（一）造成3人以上5人以下死亡，或者10人以上20人以下重伤，或者1000万元以上2000万元以下直接经济损失的，处100万元以上120万元以下的罚款；

（二）造成5人以上7人以下死亡，或者20人以上30人以下重伤，或者2000万元以上3000万元以下直接经济损失的，处120万元以上150万元以下的罚款；

（三）造成7人以上10人以下死亡，或者30人以上50人以下重伤，或者3000万元以上5000万元以下直接经济损失的，处150万元以上200万元以下的罚款。

第16条　事故发生单位对重大事故发生负有责任的，依照下列规定处以罚款：

（一）造成10人以上13人以下死亡，或者50人以上60人以下重伤，或者5000万元以上6000万元以下直接经济损失的，处200万元以上400万元以下的罚款；

（二）造成13人以上15人以下死亡，或者60人以上70人以下重伤，或者6000万元以上7000万元以下直接经济损失的，处400万元以上600万元以下的罚款；

（三）造成15人以上30人以下死亡，或者70人以上100人以下重伤，或者7000万元以上1亿元以下直接经济损失的，处

600 万元以上 1000 万元以下的罚款。

第 17 条　事故发生单位对特别重大事故发生负有责任的，依照下列规定处以罚款：

（一）造成 30 人以上 40 人以下死亡，或者 100 人以上 120 人以下重伤，或者 1 亿元以上 1．5 亿元以下直接经济损失的，处 1000 万元以上 1200 万元以下的罚款；

（二）造成 40 人以上 50 人以下死亡，或者 120 人以上 150 人以下重伤，或者 1．5 亿元以上 2 亿元以下直接经济损失的，处 1200 万元以上 1500 万元以下的罚款；

（三）造成 50 人以上死亡，或者 150 人以上重伤，或者 2 亿元以上直接经济损失的，处 1500 万元以上 2000 万元以下的罚款。

第 18 条　发生生产安全事故，有下列情形之一的，属于《中华人民共和国安全生产法》第一百一十四条第二款规定的情节特别严重、影响特别恶劣的情形，可以按照法律规定罚款数额的 2 倍以上 5 倍以下对事故发生单位处以罚款：

（一）关闭、破坏直接关系生产安全的监控、报警、防护、救生设备、设施，或者篡改、隐瞒、销毁其相关数据、信息的；

（二）因存在重大事故隐患被依法责令停产停业、停止施工、停止使用有关设备、设施、场所或者立即采取排除危险的整改措施，而拒不执行的；

（三）涉及安全生产的事项未经依法批准或者许可，擅自从事矿山开采、金属冶炼、建筑施工，以及危险物品生产、经营、储存等高度危险的生产作业活动，或者未依法取得有关证照尚在从事生产经营活动的；

（四）拒绝、阻碍行政执法的；

（五）强令他人违章冒险作业，或者明知存在重大事故隐患而不排除，仍冒险组织作业的；

（六）其他情节特别严重、影响特别恶劣的情形。

第 19 条　事故发生单位主要负责人未依法履行安全生产管理职责，导致事故发生的，依照下列规定处以罚款：

（一）发生一般事故的，处上一年年收入 40% 的罚款；

（二）发生较大事故的，处上一年年收入 60% 的罚款；

（三）发生重大事故的，处上一年年收入 80% 的罚款；

（四）发生特别重大事故的，处上一年年收入 100% 的罚款。

第 20 条　事故发生单位其他负责人和安全生产管理人员未依法履行安全生产管理职责，导致事故发生的，依照下列规定处以罚款：

（一）发生一般事故的，处上一年年收入 20% 至 30% 的罚款；

（二）发生较大事故的，处上一年年收入 30% 至 40% 的罚款；

（三）发生重大事故的，处上一年年收入 40% 至 50% 的罚款；

（四）发生特别重大事故的，处上一年年收入 50% 的罚款。

第 21 条　个人经营的投资人未依照《中华人民共和国安全生产法》的规定保证安全生产所必需的资金投入，致使生产经营单位不具备安全生产条件，导致发生生产安全事故的，依照下列规定对个人经营的投资人处以罚款：

（一）发生一般事故的，处 2 万元以上 5 万元以下的罚款；

（二）发生较大事故的，处 5 万元以上 10 万元以下的罚款；

（三）发生重大事故的，处 10 万元以上 15 万元以下的罚款；

（四）发生特别重大事故的，处 15 万元以上 20 万元以下的罚款。

第 22 条　违反《中华人民共和国安全生产法》《生产安全事故报告和调查处理条例》和本规定，存在对事故发生负有责任以及谎报、瞒报事故等两种以上应当处以罚款的行为的，应急管理部门或者矿山安全监察机构应当分别裁量，合并作出处罚决定。

第 23 条　在事故调查中发现需要对存在违法行为的其他单位及其有关人员处以罚款的，依照相关法律、法规和规章的规定实施。

第24条 本规定自2024年3月1日起施行。原国家安全生产监督管理总局2007年7月12日公布，2011年9月1日第一次修正、2015年4月2日第二次修正的《生产安全事故罚款处罚规定（试行）》同时废止。

2. **《生产经营单位安全培训规定》**（2015年5月29日 国家安全生产监管总局令第80号）

第29条 生产经营单位有下列行为之一的，由安全生产监管监察部门责令其限期改正，可以处1万元以上3万元以下的罚款：

（一）未将安全培训工作纳入本单位工作计划并保证安全培训工作所需资金的；

（二）从业人员进行安全培训期间未支付工资并承担安全培训费用的。

第30条 生产经营单位有下列行为之一的，由安全生产监管监察部门责令其限期改正，可以处5万元以下的罚款；逾期未改正的，责令停产停业整顿，并处5万元以上10万元以下的罚款，对其直接负责的主管人员和其他直接责任人员处1万元以上2万元以下的罚款：

（一）煤矿、非煤矿山、危险化学品、烟花爆竹、金属冶炼等生产经营单位主要负责人和安全管理人员未按照规定经考核合格的；

（二）未按照规定对从业人员、被派遣劳动者、实习学生进行安全生产教育和培训或者未如实告知其有关安全生产事项的；

（三）未如实记录安全生产教育和培训情况的；

（四）特种作业人员未按照规定经专门的安全技术培训并取得特种作业人员操作资格证书，上岗作业的。

县级以上地方人民政府负责煤矿安全生产监督管理的部门发

现煤矿未按照本规定对井下作业人员进行安全培训的，责令限期改正，处10万元以上50万元以下的罚款；逾期未改正的，责令停产停业整顿。

煤矿安全监察机构发现煤矿特种作业人员无证上岗作业的，责令限期改正，处10万元以上50万元以下的罚款；逾期未改正的，责令停产停业整顿。

第31条 安全生产监管监察部门有关人员在考核、发证工作中玩忽职守、滥用职权的，由上级安全生产监管监察部门或者行政监察部门给予记过、记大过的行政处分。

● 司法解释及文件

3.《最高人民法院、最高人民检察院关于办理危害生产安全刑事案件适用法律若干问题的解释》（2015年12月14日 法释〔2015〕22号）

第11条 生产不符合保障人身、财产安全的国家标准、行业标准的安全设备，或者明知安全设备不符合保障人身、财产安全的国家标准、行业标准而进行销售，致使发生安全事故，造成严重后果的，依照刑法第一百四十六条的规定，以生产、销售不符合安全标准的产品罪定罪处罚。

第12条 实施刑法第一百三十二条、第一百三十四条至第一百三十九条之一规定的犯罪行为，具有下列情形之一的，从重处罚：

（一）未依法取得安全许可证件或者安全许可证件过期、被暂扣、吊销、注销后从事生产经营活动的；

（二）关闭、破坏必要的安全监控和报警设备的；

（三）已经发现事故隐患，经有关部门或者个人提出后，仍不采取措施的；

（四）一年内曾因危害生产安全违法犯罪活动受过行政处罚

或者刑事处罚的；

（五）采取弄虚作假、行贿等手段，故意逃避、阻挠负有安全监督管理职责的部门实施监督检查的；

（六）安全事故发生后转移财产意图逃避承担责任的；

（七）其他从重处罚的情形。

实施前款第五项规定的行为，同时构成刑法第三百八十九条规定的犯罪的，依照数罪并罚的规定处罚。

第九十三条 强令劳动者违章作业的法律责任

用人单位强令劳动者违章冒险作业，发生重大伤亡事故，造成严重后果的，对责任人员依法追究刑事责任。

● 法 律

1.《刑法》（2023 年 12 月 29 日）

第 134 条 在生产、作业中违反有关安全管理的规定，因而发生重大伤亡事故或者造成其他严重后果的，处三年以下有期徒刑或者拘役；情节特别恶劣的，处三年以上七年以下有期徒刑。

强令他人违章冒险作业，或者明知存在重大事故隐患而不排除，仍冒险组织作业，因而发生重大伤亡事故或者造成其他严重后果的，处五年以下有期徒刑或者拘役；情节特别恶劣的，处五年以上有期徒刑。

第 134 条之一 在生产、作业中违反有关安全管理的规定，有下列情形之一，具有发生重大伤亡事故或者其他严重后果的现实危险的，处一年以下有期徒刑、拘役或者管制：

（一）关闭、破坏直接关系生产安全的监控、报警、防护、救生设备、设施，或者篡改、隐瞒、销毁其相关数据、信息的；

（二）因存在重大事故隐患被依法责令停产停业、停止施工、停止使用有关设备、设施、场所或者立即采取排除危险的整改措施，而拒不执行的；

（三）涉及安全生产的事项未经依法批准或者许可，擅自从事矿山开采、金属冶炼、建筑施工，以及危险物品生产、经营、储存等高度危险的生产作业活动的。

● 司法解释及文件

2.《最高人民法院、最高人民检察院关于办理危害生产安全刑事案件适用法律若干问题的解释》（2015年12月14日　法释〔2015〕22号）

第5条　明知存在事故隐患、继续作业存在危险，仍然违反有关安全管理的规定，实施下列行为之一的，应当认定为刑法第一百三十四条第二款规定的“强令他人违章冒险作业”：

（一）利用组织、指挥、管理职权，强制他人违章作业的；

（二）采取威逼、胁迫、恐吓等手段，强制他人违章作业的；

（三）故意掩盖事故隐患，组织他人违章作业的；

（四）其他强令他人违章作业的行为。

第6条　实施刑法第一百三十二条、第一百三十四条第一款、第一百三十五条、第一百三十五条之一、第一百三十六条、第一百三十九条规定的行为，因而发生安全事故，具有下列情形之一的，应当认定为“造成严重后果”或者“发生重大伤亡事故或者造成其他严重后果”，对相关责任人员，处三年以下有期徒刑或者拘役：

（一）造成死亡一人以上，或者重伤三人以上的；

（二）造成直接经济损失一百万元以上的；

（三）其他造成严重后果或者重大安全事故的情形。

实施刑法第一百三十四条第二款规定的行为，因而发生安全事故，具有本条第一款规定情形的，应当认定为“发生重大伤亡事故或者造成其他严重后果”，对相关责任人员，处五年以下有期徒刑或者拘役。

实施刑法第一百三十七条规定的行为，因而发生安全事故，具有本条第一款规定情形的，应当认定为“造成重大安全事故”，对直接责任人员，处五年以下有期徒刑或者拘役，并处罚金。

实施刑法第一百三十八条规定的行为，因而发生安全事故，具有本条第一款第一项规定情形的，应当认定为“发生重大伤亡事故”，对直接责任人员，处三年以下有期徒刑或者拘役。

第九十四条 用人单位非法招用未成年工的法律责任

用人单位非法招用未满 16 周岁的未成年人的，由劳动行政部门责令改正，处以罚款；情节严重的，由市场监督管理部门吊销营业执照。

第九十五条 违反女职工和未成年工保护规定的法律责任

用人单位违反本法对女职工和未成年工的保护规定，侵害其合法权益的，由劳动行政部门责令改正，处以罚款；对女职工或者未成年工造成损害的，应当承担赔偿责任。

第九十六条 侵犯劳动者人身自由的法律责任

用人单位有下列行为之一，由公安机关对责任人员处以 15 日以下拘留、罚款或者警告；构成犯罪的，对责任人员依法追究刑事责任：

（一）以暴力、威胁或者非法限制人身自由的手段强迫劳动的；

（二）侮辱、体罚、殴打、非法搜查和拘禁劳动者的。

● 法 律

1.《劳动合同法》(2012年12月28日)

第88条 用人单位有下列情形之一的，依法给予行政处罚；构成犯罪的，依法追究刑事责任；给劳动者造成损害的，应当承担赔偿责任：

(一) 以暴力、威胁或者非法限制人身自由的手段强迫劳动的；

(二) 违章指挥或者强令冒险作业危及劳动者人身安全的；

(三) 侮辱、体罚、殴打、非法搜查或者拘禁劳动者的；

(四) 劳动条件恶劣、环境污染严重，给劳动者身心健康造成严重损害的。

2.《刑法》(2023年12月29日)

第244条 以暴力、威胁或者限制人身自由的方法强迫他人劳动的，处三年以下有期徒刑或者拘役，并处罚金；情节严重的，处三年以上十年以下有期徒刑，并处罚金。

明知他人实施前款行为，为其招募、运送人员或者有其他协助强迫他人劳动行为的，依照前款的规定处罚。

单位犯前两款罪的，对单位判处罚金，并对其直接负责的主管人员和其他直接责任人员，依照第一款的规定处罚。

第九十七条 订立无效合同的民事责任

由于用人单位的原因订立的无效合同，对劳动者造成损害的，应当承担赔偿责任。

● 法 律

1.《劳动合同法》(2012年12月28日)

第28条 劳动合同被确认无效，劳动者已付出劳动的，用人单位应当向劳动者支付劳动报酬。劳动报酬的数额，参照本单位相同或者相近岗位劳动者的劳动报酬确定。

● 司法解释及文件

2.《最高人民法院关于审理劳动争议案件适用法律问题的解释（一）》（2020年12月29日 法释〔2020〕26号）

第41条 劳动合同被确认为无效，劳动者已付出劳动的，用人单位应当按照劳动合同法第二十八条、第四十六条、第四十七条的规定向劳动者支付劳动报酬和经济补偿。

由于用人单位原因订立无效劳动合同，给劳动者造成损害的，用人单位应当赔偿劳动者因合同无效所造成的经济损失。

第九十八条 违法解除或故意拖延不订立劳动合同的法律责任

用人单位违反本法规定的条件解除劳动合同或者故意拖延不订立劳动合同的，由劳动行政部门责令改正；对劳动者造成损害的，应当承担赔偿责任。

● 法　律

1.《劳动合同法》（2012年12月28日）

第82条 用人单位自用工之日起超过一个月不满一年未与劳动者订立书面劳动合同的，应当向劳动者每月支付二倍的工资。

用人单位违反本法规定不与劳动者订立无固定期限劳动合同的，自应当订立无固定期限劳动合同之日起向劳动者每月支付二倍的工资。

第87条 用人单位违反本法规定解除或者终止劳动合同的，应当依照本法第四十七条规定的经济补偿标准的二倍向劳动者支付赔偿金。

● 行政法规及文件

2.《劳动保障监察条例》（2004年11月1日）

第24条 用人单位与劳动者建立劳动关系不依法订立劳动

合同的，由劳动保障行政部门责令改正。

● 司法解释及文件

3.《最高人民法院关于审理劳动争议案件适用法律问题的解释（二）》（2025 年 7 月 31 日　法释〔2025〕12 号）

第 16 条　用人单位违法解除或者终止劳动合同后，有下列情形之一的，人民法院可以认定为劳动合同法第四十八条规定的“劳动合同已经不能继续履行”：

（一）劳动合同在仲裁或者诉讼过程中期满且不存在应当依法续订、续延劳动合同情形的；

（二）劳动者开始依法享受基本养老保险待遇的；

（三）用人单位被宣告破产的；

（四）用人单位解散的，但因合并或者分立需要解散的除外；

（五）劳动者已经与其他用人单位建立劳动关系，对完成用人单位的工作任务造成严重影响，或者经用人单位提出，不与其他用人单位解除劳动合同的；

（六）存在劳动合同客观不能履行的其他情形的。

第 18 条　用人单位违法解除、终止可以继续履行的劳动合同，劳动者请求用人单位支付违法解除、终止决定作出后至劳动合同继续履行前一日工资的，用人单位应当按照劳动者提供正常劳动时的工资标准向劳动者支付上述期间的工资。

用人单位、劳动者对于劳动合同解除、终止都有过错的，应当各自承担相应的责任。

第九十九条　招用尚未解除劳动合同者的法律责任

用人单位招用尚未解除劳动合同的劳动者，对原用人单位造成经济损失的，该用人单位应当依法承担连带赔偿责任。

● 法　律

1.《劳动合同法》（2012 年 12 月 28 日）

第 91 条　用人单位招用与其他用人单位尚未解除或者终止劳动合同的劳动者，给其他用人单位造成损失的，应当承担连带赔偿责任。

● 司法解释及文件

2.《最高人民法院关于审理劳动争议案件适用法律问题的解释（一）》（2020 年 12 月 29 日　法释〔2020〕26 号）

第 27 条　用人单位招用尚未解除劳动合同的劳动者，原用人单位与劳动者发生的劳动争议，可以列新的用人单位为第三人。

原用人单位以新的用人单位侵权为由提起诉讼的，可以列劳动者为第三人。

原用人单位以新的用人单位和劳动者共同侵权为由提起诉讼的，新的用人单位和劳动者列为共同被告。

第一百条　用人单位不缴纳社会保险费的法律责任

用人单位无故不缴纳社会保险费的，由劳动行政部门责令其限期缴纳；逾期不缴的，可以加收滞纳金。

● 司法解释及文件

《最高人民法院关于审理劳动争议案件适用法律问题的解释（二）》（2025 年 7 月 31 日　法释〔2025〕12 号）

第 19 条　用人单位与劳动者约定或者劳动者向用人单位承诺无需缴纳社会保险费的，人民法院应当认定该约定或者承诺无效。用人单位未依法缴纳社会保险费，劳动者根据劳动合同法第三十八条第一款第三项规定请求解除劳动合同、由用人单位支付经济补偿的，人民法院依法予以支持。

有前款规定情形，用人单位依法补缴社会保险费后，请求劳动者返还已支付的社会保险费补偿的，人民法院依法予以支持。

第一百零一条 阻挠监督检查、打击报复举报人员的法律责任

用人单位无理阻挠劳动行政部门、有关部门及其工作人员行使监督检查权，打击报复举报人员的，由劳动行政部门或者有关部门处以罚款；构成犯罪的，对责任人员依法追究刑事责任。

● 行政法规及文件

《劳动保障监察条例》（2004 年 11 月 1 日）

第 27 条　用人单位向社会保险经办机构申报应缴纳的社会保险费数额时，瞒报工资总额或者职工人数的，由劳动保障行政部门责令改正，并处瞒报工资数额 1 倍以上 3 倍以下的罚款。

骗取社会保险待遇或者骗取社会保险基金支出的，由劳动保障行政部门责令退还，并处骗取金额 1 倍以上 3 倍以下的罚款；构成犯罪的，依法追究刑事责任。

第一百零二条 劳动者违法解除劳动合同或违反保密约定的民事责任

劳动者违反本法规定的条件解除劳动合同或者违反劳动合同中约定的保密事项，对用人单位造成经济损失的，应当依法承担赔偿责任。

● 司法解释及文件

《最高人民法院关于审理劳动争议案件适用法律问题的解释（二）》（2025 年 7 月 31 日　法释〔2025〕12 号）

第 12 条　除向劳动者支付正常劳动报酬外，用人单位与劳动者约定服务期限并提供特殊待遇，劳动者违反约定提前解除劳

动合同且不符合劳动合同法第三十八条规定的单方解除劳动合同情形时，用人单位请求劳动者承担赔偿损失责任的，人民法院可以综合考虑实际损失、当事人的过错程度、已经履行的年限等因素确定劳动者应当承担的赔偿责任。

● 案例指引

1. **李某与科技公司竞业限制纠纷案**（常州市劳动人事争议仲裁委员会发布劳动人事争议十大典型案例之十）

裁判摘要：劳动者违反竞业限制义务的，应承担违约责任；如劳动者主张约定的违约金过高的，应就违约金约定过高承担举证责任，否则其主张不应得到支持。

2. **刘某与科技公司劳动争议案**（四川省成都市中级人民法院发布2021年劳动争议十大典型案例之四）

裁判摘要：科技型企业其主要竞争力来源于其技术水平，其核心技术人员因工作性质往往容易掌握企业的商业机密，为避免同业竞争者通过“挖人”的方式获得其商业机密，科技型企业常与离职员工签订较为严格的竞业限制协议。一方面，掌握了企业核心商业机密的员工应当严格履行竞业限制协议，不应通过各种变通方式违反竞业限制义务。另一方面，企业不应通过恶意“挖人”方式获得不正当的竞争优势。

3. **技术公司与冯某智等劳动争议系列案**（天津市高级人民法院发布9起劳动争议典型案例之四）①

裁判摘要：企业的商业秘密包括技术秘密和经营秘密，是企业的核心竞争力。人才的便捷流动与优化配置则进一步为企业和社会创新发展赋能。竞业限制制度，是以限制劳动者就业择业权利作为代价，对用人单位的商业秘密和知识产权予以保护的特殊手段。负

---

① 载天津法院网，https：//tjfy. tjcourt. gov. cn/article/detail/2022/04/id/6662902. shtml，2024年11月20日访问。

有竞业限制义务的劳动者离职后，应依法依约履行竞业限制义务，然用人单位亦不能滥用竞业限制约定来惩戒劳动者，并应就劳动者的履约行为支付合理对价。

4. **翟某与照明公司劳动合同纠纷案**（2019 佛山十大劳动争议审判典型案例之一）

裁判摘要：在职期间员工履行竞业限制义务是员工忠实义务的体现，对价是用人单位支付的劳动报酬，用人单位要求员工在职期间履行竞业限制义务无需另行支付竞业限制补偿金。

第一百零三条 劳动行政部门和有关部门工作人员渎职的法律责任

劳动行政部门或者有关部门的工作人员滥用职权、玩忽职守、徇私舞弊，构成犯罪的，依法追究刑事责任；不构成犯罪的，给予行政处分。

第一百零四条 挪用社会保险基金的法律责任

国家工作人员和社会保险基金经办机构的工作人员挪用社会保险基金，构成犯罪的，依法追究刑事责任。

第一百零五条 其他法律、行政法规的处罚效力

违反本法规定侵害劳动者合法权益，其他法律、行政法规已规定处罚的，依照该法律、行政法规的规定处罚。

● 法　律

1. **《矿山安全法》**（2009 年 8 月 27 日）

第七章　法律责任

第 40 条　违反本法规定，有下列行为之一的，由劳动行政主管部门责令改正，可以并处罚款；情节严重的，提请县级以上

人民政府决定责令停产整顿；对主管人员和直接责任人员由其所在单位或者上级主管机关给予行政处分：

（一）未对职工进行安全教育、培训，分配职工上岗作业的；

（二）使用不符合国家安全标准或者行业安全标准的设备、器材、防护用品、安全检测仪器的；

（三）未按照规定提取或者使用安全技术措施专项费用的；

（四）拒绝矿山安全监督人员现场检查或者在被检查时隐瞒事故隐患、不如实反映情况的；

（五）未按照规定及时、如实报告矿山事故的。

第41条　矿长不具备安全专业知识的，安全生产的特种作业人员未取得操作资格证书上岗作业的，由劳动行政主管部门责令限期改正；逾期不改正的，提请县级以上人民政府决定责令停产，调整配备合格人员后，方可恢复生产。

第42条　矿山建设工程安全设施的设计未经批准擅自施工的，由管理矿山企业的主管部门责令停止施工；拒不执行的，由管理矿山企业的主管部门提请县级以上人民政府决定由有关主管部门吊销其采矿许可证和营业执照。

第43条　矿山建设工程的安全设施未经验收或者验收不合格擅自投入生产的，由劳动行政主管部门会同管理矿山企业的主管部门责令停止生产，并由劳动行政主管部门处以罚款；拒不停止生产的，由劳动行政主管部门提请县级以上人民政府决定由有关主管部门吊销其采矿许可证和营业执照。

第44条　已经投入生产的矿山企业，不具备安全生产条件而强行开采的，由劳动行政主管部门会同管理矿山企业的主管部门责令限期改进；逾期仍不具备安全生产条件的，由劳动行政主管部门提请县级以上人民政府决定责令停产整顿或者由有关主管部门吊销其采矿许可证和营业执照。

第45条　当事人对行政处罚决定不服的，可以在接到处罚决定通知之日起15日内向作出处罚决定的机关的上一级机关申请复议；当事人也可以在接到处罚决定通知之日起15日内直接向人民法院起诉。

复议机关应当在接到复议申请之日起60日内作出复议决定。当事人对复议决定不服的，可以在接到复议决定之日起15日内向人民法院起诉。复议机关逾期不作出复议决定的，当事人可以在复议期满之日起15日内向人民法院起诉。

当事人逾期不申请复议也不向人民法院起诉、又不履行处罚决定的，作出处罚决定的机关可以申请人民法院强制执行。

第46条 矿山企业主管人员违章指挥、强令工人冒险作业，因而发生重大伤亡事故的，依照刑法有关规定追究刑事责任。

第47条 矿山企业主管人员对矿山事故隐患不采取措施，因而发生重大伤亡事故的，依照刑法有关规定追究刑事责任。

第48条 矿山安全监督人员和安全管理人员滥用职权、玩忽职守、徇私舞弊，构成犯罪的，依法追究刑事责任；不构成犯罪的，给予行政处分。

2.《**安全生产法**》（2021年6月10日）

第六章　法 律 责 任

第90条 负有安全生产监督管理职责的部门的工作人员，有下列行为之一的，给予降级或者撤职的处分；构成犯罪的，依照刑法有关规定追究刑事责任：

（一）对不符合法定安全生产条件的涉及安全生产的事项予以批准或者验收通过的；

（二）发现未依法取得批准、验收的单位擅自从事有关活动或者接到举报后不予取缔或者不依法予以处理的；

（三）对已经依法取得批准的单位不履行监督管理职责，发现其不再具备安全生产条件而不撤销原批准或者发现安全生产违法行为不予查处的；

（四）在监督检查中发现重大事故隐患，不依法及时处理的。

负有安全生产监督管理职责的部门的工作人员有前款规定以外的滥用职权、玩忽职守、徇私舞弊行为的，依法给予处分；构成犯罪的，依照刑法有关规定追究刑事责任。

第 91 条　负有安全生产监督管理职责的部门，要求被审查、验收的单位购买其指定的安全设备、器材或者其他产品的，在对安全生产事项的审查、验收中收取费用的，由其上级机关或者监察机关责令改正，责令退还收取的费用；情节严重的，对直接负责的主管人员和其他直接责任人员依法给予处分。

第 92 条　承担安全评价、认证、检测、检验职责的机构出具失实报告的，责令停业整顿，并处三万元以上十万元以下的罚款；给他人造成损害的，依法承担赔偿责任。

承担安全评价、认证、检测、检验职责的机构租借资质、挂靠、出具虚假报告的，没收违法所得；违法所得在十万元以上的，并处违法所得二倍以上五倍以下的罚款，没有违法所得或者违法所得不足十万元的，单处或者并处十万元以上二十万元以下的罚款；对其直接负责的主管人员和其他直接责任人员处五万元以上十万元以下的罚款；给他人造成损害的，与生产经营单位承担连带赔偿责任；构成犯罪的，依照刑法有关规定追究刑事责任。

对有前款违法行为的机构及其直接责任人员，吊销其相应资质和资格，五年内不得从事安全评价、认证、检测、检验等工作；情节严重的，实行终身行业和职业禁入。

第 93 条　生产经营单位的决策机构、主要负责人或者个人经营的投资人不依照本法规定保证安全生产所必需的资金投入，致使生产经营单位不具备安全生产条件的，责令限期改正，提供必需的资金；逾期未改正的，责令生产经营单位停产停业整顿。

有前款违法行为，导致发生生产安全事故的，对生产经营单位的主要负责人给予撤职处分，对个人经营的投资人处二万元以上二十万元以下的罚款；构成犯罪的，依照刑法有关规定追究刑事责任。

第 94 条　生产经营单位的主要负责人未履行本法规定的安全生产管理职责的，责令限期改正，处二万元以上五万元以下的罚款；逾期未改正的，处五万元以上十万元以下的罚款，责令生产经营单位停产停业整顿。

生产经营单位的主要负责人有前款违法行为，导致发生生产安全事故的，给予撤职处分；构成犯罪的，依照刑法有关规定追究刑事责任。

生产经营单位的主要负责人依照前款规定受刑事处罚或者撤职处分的，自刑罚执行完毕或者受处分之日起，五年内不得担任任何生产经营单位的主要负责人；对重大、特别重大生产安全事故负有责任的，终身不得担任本行业生产经营单位的主要负责人。

第 95 条　生产经营单位的主要负责人未履行本法规定的安全生产管理职责，导致发生生产安全事故的，由应急管理部门依照下列规定处以罚款：

（一）发生一般事故的，处上一年年收入百分之四十的罚款；

（二）发生较大事故的，处上一年年收入百分之六十的罚款；

（三）发生重大事故的，处上一年年收入百分之八十的罚款；

（四）发生特别重大事故的，处上一年年收入百分之一百的罚款。

第 96 条　生产经营单位的其他负责人和安全生产管理人员未履行本法规定的安全生产管理职责的，责令限期改正，处一万元以上三万元以下的罚款；导致发生生产安全事故的，暂停或者吊销其与安全生产有关的资格，并处上一年年收入百分之二十以上百分之五十以下的罚款；构成犯罪的，依照刑法有关规定追究刑事责任。

第97条　生产经营单位有下列行为之一的，责令限期改正，处十万元以下的罚款；逾期未改正的，责令停产停业整顿，并处十万元以上二十万元以下的罚款，对其直接负责的主管人员和其他直接责任人员处二万元以上五万元以下的罚款：

（一）未按照规定设置安全生产管理机构或者配备安全生产管理人员、注册安全工程师的；

（二）危险物品的生产、经营、储存、装卸单位以及矿山、金属冶炼、建筑施工、运输单位的主要负责人和安全生产管理人员未按照规定经考核合格的；

（三）未按照规定对从业人员、被派遣劳动者、实习学生进行安全生产教育和培训，或者未按照规定如实告知有关的安全生产事项的；

（四）未如实记录安全生产教育和培训情况的；

（五）未将事故隐患排查治理情况如实记录或者未向从业人员通报的；

（六）未按照规定制定生产安全事故应急救援预案或者未定期组织演练的；

（七）特种作业人员未按照规定经专门的安全作业培训并取得相应资格，上岗作业的。

第98条　生产经营单位有下列行为之一的，责令停止建设或者停产停业整顿，限期改正，并处十万元以上五十万元以下的罚款，对其直接负责的主管人员和其他直接责任人员处二万元以上五万元以下的罚款；逾期未改正的，处五十万元以上一百万元以下的罚款，对其直接负责的主管人员和其他直接责任人员处五万元以上十万元以下的罚款；构成犯罪的，依照刑法有关规定追究刑事责任：

（一）未按照规定对矿山、金属冶炼建设项目或者用于生产、储存、装卸危险物品的建设项目进行安全评价的；

（二）矿山、金属冶炼建设项目或者用于生产、储存、装卸危险物品的建设项目没有安全设施设计或者安全设施设计未按照规定报经有关部门审查同意的；

（三）矿山、金属冶炼建设项目或者用于生产、储存、装卸危险物品的建设项目的施工单位未按照批准的安全设施设计施工的；

（四）矿山、金属冶炼建设项目或者用于生产、储存、装卸危险物品的建设项目竣工投入生产或者使用前，安全设施未经验收合格的。

第99条　生产经营单位有下列行为之一的，责令限期改正，处五万元以下的罚款；逾期未改正的，处五万元以上二十万元以下的罚款，对其直接负责的主管人员和其他直接责任人员处一万元以上二万元以下的罚款；情节严重的，责令停产停业整顿；构成犯罪的，依照刑法有关规定追究刑事责任：

（一）未在有较大危险因素的生产经营场所和有关设施、设备上设置明显的安全警示标志的；

（二）安全设备的安装、使用、检测、改造和报废不符合国家标准或者行业标准的；

（三）未对安全设备进行经常性维护、保养和定期检测的；

（四）关闭、破坏直接关系生产安全的监控、报警、防护、救生设备、设施，或者篡改、隐瞒、销毁其相关数据、信息的；

（五）未为从业人员提供符合国家标准或者行业标准的劳动防护用品的；

（六）危险物品的容器、运输工具，以及涉及人身安全、危险性较大的海洋石油开采特种设备和矿山井下特种设备未经具有专业资质的机构检测、检验合格，取得安全使用证或者安全标志，投入使用的；

（七）使用应当淘汰的危及生产安全的工艺、设备的；

（八）餐饮等行业的生产经营单位使用燃气未安装可燃气体报警装置的。

第100条　未经依法批准，擅自生产、经营、运输、储存、使用危险物品或者处置废弃危险物品的，依照有关危险物品安全管理的法律、行政法规的规定予以处罚；构成犯罪的，依照刑法有关规定追究刑事责任。

第101条　生产经营单位有下列行为之一的，责令限期改正，处十万元以下的罚款；逾期未改正的，责令停产停业整顿，并处十万元以上二十万元以下的罚款，对其直接负责的主管人员和其他直接责任人员处二万元以上五万元以下的罚款；构成犯罪的，依照刑法有关规定追究刑事责任：

（一）生产、经营、运输、储存、使用危险物品或者处置废弃危险物品，未建立专门安全管理制度、未采取可靠的安全措施的；

（二）对重大危险源未登记建档，未进行定期检测、评估、监控，未制定应急预案，或者未告知应急措施的；

（三）进行爆破、吊装、动火、临时用电以及国务院应急管理部门会同国务院有关部门规定的其他危险作业，未安排专门人员进行现场安全管理的；

（四）未建立安全风险分级管控制度或者未按照安全风险分级采取相应管控措施的；

（五）未建立事故隐患排查治理制度，或者重大事故隐患排查治理情况未按照规定报告的。

第102条　生产经营单位未采取措施消除事故隐患的，责令立即消除或者限期消除，处五万元以下的罚款；生产经营单位拒不执行的，责令停产停业整顿，对其直接负责的主管人员和其他直接责任人员处五万元以上十万元以下的罚款；构成犯罪的，依照刑法有关规定追究刑事责任。

第103条 生产经营单位将生产经营项目、场所、设备发包或者出租给不具备安全生产条件或者相应资质的单位或者个人的，责令限期改正，没收违法所得；违法所得十万元以上的，并处违法所得二倍以上五倍以下的罚款；没有违法所得或者违法所得不足十万元的，单处或者并处十万元以上二十万元以下的罚款；对其直接负责的主管人员和其他直接责任人员处一万元以上二万元以下的罚款；导致发生生产安全事故给他人造成损害的，与承包方、承租方承担连带赔偿责任。

生产经营单位未与承包单位、承租单位签订专门的安全生产管理协议或者未在承包合同、租赁合同中明确各自的安全生产管理职责，或者未对承包单位、承租单位的安全生产统一协调、管理的，责令限期改正，处五万元以下的罚款，对其直接负责的主管人员和其他直接责任人员处一万元以下的罚款；逾期未改正的，责令停产停业整顿。

矿山、金属冶炼建设项目和用于生产、储存、装卸危险物品的建设项目的施工单位未按照规定对施工项目进行安全管理的，责令限期改正，处十万元以下的罚款，对其直接负责的主管人员和其他直接责任人员处二万元以下的罚款；逾期未改正的，责令停产停业整顿。以上施工单位倒卖、出租、出借、挂靠或者以其他形式非法转让施工资质的，责令停产停业整顿，吊销资质证书，没收违法所得；违法所得十万元以上的，并处违法所得二倍以上五倍以下的罚款，没有违法所得或者违法所得不足十万元的，单处或者并处十万元以上二十万元以下的罚款；对其直接负责的主管人员和其他直接责任人员处五万元以上十万元以下的罚款；构成犯罪的，依照刑法有关规定追究刑事责任。

第104条 两个以上生产经营单位在同一作业区域内进行可能危及对方安全生产的生产经营活动，未签订安全生产管理协议或者未指定专职安全生产管理人员进行安全检查与协调的，责令限期改正，处五万元以下的罚款，对其直接负责的主管人员和其他直接责任人员处一万元以下的罚款；逾期未改正的，责令停产停业。

第105条　生产经营单位有下列行为之一的，责令限期改正，处五万元以下的罚款，对其直接负责的主管人员和其他直接责任人员处一万元以下的罚款；逾期未改正的，责令停产停业整顿；构成犯罪的，依照刑法有关规定追究刑事责任：

（一）生产、经营、储存、使用危险物品的车间、商店、仓库与员工宿舍在同一座建筑内，或者与员工宿舍的距离不符合安全要求的；

（二）生产经营场所和员工宿舍未设有符合紧急疏散需要、标志明显、保持畅通的出口、疏散通道，或者占用、锁闭、封堵生产经营场所或者员工宿舍出口、疏散通道的。

第106条　生产经营单位与从业人员订立协议，免除或者减轻其对从业人员因生产安全事故伤亡依法应承担的责任的，该协议无效；对生产经营单位的主要负责人、个人经营的投资人处二万元以上十万元以下的罚款。

第107条　生产经营单位的从业人员不落实岗位安全责任，不服从管理，违反安全生产规章制度或者操作规程的，由生产经营单位给予批评教育，依照有关规章制度给予处分；构成犯罪的，依照刑法有关规定追究刑事责任。

第108条　违反本法规定，生产经营单位拒绝、阻碍负有安全生产监督管理职责的部门依法实施监督检查的，责令改正；拒不改正的，处二万元以上二十万元以下的罚款；对其直接负责的主管人员和其他直接责任人员处一万元以上二万元以下的罚款；构成犯罪的，依照刑法有关规定追究刑事责任。

第109条　高危行业、领域的生产经营单位未按照国家规定投保安全生产责任保险的，责令限期改正，处五万元以上十万元以下的罚款；逾期未改正的，处十万元以上二十万元以下的罚款。

第 110 条　生产经营单位的主要负责人在本单位发生生产安全事故时，不立即组织抢救或者在事故调查处理期间擅离职守或者逃匿的，给予降级、撤职的处分，并由应急管理部门处上一年年收入百分之六十至百分之一百的罚款；对逃匿的处十五日以下拘留；构成犯罪的，依照刑法有关规定追究刑事责任。

生产经营单位的主要负责人对生产安全事故隐瞒不报、谎报或者迟报的，依照前款规定处罚。

第 111 条　有关地方人民政府、负有安全生产监督管理职责的部门，对生产安全事故隐瞒不报、谎报或者迟报的，对直接负责的主管人员和其他直接责任人员依法给予处分；构成犯罪的，依照刑法有关规定追究刑事责任。

第 112 条　生产经营单位违反本法规定，被责令改正且受到罚款处罚，拒不改正的，负有安全生产监督管理职责的部门可以自作出责令改正之日的次日起，按照原处罚数额按日连续处罚。

第 113 条　生产经营单位存在下列情形之一的，负有安全生产监督管理职责的部门应当提请地方人民政府予以关闭，有关部门应当依法吊销其有关证照。生产经营单位主要负责人五年内不得担任任何生产经营单位的主要负责人；情节严重的，终身不得担任本行业生产经营单位的主要负责人：

（一）存在重大事故隐患，一百八十日内三次或者一年内四次受到本法规定的行政处罚的；

（二）经停产停业整顿，仍不具备法律、行政法规和国家标准或者行业标准规定的安全生产条件的；

（三）不具备法律、行政法规和国家标准或者行业标准规定的安全生产条件，导致发生重大、特别重大生产安全事故的；

（四）拒不执行负有安全生产监督管理职责的部门作出的停

产停业整顿决定的。

第 114 条　发生生产安全事故，对负有责任的生产经营单位除要求其依法承担相应的赔偿等责任外，由应急管理部门依照下列规定处以罚款：

（一）发生一般事故的，处三十万元以上一百万元以下的罚款；

（二）发生较大事故的，处一百万元以上二百万元以下的罚款；

（三）发生重大事故的，处二百万元以上一千万元以下的罚款；

（四）发生特别重大事故的，处一千万元以上二千万元以下的罚款。

发生生产安全事故，情节特别严重、影响特别恶劣的，应急管理部门可以按照前款罚款数额的二倍以上五倍以下对负有责任的生产经营单位处以罚款。

第 115 条　本法规定的行政处罚，由应急管理部门和其他负有安全生产监督管理职责的部门按照职责分工决定；其中，根据本法第九十五条、第一百一十条、第一百一十四条的规定应当给予民航、铁路、电力行业的生产经营单位及其主要负责人行政处罚的，也可以由主管的负有安全生产监督管理职责的部门进行处罚。予以关闭的行政处罚，由负有安全生产监督管理职责的部门报请县级以上人民政府按照国务院规定的权限决定；给予拘留的行政处罚，由公安机关依照治安管理处罚的规定决定。

第 116 条　生产经营单位发生生产安全事故造成人员伤亡、他人财产损失的，应当依法承担赔偿责任；拒不承担或者其负责人逃匿的，由人民法院依法强制执行。

生产安全事故的责任人未依法承担赔偿责任，经人民法院依法采取执行措施后，仍不能对受害人给予足额赔偿的，应当继续履行赔偿义务；受害人发现责任人有其他财产的，可以随时请求人民法院执行。

3.《劳动合同法》（2012 年 12 月 28 日）

第 84 条　用人单位违反本法规定，扣押劳动者居民身份证等证件的，由劳动行政部门责令限期退还劳动者本人，并依照有关法律规定给予处罚。

用人单位违反本法规定，以担保或者其他名义向劳动者收取财物的，由劳动行政部门责令限期退还劳动者本人，并以每人五百元以上二千元以下的标准处以罚款；给劳动者造成损害的，应当承担赔偿责任。

劳动者依法解除或者终止劳动合同，用人单位扣押劳动者档案或者其他物品的，依照前款规定处罚。

第 92 条　违反本法规定，未经许可，擅自经营劳务派遣业务的，由劳动行政部门责令停止违法行为，没收违法所得，并处违法所得一倍以上五倍以下的罚款；没有违法所得的，可以处五万元以下的罚款。

劳务派遣单位、用工单位违反本法有关劳务派遣规定的，由劳动行政部门责令限期改正；逾期不改正的，以每人五千元以上一万元以下的标准处以罚款，对劳务派遣单位，吊销其劳务派遣业务经营许可证。用工单位给被派遣劳动者造成损害的，劳务派遣单位与用工单位承担连带赔偿责任。

第 93 条　对不具备合法经营资格的用人单位的违法犯罪行为，依法追究法律责任；劳动者已经付出劳动的，该单位或者其出资人应当依照本法有关规定向劳动者支付劳动报酬、经济补偿、赔偿金；给劳动者造成损害的，应当承担赔偿责任。

第 94 条　个人承包经营违反本法规定招用劳动者，给劳动者造成损害的，发包的组织与个人承包经营者承担连带赔偿责任。

4.《刑法》(2023 年 12 月 29 日)

第 134 条　在生产、作业中违反有关安全管理的规定，因而发生重大伤亡事故或者造成其他严重后果的，处三年以下有期徒刑或者拘役；情节特别恶劣的，处三年以上七年以下有期徒刑。

强令他人违章冒险作业，或者明知存在重大事故隐患而不排除，仍冒险组织作业，因而发生重大伤亡事故或者造成其他严重后果的，处五年以下有期徒刑或者拘役；情节特别恶劣的，处五年以上有期徒刑。

第 134 条之一　在生产、作业中违反有关安全管理的规定，有下列情形之一，具有发生重大伤亡事故或者其他严重后果的现实危险的，处一年以下有期徒刑、拘役或者管制：

(一) 关闭、破坏直接关系生产安全的监控、报警、防护、救生设备、设施，或者篡改、隐瞒、销毁其相关数据、信息的；

(二) 因存在重大事故隐患被依法责令停产停业、停止施工、停止使用有关设备、设施、场所或者立即采取排除危险的整改措施，而拒不执行的；

(三) 涉及安全生产的事项未经依法批准或者许可，擅自从事矿山开采、金属冶炼、建筑施工，以及危险物品生产、经营、储存等高度危险的生产作业活动的。

第 135 条　安全生产设施或者安全生产条件不符合国家规定，因而发生重大伤亡事故或者造成其他严重后果的，对直接负责的主管人员和其他直接责任人员，处三年以下有期徒刑或者拘役；情节特别恶劣的，处三年以上七年以下有期徒刑。

第 135 条之一　举办大型群众性活动违反安全管理规定，因而发生重大伤亡事故或者造成其他严重后果的，对直接负责的主管人员和其他直接责任人员，处三年以下有期徒刑或者拘役；情节特别恶劣的，处三年以上七年以下有期徒刑。

第 136 条　违反爆炸性、易燃性、放射性、毒害性、腐蚀性物品的管理规定，在生产、储存、运输、使用中发生重大事故，造成严重后果的，处三年以下有期徒刑或者拘役；后果特别严重的，处三年以上七年以下有期徒刑。

第224条　有下列情形之一，以非法占有为目的，在签订、履行合同过程中，骗取对方当事人财物，数额较大的，处三年以下有期徒刑或者拘役，并处或者单处罚金；数额巨大或者有其他严重情节的，处三年以上十年以下有期徒刑，并处罚金；数额特别巨大或者有其他特别严重情节的，处十年以上有期徒刑或者无期徒刑，并处罚金或者没收财产：

（一）以虚构的单位或者冒用他人名义签订合同的；

（二）以伪造、变造、作废的票据或者其他虚假的产权证明作担保的；

（三）没有实际履行能力，以先履行小额合同或者部分履行合同的方法，诱骗对方当事人继续签订和履行合同的；

（四）收受对方当事人给付的货物、货款、预付款或者担保财产后逃匿的；

（五）以其他方法骗取对方当事人财物的。

5.《职业病防治法》（2018年12月29日）

第六章　法律责任

第69条　建设单位违反本法规定，有下列行为之一的，由卫生行政部门给予警告，责令限期改正；逾期不改正的，处十万元以上五十万元以下的罚款；情节严重的，责令停止产生职业病危害的作业，或者提请有关人民政府按照国务院规定的权限责令停建、关闭：

（一）未按照规定进行职业病危害预评价的；

（二）医疗机构可能产生放射性职业病危害的建设项目未按照规定提交放射性职业病危害预评价报告，或者放射性职业病危害预评价报告未经卫生行政部门审核同意，开工建设的；

（三）建设项目的职业病防护设施未按照规定与主体工程同时设计、同时施工、同时投入生产和使用的；

（四）建设项目的职业病防护设施设计不符合国家职业卫生标准和卫生要求，或者医疗机构放射性职业病危害严重的建设项目的防护设施设计未经卫生行政部门审查同意擅自施工的；

（五）未按照规定对职业病防护设施进行职业病危害控制效果评价的；

（六）建设项目竣工投入生产和使用前，职业病防护设施未按照规定验收合格的。

第70条　违反本法规定，有下列行为之一的，由卫生行政部门给予警告，责令限期改正；逾期不改正的，处十万元以下的罚款：

（一）工作场所职业病危害因素检测、评价结果没有存档、上报、公布的；

（二）未采取本法第二十条规定的职业病防治管理措施的；

（三）未按照规定公布有关职业病防治的规章制度、操作规程、职业病危害事故应急救援措施的；

（四）未按照规定组织劳动者进行职业卫生培训，或者未对劳动者个人职业病防护采取指导、督促措施的；

（五）国内首次使用或者首次进口与职业病危害有关的化学材料，未按照规定报送毒性鉴定资料以及经有关部门登记注册或者批准进口的文件的。

第71条　用人单位违反本法规定，有下列行为之一的，由卫生行政部门责令限期改正，给予警告，可以并处五万元以上十万元以下的罚款：

（一）未按照规定及时、如实向卫生行政部门申报产生职业病危害的项目的；

（二）未实施由专人负责的职业病危害因素日常监测，或者监测系统不能正常监测的；

（三）订立或者变更劳动合同时，未告知劳动者职业病危害真实情况的；

（四）未按照规定组织职业健康检查、建立职业健康监护档案或者未将检查结果书面告知劳动者的；

（五）未依照本法规定在劳动者离开用人单位时提供职业健康监护档案复印件的。

第72条　用人单位违反本法规定，有下列行为之一的，由卫生行政部门给予警告，责令限期改正，逾期不改正的，处五万元以上二十万元以下的罚款；情节严重的，责令停止产生职业病危害的作业，或者提请有关人民政府按照国务院规定的权限责令关闭：

（一）工作场所职业病危害因素的强度或者浓度超过国家职业卫生标准的；

（二）未提供职业病防护设施和个人使用的职业病防护用品，或者提供的职业病防护设施和个人使用的职业病防护用品不符合国家职业卫生标准和卫生要求的；

（三）对职业病防护设备、应急救援设施和个人使用的职业病防护用品未按照规定进行维护、检修、检测，或者不能保持正常运行、使用状态的；

（四）未按照规定对工作场所职业病危害因素进行检测、评价的；

（五）工作场所职业病危害因素经治理仍然达不到国家职业卫生标准和卫生要求时，未停止存在职业病危害因素的作业的；

（六）未按照规定安排职业病病人、疑似职业病病人进行诊治的；

（七）发生或者可能发生急性职业病危害事故时，未立即采取应急救援和控制措施或者未按照规定及时报告的；

（八）未按照规定在产生严重职业病危害的作业岗位醒目位置设置警示标识和中文警示说明的；

（九）拒绝职业卫生监督管理部门监督检查的；

（十）隐瞒、伪造、篡改、毁损职业健康监护档案、工作场所职业病危害因素检测评价结果等相关资料，或者拒不提供职业病诊断、鉴定所需资料的；

（十一）未按照规定承担职业病诊断、鉴定费用和职业病病人的医疗、生活保障费用的。

第 73 条　向用人单位提供可能产生职业病危害的设备、材料，未按照规定提供中文说明书或者设置警示标识和中文警示说明的，由卫生行政部门责令限期改正，给予警告，并处五万元以上二十万元以下的罚款。

第 74 条　用人单位和医疗卫生机构未按照规定报告职业病、疑似职业病的，由有关主管部门依据职责分工责令限期改正，给予警告，可以并处一万元以下的罚款；弄虚作假的，并处二万元以上五万元以下的罚款；对直接负责的主管人员和其他直接责任人员，可以依法给予降级或者撤职的处分。

第 75 条　违反本法规定，有下列情形之一的，由卫生行政部门责令限期治理，并处五万元以上三十万元以下的罚款；情节严重的，责令停止产生职业病危害的作业，或者提请有关人民政府按照国务院规定的权限责令关闭：

（一）隐瞒技术、工艺、设备、材料所产生的职业病危害而采用的；

（二）隐瞒本单位职业卫生真实情况的；

（三）可能发生急性职业损伤的有毒、有害工作场所、放射工作场所或者放射性同位素的运输、贮存不符合本法第二十五条规定的；

（四）使用国家明令禁止使用的可能产生职业病危害的设备

或者材料的；

（五）将产生职业病危害的作业转移给没有职业病防护条件的单位和个人，或者没有职业病防护条件的单位和个人接受产生职业病危害的作业的；

（六）擅自拆除、停止使用职业病防护设备或者应急救援设施的；

（七）安排未经职业健康检查的劳动者、有职业禁忌的劳动者、未成年工或者孕期、哺乳期女职工从事接触职业病危害的作业或者禁忌作业的；

（八）违章指挥和强令劳动者进行没有职业病防护措施的作业的。

第76条　生产、经营或者进口国家明令禁止使用的可能产生职业病危害的设备或者材料的，依照有关法律、行政法规的规定给予处罚。

第77条　用人单位违反本法规定，已经对劳动者生命健康造成严重损害的，由卫生行政部门责令停止产生职业病危害的作业，或者提请有关人民政府按照国务院规定的权限责令关闭，并处十万元以上五十万元以下的罚款。

第78条　用人单位违反本法规定，造成重大职业病危害事故或者其他严重后果，构成犯罪的，对直接负责的主管人员和其他直接责任人员，依法追究刑事责任。

第79条　未取得职业卫生技术服务资质认可擅自从事职业卫生技术服务的，由卫生行政部门责令立即停止违法行为，没收违法所得；违法所得五千元以上的，并处违法所得二倍以上十倍以下的罚款；没有违法所得或者违法所得不足五千元的，并处五千元以上五万元以下的罚款；情节严重的，对直接负责的主管人员和其他直接责任人员，依法给予降级、撤职或者开除的处分。

第80条　从事职业卫生技术服务的机构和承担职业病诊断的医疗卫生机构违反本法规定，有下列行为之一的，由卫生行政部门责令立即停止违法行为，给予警告，没收违法所得；违法所得五千元以上的，并处违法所得二倍以上五倍以下的罚款；没有违法所得或者违法所得不足五千元的，并处五千元以上二万元以下的罚款；情节严重的，由原认可或者登记机关取消其相应的资格；对直接负责的主管人员和其他直接责任人员，依法给予降级、撤职或者开除的处分；构成犯罪的，依法追究刑事责任：

（一）超出资质认可或者诊疗项目登记范围从事职业卫生技术服务或者职业病诊断的；

（二）不按照本法规定履行法定职责的；

（三）出具虚假证明文件的。

第81条　职业病诊断鉴定委员会组成人员收受职业病诊断争议当事人的财物或者其他好处的，给予警告，没收收受的财物，可以并处三千元以上五万元以下的罚款，取消其担任职业病诊断鉴定委员会组成人员的资格，并从省、自治区、直辖市人民政府卫生行政部门设立的专家库中予以除名。

第82条　卫生行政部门不按照规定报告职业病和职业病危害事故的，由上一级行政部门责令改正，通报批评，给予警告；虚报、瞒报的，对单位负责人、直接负责的主管人员和其他直接责任人员依法给予降级、撤职或者开除的处分。

第83条　县级以上地方人民政府在职业病防治工作中未依照本法履行职责，本行政区域出现重大职业病危害事故、造成严重社会影响的，依法对直接负责的主管人员和其他直接责任人员给予记大过直至开除的处分。

县级以上人民政府职业卫生监督管理部门不履行本法规定的职责，滥用职权、玩忽职守、徇私舞弊，依法对直接负责的主管人员和其他直接责任人员给予记大过或者降级的处分；造成职业病危害事故或者其他严重后果的，依法给予撤职或者开除的处分。

第84条　违反本法规定，构成犯罪的，依法追究刑事责任。

● 行政法规及文件

6.《矿山安全法实施条例》（1996年10月30日）

第六章　矿山事故处理

第46条　矿山发生事故后，事故现场有关人员应当立即报告矿长或者有关主管人员；矿长或者有关主管人员接到事故报告后，必须立即采取有效措施，组织抢救，防止事故扩大，尽力减少人员伤亡和财产损失。

第47条　矿山发生重伤、死亡事故后，矿山企业应当在24小时内如实向劳动行政主管部门和管理矿山企业的主管部门报告。

第48条　劳动行政主管部门和管理矿山企业的主管部门接到死亡事故或者1次重伤3人以上的事故报告后，应当立即报告本级人民政府，并报各自的上一级主管部门。

第49条　发生伤亡事故，矿山企业和有关单位应当保护事故现场；因抢救事故，需要移动现场部分物品时，必须作出标志，绘制事故现场图，并详细记录；在消除现场危险，采取防范措施后，方可恢复生产。

第50条　矿山事故发生后，有关部门应当按照国家有关规定，进行事故调查处理。

第51条　矿山事故调查处理工作应当自事故发生之日起90日内结束；遇有特殊情况，可以适当延长，但是不得超过180日。矿山事故处理结案后，应当公布处理结果。

第七章　法 律 责 任

第52条　依照《矿山安全法》第四十条规定处以罚款的，

分别按照下列规定执行:

（一）未对职工进行安全教育、培训，分配职工上岗作业的，处 4 万元以下的罚款;

（二）使用不符合国家安全标准或者行业安全标准的设备、器材、防护用品和安全检测仪器的，处 5 万元以下的罚款;

（三）未按照规定提取或者使用安全技术措施专项费用的，处 5 万元以下的罚款;

（四）拒绝矿山安全监督人员现场检查或者在被检查时隐瞒事故隐患，不如实反映情况的，处 2 万元以下的罚款;

（五）未按照规定及时、如实报告矿山事故的，处 3 万元以下的罚款。

第 53 条　依照《矿山安全法》第四十三条规定处以罚款的，罚款幅度为 5 万元以上 10 万元以下。

第 54 条　违反本条例第十五条、第十六条、第十七条、第十八条、第十九条、第二十条、第二十一条、第二十二条、第二十三条、第二十五条规定的，由劳动行政主管部门责令改正，可以处 2 万元以下的罚款。

第 55 条　当事人收到罚款通知书后，应当在 15 日内到指定的金融机构缴纳罚款；逾期不缴纳的，自逾期之日起每日加收 3‰的滞纳金。

第 56 条　矿山企业主管人员有下列行为之一，造成矿山事故的，按照规定给予纪律处分；构成犯罪的，由司法机关依法追究刑事责任:

（一）违章指挥、强令工人违章、冒险作业的;

（二）对工人屡次违章作业熟视无睹，不加制止的;

（三）对重大事故预兆或者已发现的隐患不及时采取措施的;

（四）不执行劳动行政主管部门的监督指令或者不采纳有关部门提出的整顿意见，造成严重后果的。

7.《使用有毒物品作业场所劳动保护条例》（2024 年 12 月 6 日）

第七章　罚　则

第 57 条　卫生行政、疾病预防控制部门的工作人员有下列行为之一，导致职业中毒事故发生的，依照刑法关于滥用职权罪、玩忽职守罪或者其他罪的规定，依法追究刑事责任；造成职业中毒危害但尚未导致职业中毒事故发生，不够刑事处罚的，根据不同情节，依法给予降级、撤职或者开除的处分：

（一）对用人单位不履行监督检查职责，或者发现用人单位存在违反本条例的行为不予查处的；

（二）发现用人单位存在职业中毒危害，可能造成职业中毒事故，不及时依法采取控制措施的。

第 58 条　用人单位违反本条例的规定，有下列情形之一的，由疾病预防控制部门给予警告，责令限期改正；逾期不改正的，处 10 万元以上 50 万元以下的罚款；情节严重的，提请有关人民政府按照国务院规定的权限责令停建、予以关闭；造成严重职业中毒危害或者导致职业中毒事故发生的，对负有责任的主管人员和其他直接责任人员依照刑法关于重大劳动安全事故罪或者其他罪的规定，依法追究刑事责任：

（一）可能产生职业中毒危害的建设项目，未依照职业病防治法的规定进行职业中毒危害预评价的；

（二）职业中毒危害防护设施未与主体工程同时设计，同时施工，同时投入生产和使用的；

（三）建设项目竣工验收前，未进行职业中毒危害控制效果评价，或者职业中毒危害防护设施未经依法组织验收合格，擅自投入生产和使用的；

（四）可能产生职业中毒危害的建设项目，其职业中毒危害防护设施设计不符合国家职业卫生标准和卫生要求的。

第 59 条　用人单位违反本条例的规定，有下列情形之一的，由疾病预防控制部门给予警告，责令限期改正；逾期不改正的，处5万元以上20万元以下的罚款；情节严重的，提请有关人民政府按照国务院规定的权限予以关闭；造成严重职业中毒危害或者导致职业中毒事故发生的，对负有责任的主管人员和其他直接责任人员依照刑法关于重大劳动安全事故罪或者其他罪的规定，依法追究刑事责任：

（一）使用有毒物品作业场所未按照规定设置警示标识和中文警示说明的；

（二）未对职业卫生防护设备、应急救援设施、通讯报警装置进行维护、检修和定期检测，导致上述设施处于不正常状态的；

（三）未依照本条例的规定进行职业中毒危害因素检测和职业中毒危害控制效果评价的；

（四）未向从事使用有毒物品作业的劳动者提供符合国家职业卫生标准的防护用品，或者未保证劳动者正确使用的。

用人单位违反本条例的规定，有下列情形之一的，由疾病预防控制部门给予警告，责令限期改正，处5万元以上20万元以下的罚款；逾期不改正的，提请有关人民政府按照国务院规定的权限予以关闭；造成严重职业中毒危害或者导致职业中毒事故发生的，对负有责任的主管人员和其他直接责任人员依照刑法关于重大劳动安全事故罪或者其他罪的规定，依法追究刑事责任：

（一）高毒作业场所未按照规定设置撤离通道和泄险区的；

（二）高毒作业场所未按照规定设置警示线的。

第60条　用人单位违反本条例的规定，有下列情形之一的，由疾病预防控制部门给予警告，责令限期改正，处5万元以上30万元以下的罚款；逾期不改正的，提请有关人民政府按照国务院规定的权限予以关闭；造成严重职业中毒危害或者导致职业中毒事故发生的，对负有责任的主管人员和其他直接责任人员依照刑法关于重大责任事故罪、重大劳动安全事故罪或者其他罪的规定，依法追究刑事责任：

（一）使用有毒物品作业场所未设置有效通风装置的，或者可能突然泄漏大量有毒物品或者易造成急性中毒的作业场所未设置自动报警装置或者事故通风设施的；

（二）职业卫生防护设备、应急救援设施、通讯报警装置处于不正常状态而不停止作业，或者擅自拆除或者停止运行职业卫生防护设备、应急救援设施、通讯报警装置的。

第61条　从事使用高毒物品作业的用人单位违反本条例的规定，有下列行为之一的，由疾病预防控制部门给予警告，责令限期改正，处5万元以上20万元以下的罚款；逾期不改正的，提请有关人民政府按照国务院规定的权限予以关闭；造成严重职业中毒危害或者导致职业中毒事故发生的，对负有责任的主管人员和其他直接责任人员依照刑法关于重大责任事故罪或者其他罪的规定，依法追究刑事责任：

（一）作业场所职业中毒危害因素不符合国家职业卫生标准和卫生要求而不立即停止高毒作业并采取相应的治理措施的，或者职业中毒危害因素治理不符合国家职业卫生标准和卫生要求重新作业的；

（二）未依照本条例的规定维护、检修存在高毒物品的生产装置的；

（三）未采取本条例规定的措施，安排劳动者进入存在高毒物品的设备、容器或者狭窄封闭场所作业的。

第62条　在作业场所使用国家明令禁止使用的有毒物品或者使用不符合国家标准的有毒物品的，由疾病预防控制部门责令立即停止使用，处5万元以上30万元以下的罚款；情节严重的，责令停止使用有毒物品作业，或者提请有关人民政府按照国务院规定的权限予以关闭；造成严重职业中毒危害或者导致职业中毒事故发生的，对负有责任的主管人员和其他直接责任人员依照刑法关于危险物品肇事罪、重大责任事故罪或者其他罪的规定，依法追究刑事责任。

第 63 条　用人单位违反本条例的规定，有下列行为之一的，由疾病预防控制部门责令限期改正，处 5 万元以上 30 万元以下的罚款；情节严重的，责令停止使用有毒物品作业，或者提请有关人民政府按照国务院规定的权限予以关闭；造成严重职业中毒危害或者导致职业中毒事故发生的，对负有责任的主管人员和其他直接责任人员依照刑法关于重大责任事故罪或者其他罪的规定，依法追究刑事责任：

（一）未组织从事使用有毒物品作业的劳动者进行上岗前职业健康检查，安排未经上岗前职业健康检查的劳动者从事使用有毒物品作业的；

（二）使用未经培训考核合格的劳动者从事高毒作业的；

（三）安排有职业禁忌的劳动者从事所禁忌的作业的；

（四）发现有职业禁忌或者有与所从事职业相关的健康损害的劳动者，未及时调离原工作岗位，并妥善安置的；

（五）安排未成年人或者孕期、哺乳期的女职工从事使用有毒物品作业的；

（六）使用童工的。

第 64 条　从事使用有毒物品作业的用人单位违反本条例的规定，在转产、停产、停业或者解散、破产时未采取有效措施，妥善处理留存或者残留高毒物品的设备、包装物和容器的，由疾病预防控制部门责令改正，处 2 万元以上 10 万元以下的罚款；触犯刑律的，对负有责任的主管人员和其他直接责任人员依照刑法关于污染环境罪、危险物品肇事罪或者其他罪的规定，依法追究刑事责任。

第 65 条　用人单位违反本条例的规定，有下列情形之一的，由疾病预防控制部门给予警告，责令限期改正，处5000元以上2万元以下的罚款；逾期不改正的，责令停止使用有毒物品作业，或者提请有关人民政府按照国务院规定的权限予以关闭；造成严重职业中毒危害或者导致职业中毒事故发生的，对负有责任的主管人员和其他直接责任人员依照刑法关于重大劳动安全事故罪、危险物品肇事罪或者其他罪的规定，依法追究刑事责任：

（一）使用有毒物品作业场所未与生活场所分开或者在作业场所住人的；

（二）未将有害作业与无害作业分开的；

（三）高毒作业场所未与其他作业场所有效隔离的；

（四）从事高毒作业未按照规定配备应急救援设施或者制定事故应急救援预案的。

第66条　用人单位违反本条例的规定，有下列情形之一的，由疾病预防控制部门给予警告，责令限期改正，处2万元以上5万元以下的罚款；逾期不改正的，提请有关人民政府按照国务院规定的权限予以关闭：

（一）未按照规定向卫生行政部门申报高毒作业项目的；

（二）变更使用高毒物品品种，未按照规定向原受理申报的卫生行政部门重新申报，或者申报不及时、有虚假的。

第67条　用人单位违反本条例的规定，有下列行为之一的，由疾病预防控制部门给予警告，责令限期改正，可以并处5万元以上10万元以下的罚款；逾期不改正的，责令停止使用有毒物品作业，或者提请有关人民政府按照国务院规定的权限予以关闭：

（一）未组织从事使用有毒物品作业的劳动者进行定期职业健康检查的；

（二）未组织从事使用有毒物品作业的劳动者进行离岗职业健康检查的；

（三）对未进行离岗职业健康检查的劳动者，解除或者终止与其订立的劳动合同的；

（四）发生分立、合并、解散、破产情形，未对从事使用有毒物品作业的劳动者进行健康检查，并按照国家有关规定妥善安置职业病病人的；

（五）对受到或者可能受到急性职业中毒危害的劳动者，未及时组织进行健康检查和医学观察的；

（六）未建立职业健康监护档案的；

（七）劳动者离开用人单位时，用人单位未如实、无偿提供职业健康监护档案的；

（八）未依照职业病防治法和本条例的规定将工作过程中可能产生的职业中毒危害及其后果、有关职业卫生防护措施和待遇等如实告知劳动者并在劳动合同中写明的；

（九）劳动者在存在威胁生命、健康危险的情况下，从危险现场中撤离，而被取消或者减少应当享有的待遇的。

第68条 用人单位违反本条例的规定，有下列行为之一的，由疾病预防控制部门给予警告，责令限期改正，处5000元以上2万元以下的罚款；逾期不改正的，责令停止使用有毒物品作业，或者提请有关人民政府按照国务院规定的权限予以关闭：

（一）未按照规定配备或者聘请职业卫生医师和护士的；

（二）未为从事使用高毒物品作业的劳动者设置淋浴间、更衣室或者未设置清洗、存放和处理工作服、工作鞋帽等物品的专用间，或者不能正常使用的；

（三）未安排从事使用高毒物品作业一定年限的劳动者进行岗位轮换的。

8.**《煤矿安全生产条例》**（2024年1月24日）

第五章 法律责任

第61条 未依法取得安全生产许可证等擅自进行煤矿生产

的，应当责令立即停止生产，没收违法所得和开采出的煤炭以及采掘设备；违法所得在10万元以上的，并处违法所得2倍以上5倍以下的罚款；没有违法所得或者违法所得不足10万元的，并处10万元以上20万元以下的罚款。

关闭的煤矿企业擅自恢复生产的，依照前款规定予以处罚。

第62条 煤矿企业有下列行为之一的，依照《中华人民共和国安全生产法》有关规定予以处罚：

（一）未按照规定设置安全生产管理机构并配备安全生产管理人员的；

（二）主要负责人和安全生产管理人员未按照规定经考核合格并持续保持相应水平和能力的；

（三）未按照规定进行安全生产教育和培训，未按照规定如实告知有关的安全生产事项，或者未如实记录安全生产教育和培训情况的；

（四）特种作业人员未按照规定经专门的安全作业培训并取得相应资格，上岗作业的；

（五）进行危险作业，未采取专门安全技术措施并安排专门人员进行现场安全管理的；

（六）未按照规定建立并落实安全风险分级管控制度和事故隐患排查治理制度的，或者重大事故隐患排查治理情况未按照规定报告的；

（七）未按照规定制定生产安全事故应急救援预案或者未定期组织演练的。

第63条 煤矿企业有下列行为之一的，责令限期改正，处10万元以上20万元以下的罚款；逾期未改正的，责令停产整顿，并处20万元以上50万元以下的罚款，对其直接负责的主管人员和其他直接责任人员处3万元以上5万元以下的罚款：

（一）未按照规定制定并落实全员安全生产责任制和领导带

班等安全生产规章制度的；

（二）未按照规定为煤矿配备矿长等人员和机构，或者未按照规定设立救护队的；

（三）煤矿的主要生产系统、安全设施不符合煤矿安全规程和国家标准或者行业标准规定的；

（四）未按照规定编制专项设计的；

（五）井工煤矿未按照规定进行瓦斯等级、冲击地压、煤层自燃倾向性和煤尘爆炸性鉴定的；

（六）露天煤矿的采场及排土场边坡与重要建筑物、构筑物之间安全距离不符合规定的，或者未按照规定保持露天煤矿边坡稳定的；

（七）违章指挥或者强令冒险作业、违反规程的。

第 64 条　对存在重大事故隐患仍然进行生产的煤矿企业，责令停产整顿，明确整顿的内容、时间等具体要求，并处 50 万元以上 200 万元以下的罚款；对煤矿企业主要负责人处 3 万元以上 15 万元以下的罚款。

第 65 条　煤矿企业超越依法确定的开采范围采矿的，依照有关法律法规的规定予以处理。

擅自开采保安煤柱或者采用可能危及相邻煤矿生产安全的决水、爆破、贯通巷道等危险方法进行采矿作业的，责令立即停止作业，没收违法所得；违法所得在 10 万元以上的，并处违法所得 2 倍以上 5 倍以下的罚款；没有违法所得或者违法所得不足 10 万元的，并处 10 万元以上 20 万元以下的罚款；造成损失的，依法承担赔偿责任。

第 66 条　煤矿企业有下列行为之一的，责令改正；拒不改正的，处 10 万元以上 20 万元以下的罚款；对其直接负责的主管人员和其他直接责任人员处 1 万元以上 2 万元以下的罚款：

（一）违反本条例第三十七条第一款规定，隐瞒存在的事故隐患以及其他安全问题的；

（二）违反本条例第四十四条第一款规定，擅自启封或者使用被查封、扣押的设施、设备、器材的；

（三）有其他拒绝、阻碍监督检查行为的。

第67条　发生煤矿生产安全事故，对负有责任的煤矿企业除要求其依法承担相应的赔偿等责任外，依照下列规定处以罚款：

（一）发生一般事故的，处50万元以上100万元以下的罚款；

（二）发生较大事故的，处150万元以上200万元以下的罚款；

（三）发生重大事故的，处500万元以上1000万元以下的罚款；

（四）发生特别重大事故的，处1000万元以上2000万元以下的罚款。

发生煤矿生产安全事故，情节特别严重、影响特别恶劣的，可以按照前款罚款数额的2倍以上5倍以下对负有责任的煤矿企业处以罚款。

第68条　煤矿企业的决策机构、主要负责人、其他负责人和安全生产管理人员未依法履行安全生产管理职责的，依照《中华人民共和国安全生产法》有关规定处罚并承担相应责任。

煤矿企业主要负责人未依法履行安全生产管理职责，导致发生煤矿生产安全事故的，依照下列规定处以罚款：

（一）发生一般事故的，处上一年年收入40%的罚款；

（二）发生较大事故的，处上一年年收入60%的罚款；

（三）发生重大事故的，处上一年年收入80%的罚款；

（四）发生特别重大事故的，处上一年年收入100%的罚款。

第69条　煤矿企业及其有关人员有瞒报、谎报事故等行为的，依照《中华人民共和国安全生产法》、《生产安全事故报告和调查处理条例》有关规定予以处罚。

有关地方人民政府及其应急管理部门、负有煤矿安全生产监督管理职责的部门和设在地方的矿山安全监察机构有瞒报、谎报事故等行为的，对负有责任的领导人员和直接责任人员依法给予处分。

第70条　煤矿企业存在下列情形之一的，应当提请县级以上地方人民政府予以关闭：

（一）未依法取得安全生产许可证等擅自进行生产的；

（二）3个月内2次或者2次以上发现有重大事故隐患仍然进行生产的；

（三）经地方人民政府组织的专家论证在现有技术条件下难以有效防治重大灾害的；

（四）有《中华人民共和国安全生产法》规定的应当提请关闭的其他情形。

有关地方人民政府作出予以关闭的决定，应当立即组织实施。关闭煤矿应当达到下列要求：

（一）依照法律法规有关规定吊销、注销相关证照；

（二）停止供应并妥善处理民用爆炸物品；

（三）停止供电，拆除矿井生产设备、供电、通信线路；

（四）封闭、填实矿井井筒，平整井口场地，恢复地貌；

（五）妥善处理劳动关系，依法依规支付经济补偿、工伤保险待遇，组织离岗时职业健康检查，偿还拖欠工资，补缴欠缴的社会保险费；

（六）设立标识牌；

（七）报送、移交相关报告、图纸和资料等；

（八）有关法律法规规定的其他要求。

第71条　有下列情形之一的，依照《中华人民共和国安全生产法》有关规定予以处罚：

（一）煤矿建设项目没有安全设施设计或者安全设施设计未按照规定报经有关部门审查同意的；

（二）煤矿建设项目的施工单位未按照批准的安全设施设计施工的；

（三）煤矿建设项目竣工投入生产或者使用前，安全设施未经验收合格的；

（四）煤矿企业违反本条例第二十四条第一款、第二十五条第一款和第二款、第二十六条第二款规定的。

第72条　承担安全评价、认证、检测、检验等职责的煤矿安全生产技术服务机构有出具失实报告、租借资质、挂靠、出具虚假报告等情形的，对该机构及直接负责的主管人员和其他直接责任人员，应当依照《中华人民共和国安全生产法》有关规定予以处罚并追究相应责任。其主要负责人对重大、特别重大煤矿生产安全事故负有责任的，终身不得从事煤矿安全生产相关技术服务工作。

第73条　本条例规定的行政处罚，由县级以上人民政府负有煤矿安全生产监督管理职责的部门和其他有关部门、国家矿山安全监察机构及其设在地方的矿山安全监察机构按照职责分工决定，对同一违法行为不得给予两次以上罚款的行政处罚。对被责令停产整顿的煤矿企业，应当暂扣安全生产许可证等。对违反本条例规定的严重违法行为，应当依法从重处罚。

第74条　地方各级人民政府、县级以上人民政府负有煤矿安全生产监督管理职责的部门和其他有关部门、国家矿山安全监察机构及其设在地方的矿山安全监察机构有下列情形之一的，对负有责任的领导人员和直接责任人员依法给予处分：

（一）县级以上人民政府负有煤矿安全生产监督管理职责的部门、国家矿山安全监察机构及其设在地方的矿山安全监察机构不依法履行职责，不及时查处所辖区域内重大事故隐患和安全生产违法行为的；县级以上人民政府其他有关部门未依法履行煤矿安全生产相关职责的；

（二）乡镇人民政府在所辖区域内发现未依法取得安全生产许可证等擅自进行煤矿生产，没有采取有效措施制止或者没有向县级人民政府相关主管部门报告的；

（三）对被责令停产整顿的煤矿企业，在停产整顿期间，因有关地方人民政府监督检查不力，煤矿企业在停产整顿期间继续生产的；

（四）关闭煤矿未达到本条例第七十条第二款规定要求的；

（五）县级以上人民政府负有煤矿安全生产监督管理职责的部门、国家矿山安全监察机构及其设在地方的矿山安全监察机构接到举报后，不及时处理的；

（六）县级以上地方人民政府及其有关部门要求不具备安全生产条件的煤矿企业进行生产的；

（七）有其他滥用职权、玩忽职守、徇私舞弊情形的。

第75条　违反本条例规定，构成犯罪的，依法追究刑事责任。

第十三章　附　　则

第一百零六条　省级人民政府实施步骤的制定和备案

省、自治区、直辖市人民政府根据本法和本地区的实际情况，规定劳动合同制度的实施步骤，报国务院备案。

第一百零七条　施行时间

本法自1995年1月1日起施行。

附录一

1. 劳动合同书（范本）[①]

劳动合同

（通用）

甲方（用人单位）：________________

乙方（劳 动 者）：________________

签 订 日 期：________年____月____日

① 文书参见《人力资源社会保障部关于发布劳动合同示范文本的说明》，载中国政府网，http://www.gov.cn/xinwen/2019-11/29/content_5456897.htm，2024年11月20日访问。

注意事项

一、本合同文本供用人单位与建立劳动关系的劳动者签订劳动合同时使用。

二、用人单位应当与招用的劳动者自用工之日起一个月内依法订立书面劳动合同，并就劳动合同的内容协商一致。

三、用人单位应当如实告知劳动者工作内容、工作条件、工作地点、职业危害、安全生产状况、劳动报酬以及劳动者要求了解的其他情况；用人单位有权了解劳动者与劳动合同直接相关的基本情况，劳动者应当如实说明。

四、依法签订的劳动合同具有法律效力，双方应按照劳动合同的约定全面履行各自的义务。

五、劳动合同应使用蓝、黑钢笔或签字笔填写，字迹清楚，文字简练、准确，不得涂改。确需涂改的，双方应在涂改处签字或盖章确认。

六、签订劳动合同，用人单位应加盖公章，法定代表人（主要负责人）或委托代理人签字或盖章；劳动者应本人签字，不得由他人代签。劳动合同由双方各执一份，交劳动者的不得由用人单位代为保管。

甲方（用人单位）：____________________

统一社会信用代码：____________________

法定代表人（主要负责人）或委托代理人：____________

注 册 地：____________________

经 营 地：____________________

联系电话：____________________

乙方（劳动者）：____________________

居民身份证号码：____________________

（或其他有效证件名称________证件号：____________）

户籍地址：____________________

经常居住地（通讯地址）：____________________

联系电话：______________________________

根据《中华人民共和国劳动法》《中华人民共和国劳动合同法》等法律法规政策规定，甲乙双方遵循合法、公平、平等自愿、协商一致、诚实信用的原则订立本合同。

一、劳动合同期限

第一条 甲乙双方自用工之日起建立劳动关系，双方约定按下列第______种方式确定劳动合同期限：

1. 固定期限：自______年______月______日起至______年______月______日止，其中，试用期从用工之日起至______年______月______日止。

2. 无固定期限：自______年______月______日起至依法解除、终止劳动合同时止，其中，试用期从用工之日起至______年______月______日止。

3. 以完成一定工作任务为期限：自______年______月______日起至____________工作任务完成时止。甲方应当以书面形式通知乙方工作任务完成。

二、工作内容和工作地点

第二条 乙方工作岗位是________________________，岗位职责为________________。乙方的工作地点为____________________________。

乙方应爱岗敬业、诚实守信，保守甲方商业秘密，遵守甲方依法制定的劳动规章制度，认真履行岗位职责，按时保质完成工作任务。乙方违反劳动纪律，甲方可依据依法制定的劳动规章制度给予相应处理。

三、工作时间和休息休假

第三条 根据乙方工作岗位的特点，甲方安排乙方执行以下第______种工时制度：

1. 标准工时工作制。每日工作时间不超过8小时，每周工作时间不超过40小时。由于生产经营需要，经依法协商后可以延长工作时间，一般每日不得超过1小时，特殊原因每日不得超过3小时，每月不得超过36小时。甲方不得强迫或者变相强迫乙方加班加点。

2. 依法实行以______为周期的综合计算工时工作制。综合计算周期内的总实际工作时间不应超过总法定标准工作时间。甲方应采取适当方式保障乙方的休息休假权利。

3. 依法实行不定时工作制。甲方应采取适当方式保障乙方的休息休假权利。

第四条 甲方安排乙方加班的，应依法安排补休或支付加班工资。

第五条 乙方依法享有法定节假日、带薪年休假、婚丧假、产假等假期。

四、劳动报酬

第六条 甲方采用以下第 种方式向乙方以货币形式支付工资，于每月______日前足额支付：

1. 月工资____________元。

2. 计件工资。计件单价为____________________，甲方应合理制定劳动定额，保证乙方在提供正常劳动情况下，获得合理的劳动报酬。

3. 基本工资和绩效工资相结合的工资分配办法，乙方月基本工资______元，绩效工资计发办法为______________________________________。

4. 双方约定的其他方式____。

第七条 乙方在试用期期间的工资计发标准为_______________________________或____________元。

第八条 甲方应合理调整乙方的工资待遇。乙方从甲方获得的工资依法承担的个人所得税由甲方从其工资中代扣代缴。

五、社会保险和福利待遇

第九条 甲乙双方依法参加社会保险，甲方为乙方办理有关社会保险手续，并承担相应社会保险义务，乙方应当缴纳的社会保险费由甲方从乙方的工资中代扣代缴。

第十条 甲方依法执行国家有关福利待遇的规定。

第十一条 乙方因工负伤或患职业病的待遇按国家有关规定执行。乙方患病或非因工负伤的，有关待遇按国家有关规定和甲方依法制定的有关规章制度执行。

六、职业培训和劳动保护

第十二条 甲方应对乙方进行工作岗位所必需的培训。乙方应主动学习，积极参加甲方组织的培训，提高职业技能。

第十三条 甲方应当严格执行劳动安全卫生相关法律法规规定，落实国家关于女职工、未成年工的特殊保护规定，建立健全劳动安全卫生制度，对乙方进行劳动安全卫生教育和操作规程培训，为乙方提供必要的安全防护设施和劳动保护用品，努力改善劳动条件，减少职业危害。乙方从事接触职业病危害作业的，甲方应依法告知乙方工作过程中可能产生的职业病危害及其后果，提供职业病防护措施，在乙方上岗前、在岗期间和离岗时对乙方进行职业健康检查。

第十四条 乙方应当严格遵守安全操作规程，不违章作业。乙方对甲方管理人员违章指挥、强令冒险作业，有权拒绝执行。

七、劳动合同的变更、解除、终止

第十五条 甲乙双方应当依法变更劳动合同，并采取书面形式。

第十六条 甲乙双方解除或终止本合同，应当按照法律法规规定执行。

第十七条 甲乙双方解除终止本合同的，乙方应当配合甲方办理工作交接手续。甲方依法应向乙方支付经济补偿的，在办结工作交接时支付。

第十八条 甲方应当在解除或终止本合同时，为乙方出具解除或者终止劳动合同的证明，并在十五日内为乙方办理档案和社会保险关系转移手续。

八、双方约定事项

第十九条 乙方工作涉及甲方商业秘密和与知识产权相关的保密事项的，甲方可以与乙方依法协商约定保守商业秘密或竞业限制的事项，并签订保守商业秘密协议或竞业限制协议。

第二十条 甲方出资对乙方进行专业技术培训，要求与乙方约定服务期的，应当征得乙方同意，并签订协议，明确双方权利义务。

第二十一条 双方约定的其它事项：______________________________

____。

九、劳动争议处理

第二十二条 甲乙双方因本合同发生劳动争议时，可以按照法律法规的规定，进行协商、申请调解或仲裁。对仲裁裁决不服的，可以依法向有管辖权的人民法院提起诉讼。

十、其他

第二十三条 本合同中记载的乙方联系电话、通讯地址为劳动合同期内通知相关事项和送达书面文书的联系方式、送达地址。如发生变化，乙方应当及时告知甲方。

第二十四条 双方确认：均已详细阅读并理解本合同内容，清楚各自的权利、义务。本合同未尽事宜，按照有关法律法规和政策规定执行。

第二十五条 本合同双方各执一份，自双方签字（盖章）之日起生效，双方应严格遵照执行。

甲方（盖章） 乙方（签字）

法定代表人（主要负责人）

或委托代理人（签字或盖章）

年 月 日 年 月 日

2. 工伤认定申请表（范本）[1]

编号：

工伤认定申请表

申请人：

受伤害职工：

申请人与受伤害职工关系：

填表日期：　　年　　月　　日

① 文书参见《工伤认定办法》，载中国政府网，http：//www. gov. cn/flfg/2011-01/07/content_ 1780156. htm，2024 年 11 月 20 日访问。

职工姓名		性别		出生日期	年 月 日
身份证号码				联系电话	
家庭地址				邮政编码	
工作单位				联系电话	
单位地址				邮政编码	
职业、工种或工作岗位				参加工作时间	
事故时间、地点及主要原因				诊断时间	
受伤害部位				职业病名称	
接触职业病危害岗位				接触职业病危害时间	
受伤害经过简述（可附页）					

<table>
<tr><td colspan="2">申请事项：

申请人签字：
年　月　日</td></tr>
<tr><td colspan="2">用人单位意见：

经办人签字
（公章）
年　月　日</td></tr>
<tr><td rowspan="2">社会保险行政部门审查资料和受理意见</td><td>
经办人签字：
年　月　日</td></tr>
<tr><td>
负责人签字：
（公章）
年　月　日</td></tr>
<tr><td colspan="2">备注：</td></tr>
</table>

填表说明：

1. 用钢笔或签字笔填写，字体工整清楚。
2. 申请人为用人单位的，在首页申请人处加盖单位公章。
3. 受伤害部位一栏填写受伤害的具体部位。

4. 诊断时间一栏，职业病者，按职业病确诊时间填写；受伤或死亡的，按初诊时间填写。

5. 受伤害经过简述，应写明事故发生的时间、地点，当时所从事的工作，受伤害的原因以及伤害部位和程度。职业病患者应写明在何单位从事何种有害作业，起止时间，确诊结果。

6. 申请人提出工伤认定申请时，应当提交受伤害职工的居民身份证；医疗机构出具的职工受伤害时初诊诊断证明书，或者依法承担职业病诊断的医疗机构出具的职业病诊断证明书（或者职业病诊断鉴定书）；职工受伤害或者诊断患职业病时与用人单位之间的劳动、聘用合同或者其他存在劳动、人事关系的证明。

有下列情形之一的，还应当分别提交相应证据：

（一）职工死亡的，提交死亡证明；

（二）在工作时间和工作场所内，因履行工作职责受到暴力等意外伤害的，提交公安部门的证明或者其他相关证明；

（三）因工外出期间，由于工作原因受到伤害或者发生事故下落不明的，提交公安部门的证明或者相关部门的证明；

（四）上下班途中，受到非本人主要责任的交通事故或者城市轨道交通、客运轮渡、火车事故伤害的，提交公安机关交通管理部门或者其他相关部门的证明；

（五）在工作时间和工作岗位，突发疾病死亡或者在48小时之内经抢救无效死亡的，提交医疗机构的抢救证明；

（六）在抢险救灾等维护国家利益、公共利益活动中受到伤害的，提交民政部门或者其他相关部门的证明；

（七）属于因战、因公负伤致残的转业、复员军人，旧伤复发的，提交《革命伤残军人证》及劳动能力鉴定机构对旧伤复发的确认。

7. 申请事项栏，应写明受伤害职工或者其近亲属、工会组织提出工伤认定申请并签字。

8. 用人单位意见栏，应签署是否同意申请工伤，所填情况是否属实，经办人签字并加盖单位公章。

9. 社会保险行政部门审查资料和受理意见栏，应填写补正材料或是否受理的意见。

10. 此表一式二份，社会保险行政部门、申请人各留存一份。

附录二

本书所涉文件目录

一、宪法

2018年3月11日　中华人民共和国宪法

二、法律

2007年12月29日　中华人民共和国劳动争议调解仲裁法
2009年8月27日　中华人民共和国矿山安全法
2012年12月28日　中华人民共和国劳动合同法
2015年4月24日　中华人民共和国就业促进法
2018年10月26日　中华人民共和国残疾人保障法
2018年12月29日　中华人民共和国公务员法
2018年12月29日　中华人民共和国职业病防治法
2018年12月29日　中华人民共和国社会保险法
2020年5月28日　中华人民共和国民法典
2021年6月10日　中华人民共和国安全生产法
2021年12月24日　中华人民共和国工会法
2022年4月20日　中华人民共和国职业教育法
2022年10月30日　中华人民共和国妇女权益保障法
2023年12月29日　中华人民共和国刑法
2024年4月26日　中华人民共和国未成年人保护法
2024年9月13日　全国人民代表大会常务委员会关于实施渐进式延迟法定退休年龄的决定

三、行政法规及文件

1987年12月3日　中华人民共和国尘肺病防治条例
1995年3月25日　国务院关于职工工作时间的规定

1996年10月30日	中华人民共和国矿山安全法实施条例
1999年1月22日	失业保险条例
2002年10月1日	禁止使用童工规定
2003年11月24日	建设工程安全生产管理条例
2004年11月1日	劳动保障监察条例
2005年5月19日	国务院实施《中华人民共和国民族区域自治法》若干规定
2005年12月3日	国务院关于完善企业职工基本养老保险制度的决定
2007年4月9日	生产安全事故报告和调查处理条例
2007年12月14日	职工带薪年休假条例
2008年9月18日	中华人民共和国劳动合同法实施条例
2010年7月26日	中国人民解放军现役士兵服役条例
2010年12月20日	工伤保险条例
2012年4月28日	女职工劳动保护特别规定
2014年7月29日	安全生产许可证条例
2015年8月17日	基本养老保险基金投资管理办法
2018年11月16日	国务院关于做好当前和今后一个时期促进就业工作的若干意见
2019年2月17日	生产安全事故应急条例
2019年3月6日	国务院办公厅关于全面推进生育保险和职工基本医疗保险合并实施的意见
2019年3月24日	社会保险费征缴暂行条例
2024年1月24日	煤矿安全生产条例
2024年11月10日	全国年节及纪念日放假办法
2024年12月6日	使用有毒物品作业场所劳动保护条例

四、部门规章及文件

1990年1月1日	关于工资总额组成的规定
1994年12月1日	企业职工患病或非因工负伤医疗期规定

1994 年 12 月 6 日	工资支付暂行规定
1994 年 12 月 14 日	企业职工生育保险试行办法
1994 年 12 月 24 日	劳动部关于企业实行不定时工作制和综合计算工时工作制的审批办法
1995 年 3 月 25 日	劳动部贯彻《国务院关于职工工作时间的规定》的实施办法
1995 年 3 月 26 日	国家机关、事业单位贯彻《国务院关于职工工作时间的规定》的实施办法
1995 年 5 月 12 日	对《工资支付暂行规定》有关问题的补充规定
2002 年 5 月 14 日	境外就业中介管理规定
2003 年 5 月 30 日	劳动和社会保障部关于非全日制用工若干问题的意见
2004 年 1 月 20 日	集体合同规定
2004 年 1 月 20 日	最低工资规定
2005 年 5 月 25 日	劳动和社会保障部关于确立劳动关系有关事项的通知
2008 年 9 月 18 日	企业职工带薪年休假实施办法
2010 年 12 月 31 日	非法用工单位伤亡人员一次性赔偿办法
2010 年 12 月 31 日	工伤认定办法
2013 年 4 月 25 日	人力资源社会保障部关于执行《工伤保险条例》若干问题的意见
2014 年 1 月 24 日	劳务派遣暂行规定
2014 年 8 月 18 日	人力资源和社会保障部关于进一步加强基本医疗保险医疗服务监管的意见
2014 年 11 月 18 日	人力资源和社会保障部、财政部、国家卫生和计划生育委员会关于进一步做好基本医疗保险异地就医医疗费用结算工作的指导意见

2015年2月27日	人力资源社会保障部、财政部关于调整失业保险费率有关问题的通知
2015年2月28日	用人单位职业病危害因素定期检测管理规范
2015年5月29日	特种作业人员安全技术培训考核管理规定
2015年5月29日	生产经营单位安全培训规定
2015年7月22日	人力资源社会保障部、财政部关于调整工伤保险费率政策的通知
2015年7月27日	人力资源社会保障部、财政部关于适当降低生育保险费率的通知
2015年8月27日	关于做好进城落户农民参加基本医疗保险和关系转移接续工作的办法
2016年3月28日	人力资源社会保障部关于执行《工伤保险条例》若干问题的意见（二）
2017年3月9日	建设项目职业病防护设施“三同时”监督管理办法
2017年3月13日	外国人在中国就业管理规定
2017年5月3日	人力资源和社会保障部办公厅关于加强技工教育和职业培训教材建设工作的通知
2017年9月20日	人力资源社会保障部、财政部关于调整失业保险金标准的指导意见
2018年1月11日	煤矿安全培训规定
2018年1月15日	用人单位劳动防护用品管理规范
2018年3月5日	人力资源社会保障部、财政部、国家卫生计生委关于做好当前生育保险工作的意见
2018年8月23日	人力资源社会保障部关于香港澳门台湾居民在内地（大陆）就业有关事项的通知
2019年1月9日	住房和城乡建设部关于改进住房和城乡建设领域施工现场专业人员职业培训工作的指导意见

2019 年 2 月 18 日	人力资源社会保障部、教育部等九部门关于进一步规范招聘行为促进妇女就业的通知
2019 年 2 月 28 日	职业健康检查管理办法
2019 年 7 月 3 日	人力资源社会保障部、教育部、公安部、财政部、中国人民银行关于做好当前形势下高校毕业生就业创业工作的通知
2020 年 12 月 17 日	人力资源社会保障部、国家卫生健康委员会、国家医疗保障局关于进一步规范劳动能力鉴定工作的通知
2022 年 1 月 7 日	就业服务与就业管理规定
2024 年 1 月 10 日	生产安全事故罚款处罚规定
2025 年 1 月 1 日	人力资源社会保障部关于职工全年月平均工作时间和工资折算问题的通知

五、司法解释及文件

2000 年 7 月 10 日	最高人民法院关于人民法院对经劳动争议仲裁裁决的纠纷准予撤诉或驳回起诉后劳动争议仲裁裁决从何时起生效的解释
2003 年 8 月 27 日	最高人民法院关于人民法院审理事业单位人事争议案件若干问题的规定
2009 年 7 月 6 日	关于当前形势下做好劳动争议纠纷案件审判工作的指导意见
2013 年 1 月 16 日	最高人民法院关于审理拒不支付劳动报酬刑事案件适用法律若干问题的解释
2014 年 6 月 18 日	最高人民法院关于审理工伤保险行政案件若干问题的规定
2015 年 12 月 14 日	最高人民法院、最高人民检察院关于办理危害生产安全刑事案件适用法律若干问题的解释
2020 年 12 月 29 日	最高人民法院关于审理劳动争议案件适用法律问题的解释（一）

2020年12月29日	最高人民法院关于在民事审判工作中适用《中华人民共和国工会法》若干问题的解释
2025年7月31日	最高人民法院关于审理劳动争议案件适用法律问题的解释（二）

六、请示答复

1995年1月19日	劳动部办公厅对《关于如何确定试用期内不符合录用条件可以解除劳动合同的请示》的复函
1995年12月19日	劳动部办公厅关于劳动者解除劳动合同有关问题的复函
1996年9月16日	劳动部办公厅对《关于如何理解"同一用人单位连续工作时间"和"本单位工作年限"的请示
1997年9月10日	劳动部关于职工工作时间有关问题的复函
2009年4月15日	人力资源和社会保障部办公厅关于《企业职工带薪年休假实施办法》有关问题的复函

图书在版编目（CIP）数据

劳动法一本通 / 法规应用研究中心编. -- 2 版.
北京：中国法治出版社，2025. 8. --（法律一本通）.
ISBN 978-7-5216-5004-4

Ⅰ. D922. 5

中国国家版本馆 CIP 数据核字第 2025CD6647 号

责任编辑：谢 雯　　　　封面设计：杨泽江

劳动法一本通

LAODONGFA YIBENTONG

编者/法规应用研究中心
经销/新华书店
印刷/保定市中画美凯印刷有限公司
开本/880 毫米×1230 毫米 32 开　　印张/ 13 字数/ 312 千
版次/2025 年 8 月第 2 版　　2025 年 8 月第 1 次印刷

中国法治出版社出版
书号 ISBN 978-7-5216-5004-4　　定价：45. 00 元

北京市西城区西便门西里甲 16 号西便门办公区
邮政编码：100053　　传真：010-63141600
网址：http：//www. zgfzs. com　　编辑部电话：010-63141802
市场营销部电话：010-63141612　　印务部电话：010-63141606